Andreas Lesti

Oben ist besser als unten

**Eine literarische Expedition
in die Alpen**

ROGNER & BERNHARD

1. Auflage, September 2013
© 2013 by Rogner & Bernhard GmbH & Co. Verlags KG, Berlin
ISBN 978-3-95403-022-4
www.rogner-bernhard.de

Lektorat: Ida Thiemann
Umschlaggestaltung: Chrish Klose/Wednesday – Paper Works
Karte: © Francisca Ruff/Wednesday – Paper Works
Layout und Herstellung: Leslie Driesener, Berlin
Gesetzt aus der Stempel Garamond
durch omnisatz GmbH, Berlin
Druck und Bindung: CPI – Clausen & Bosse, Leck
Printed in Germany

» Und ewig dauert der Berg. «

FREDL FESL

Inhaltsverzeichnis

DER WEG DER BÜCHER DURCH DIE ALPEN

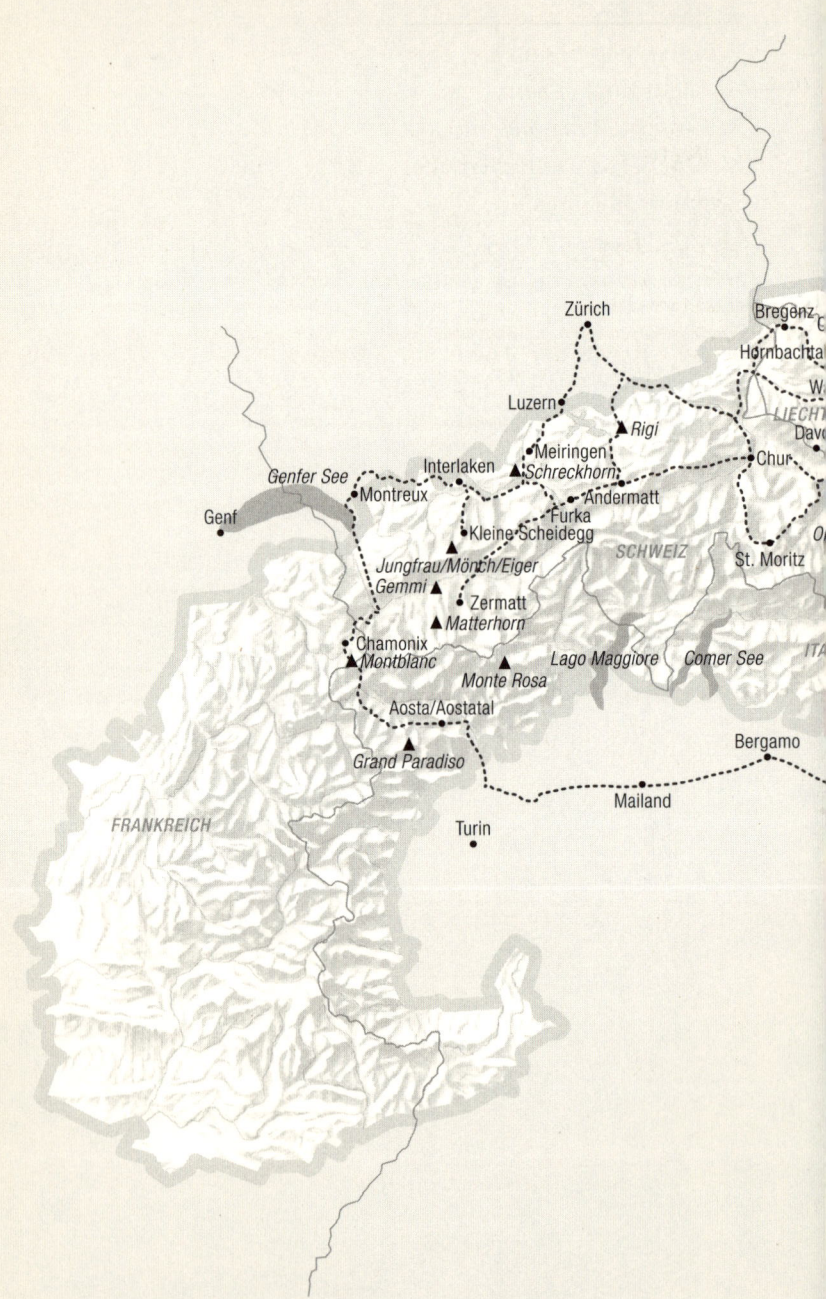

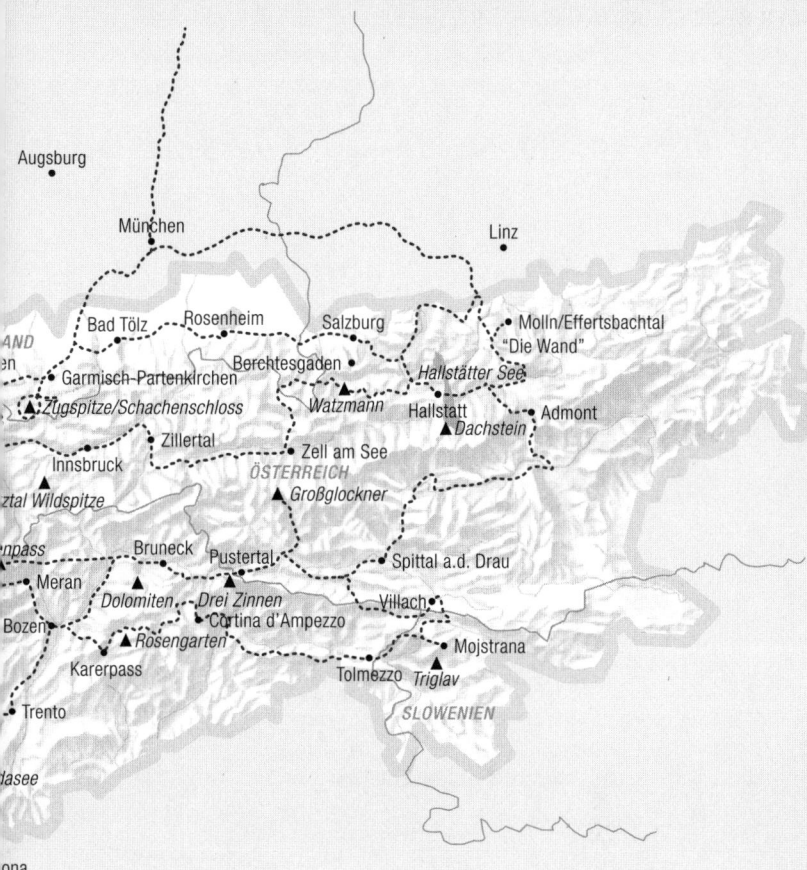

Prolog: MEINE WELT SIND DIE BERGE

In einem anderen Tal

Eigentlich wollte ich nur für drei Wochen bleiben. Doch dann dauerte alles sieben Jahre.

Aber das wusste ich natürlich noch nicht, als ich damals diese fünf Telefonate führte. Zuerst sprach ich mit dem Bürgermeister Franz Lorenz seiner Mutter, und die gab mir seine Telefonnummer, und als ich den Franz Lorenz anrief, musste der eine Weile überlegen:

»Naaaa«, sagte er dann, und es klang, als würde jemand ganz langsam eine quietschende Türe öffnen, »so was gibt's bei uns nicht.« Und da schien das Gespräch schon wieder beendet. Aber dann sagte er noch: »Der Markus von Sankt Johann, der könnt' so was haben, der Scheidle Markus.« Aber der Scheidle Markus lachte nur und sagte: »Ist schon lange ausgebucht.« Und dann überlegte auch er noch eine Weile. »Ja – doch – der Alois aus Hinterhornbach, der weiß, wer so was haben könnte. Aber jetzt, der Alois, wie heißt der noch, der Alois von der Gemeinde?« Könnte man nicht in der Gemeinde von Hinterhornbach anrufen?

»Jaaaa«, sagte der Scheidle Markus, und es klang, als würde nun jemand die quietschende Türe wieder schließen: »Wenn die Gemeinde besetzt ist – und das ist eher nicht der Fall … Also der Alois, der heißt … heißt Alois. Moment. Ja, jetzt: Leitner. Der Leitner Alois von Hinterhornbach, der weiß, wer so was haben könnte.«

Und so nahm ich zum ersten Mal Kontakt zum Alois auf, natürlich ohne zu wissen, was das für Folgen haben würde. Er war damals ganz schnell bei der Sache, fast schon mit militärischer Knappheit: »Aha, was suchst? Eine Almhütte für drei Wochen? Strom? Wasser?«, fragte er zielstrebig und fuhr fort, ohne weiter zu überlegen: »Die Maria hat so was, die rufst jetzt an und sagst einen schönen Gruß vom Alois.«

Die Maria hat eine Telefonnummer mit drei Ziffern und war unerwartet nett, als ich sie vom Alois grüßte, und schien sich überhaupt über meinen Anruf zu freuen. Einen Bauernhof habe sie und etwa 200 Höhenmeter drüber eine kleine Hütte und »Ja, drei Wochen im Sommer können Sie schon kommen«.

So war das, als ich vor sieben Jahren auf die Idee kam, drei Wochen auf einer schlichten Berghütte zu verbringen, im Hornbachtal in Österreich, einem Seitental des Lechtals. Das Lechtal, im Volksmund vokalsparend »Lechtl« genannt, ist – sagen wir mal – touristisch nicht besonders weit entwickelt. Es sieht nach Kanada aus. Oder nach Alaska. Nach Yukon oder Rocky Mountains, und als ich zum ersten Mal dort war, wäre ich nicht erstaunt gewesen, Lachse fangende Bären am Fluss zu sehen. Tatsächlich ist der Lech einer der letzten Wildflüsse Europas. Das heißt, zwischen seiner Quelle am Formarinsee oberhalb des Ortes Lech und dem Lechfall in Füssen im Allgäu darf er fließen, wie er will, und über die Stränge schlagen, ohne dabei gezähmt, gestaut oder sonst irgendwie eingeengt zu werden. In dem Reiseführer *Deutsche Alpen*, erschienen 1896, ist von einem *vom Flusse stark verwüsteten Thal* mit *unwirtlichem Charakter, der sich auch in den ärmlichen Ortschaften ausspricht*, die Rede. Besonders viel hat sich seither nicht geändert. Der Fluss wütet noch immer, und man weiß nie so genau, was wilder und abweisender ist: die Landschaft oder die Bewohner.

Touristen fahren durch das Tal hindurch, statt zu bleiben. Im Winter manövrieren Reisebusse aus bayerischen Städten 70 Kilometer über den Talboden und halten erst in den Wintersportorten, die weiter oben die Hänge erschlossen haben und nichts mit den Niederungen zu tun haben wollen. Die Menschen ärgern sich darüber, sowohl die Einheimischen als auch die Wintersportler, weil die Straße viel zu schmal, zu winklig und zu lang ist. Sie wurde noch für die Breite einer Postkutsche angelegt. An manchen Stellen ragen die Häuser wie zackige Keile in die Fahrbahn, und weil die Busse und Autos immer wieder hineinrauschen, haben die Lechtaler Riffelbleche an die Hauswände montiert. Die Art, mit der sie mit dem Durchgangsverkehr umgehen, sagt schon eine ganze Menge über die Bewohner aus.

Die Mentalität der Menschen, die in dieser Transitzone leben, besteht aus einer Mischung aus Grundskepsis und Missgunst, die gelegentlich in offene Unfreundlich- oder gar Feindseligkeit umschlägt, die man nur mit viel Wohlwollen als Charme auslegen kann. Wenn sich jemand von »draußen« zum Beispiel einem frisch geteerten Stück Fußweg nähert und davor stehen bleibt, sagt der Bauarbeiter bestimmt: »Das kostet 20 Euro.« Ganz einfach, weil er davon ausgeht, dass Fremde nichts anderes im Sinn haben können, als ihm das Leben schwer zu machen, ihm seine Arbeit mutwillig zerstören zu wollen, und er in dieser Annahme schon einen Preis für das Vergehen festgelegt hat. Man gerät also, ohne auch nur ein Wort gesagt zu haben, in eine Art Deliktbringschuld.

In einer Wirtschaft, von der jeder vernünftige Gast günstige Preise erwarten würde, kostet ein Schnitzel so viel wie am Münchner Viktualienmarkt, dafür ist die Qualität so schlecht wie der kaum vorhandene Service. Der deutsche Wirt hat sowohl die Unfreundlichkeit als auch das Zwangsverhalten der Talbewohner übernommen und untersagt aus nicht nachvollziehbaren Gründen das Essen im Biergarten, auch wenn man das Schnitzel selber hinausträgt. Nebenan beschränkt das Hotel Alpenrose die Nutzung des Wellnessbereiches strikt auf Hotelgäste, auch wenn man dafür bezahlen würde. Die Holzschnitzschulen bieten »Kettensägenschnitzkurse« an, und an einem Haus am Taleingang steht in Holz geschnitzt die präzise gedachte meteorologische Weisheit: »Wenn's Wetter so bleibt, isch's morgen genauso wie heit.«

Das ist natürlich alles nur ein, zugegeben, im Tourismus unglücklicher Abwehrmechanismus, mit dem die Lechtaler ihre zarte Seele schonen. Denn wenn man den Menschenschlag erst einmal kennengelernt und er einen akzeptiert hat, man also einen Schritt von »draußen« nach »drinnen« gemacht hat, oder auch von »unten« nach »oben«, dann fällt auch wieder ein bisschen Sonne ins Tal; zum Beispiel in Form eines selbst gebrannten Zirbenschnapses oder eines Stücks Bergkäse. Und nur, dass wir uns jetzt nicht falsch verstehen: All diese schrulligen Merkwürdigkeiten machen dieses Tal zu einem der interessantesten und meistunterschätzten der Alpen.

Ich reiste damals an einem wolkenverhangenen Tag in der Dämmerung an und war mir nicht sicher, ob es gut oder schlecht war, dass ich nicht im Haupt-, sondern in einem Seitental gelandet war, über dessen Bewohner die Lechtaler so dachten, wie ich über das Lechtal dachte. Ich folgte den Schildern und bog rechts auf eine schmale Straße ab. Schon auf den ersten Metern schossen die Felswände bedrohlich empor, und ihre Schatten verdunkelten den Boden. Alles wirkte so finster, eng und abweisend, dass ich fürchtete, mein Ziel niemals zu erreichen. Im Dezember und im Januar, erzählten sie mir später, vermutlich um mich aufzumuntern, fällt überhaupt kein Sonnenlicht in dieses Tal. Ich versuchte mir das vorstellen, aber es gelang mir nicht. Einige Kurven weiter war dann tatsächlich Schluss. Hinter der Kirche, dem Brunnen und dem Dorfwirt, der, wie ich bald erfuhr, sein ganzes nicht unbeträchtliches Vermögen verspielt hatte, stand auf der rechten Seite der Bauernhof von der Maria. Zuerst begrüßten mich die Katzen, dann kam Maria selbst aus der Stube. Sie trug eine blaue Schürze und eine rot gefärbte Strähne im schwarzen Haar.

»Wir fahren gleich hoch zur Hütte. Ich fahre im Traktor voraus«, sagte sie sehr zielgerichtet. Sie ging noch mal zurück in die Stube, kam mit einem Schlüssel so groß wie ein Korkenzieher wieder und schaute, als wären ihr nun Bedenken gekommen, kurz auf mein Auto. Dann befand sie: »Wird schon klappen.« Die Straße führte in steilen Serpentinen nach oben, zunächst auf Asphalt, dann auf Schotter. Die Vorderreifen verloren immer wieder die Haftung. Auf der linken Seite sollten der Länge nach platzierte Baumstämme ins Rutschen geratende Fahrzeuge davor schützen, in die Schlucht zu stürzen. Ich stellte mir vor, dass dort unten schon Dutzende zerschmetterter und ausgebrannter Wracks lagen und die Baumstämme nach jedem Unfall erneuert würden. Ich stellte mir vor, wie ich selbst in meinem alten braunen Kombi rückwärtsrutschen, den Baumstamm wegdrücken und dann nach unten fliegen würde, auf die Felsen krachend, mich wieder und wieder überschlagend, bis schließlich alles still wäre. Wenn ich, wie in einem Computerspiel, drei Leben hätte, ich glaube, ich würde eines davon für so ein Erlebnis opfern. Ich verdrängte den Gedanken und konzentrierte mich wieder auf Maria und den Traktor, und zum Glück wurde die Straße nun flacher und führte über Almwiesen auf ein Waldstück zu. Die Schneegrenze war nicht mehr weit. Wir fuhren unter den Bäumen hindurch, und dann erreichten wir die Lichtung, auf der die Hütte stand.

Berge im Blick

Ich war direkt aus der Großstadt ins Hornbachtal gefahren, und als mein Auto schließlich hinter Marias Traktor vor der schlichten Berghütte zum Stehen kam, fühlte sich die Welt sehr unwirklich an. Ich räumte meine Klamotten aus dem Koffer in den alten Bauernschrank, die Lebensmittel ins Küchenregal und das Fahrrad in den Stall, in dem schon seit vielen Jahren keine Kühe mehr waren. Nur ihr Geruch lag noch in der Luft. Ich versuchte, die Hütte etwas wohnlicher zu machen, indem ich die furchteinflößende, aus Draht und Kunstblumen gefertigte Wanddekoration entfernte und die Überwürfe wegzog, die auf der Couch und der Eckbank lagen. Auf einem Fenstersims entdeckte ich neben einer Kerze auf einem gehäkelten Untersetzer ein Buch. Es lag offen aufgeschlagen da, auf die Seiten 28 und 29 fiel ein blasses Licht, so als hätte gerade eben jemand darin gelesen und es dort für einen kurzen Moment abgelegt. Ich nahm das Buch und war erstaunt: Es war Francesco Petrarcas *Die Besteigung des Mont Ventoux*. Ich wollte diesen Text, mit dem angeblich die Geschichte des Alpinismus begann, schon seit langem lesen. Dass ich hier, mitten in den Alpen, darauf stieß, irritierte und erfreute mich gleichermaßen.

Auf 1100 Metern in der Einsamkeit hatte ich anfänglich einen reflexhaften Mobilfunk- und E-Mail-Impuls, eine Angst, die Welt dort unten könnte ohne mich etwas Wichtiges unternehmen. Es war komisch, denn eigentlich war ich in die Berge gekommen, um für drei Wochen meine Ruhe zu haben.

Ich bin am Alpenrand aufgewachsen, und von meinem Heimatort aus kann man die Gipfelkonturen an Föhntagen gut sehen, dann kleben sie wie eine Fototapete am Horizont. Der Föhn verzerrt die Distanzen und macht die Menschen grantig bis verrückt. Vielleicht ist es aber auch nur dieses Bild, das die Menschen verrückt macht. Doch der Weg in die Berge war nicht weit. Wir konnten frühmorgens das Panoramafernsehen im »Dritten« ansehen, und zwei Stunden später waren wir dort, wo der Schnee im Fernsehen am besten aussah. Wir konnten mit dem Fahrrad an einem Tag in die Berge und zurück fahren, wir konnten sogar in sechs Tagen an den Gardasee radeln. Der Weg ins Lechtal war ebenfalls nicht weit, und als Jugendlicher verbrachte ich dort viel Zeit. Irgendwann erfuhr ich, dass mein Großvater der Erste gewesen war, der die Lechschlucht und ihr Wildwasser mit einem Kajak befahren hatte. Vielleicht zog es mich nun auch deswegen wieder dorthin zurück.

Ich lebe mittlerweile 700 Kilometer von den Bergen entfernt, im sehr flachen Berlin, eine Stadt, die auf ihre Weise dazu beigetragen hat, die Liebe zu den Bergen zu verstärken, denn manchmal vermisst man Dinge erst, wenn sie einem abhandengekommen sind. In Berlin lernte ich: Wenn ich ein Heimatgefühl habe, dann geht es von den Bergen aus. Vor meiner Reise hatte ein bayerischer Bergsteiger gesagt: »Wenn du auf einen Berg steigst, fühlst du dich danach immer besser.« Das ist natürlich keine große Weisheit, und trotzdem hatten seine Worte in mir bewirkt, dass ich augenblicklich zurück in die Berge und auf irgendeinen Gipfel steigen wollte. Da beschloss ich, ins Lechtal zu fahren.

Nun hingen in ebendiesem Tal die Wolken vor dem Fenster, und ich wollte die Wetterberichte im Internet befragen, wann sie wieder verschwinden. Aber ohne Netz ist das schwierig. Also: hinunter ins Tal, online gehen und wieder hoch. Wie zwanghaft dieses Verhalten war, bemerkte ich erst, als ich nach vier Tagen auf die Idee kam, den Wetterbericht im Radio zu hören. Nur um dann wiederum zu erkennen, dass keine der Wettervorhersagen in diesem Tal zutrifft. Langsam gewöhnte ich mich daran. Manche Orte bezeichnen es mittlerweile als Qualitätsmerkmal, dass sie keinen Handy- oder WLAN-Empfang haben. In den Bergen gibt es noch viele solcher Orte.

Die Stadt schürt Sehnsüchte: nach Natur, nach Kälte, Wetter, nach Einsamkeit, nach Ausgesetztsein, nach Abenteuer und nach Gefahr. Im Grunde ist das eine zutiefst romantische Sehnsucht. Aber damit bin ich ja nicht allein, zumindest nicht, wenn man die Zahl der Menschen, die ähnlich denken, an den Outdoorklamotten bemisst, die sie in Großstädten zweckentfremdet tragen, um ihre zweite – abenteuerliche – Identität anzudeuten – oder vielleicht auch nur ihre Sehnsucht danach, sie ausleben zu dürfen. Aber hier oben fühlte sich die Realität dann doch anders an. Ein Sportpsychologe hat mir das einmal erklärt: »Weil wir in Deutschland eine sehr lange Periode haben ohne Krieg und Hungersnöte und mit sehr starker wirtschaftlicher Absicherung, leben wir in einer warmen Wolke, die sich aber auch ein bisschen leblos anfühlt. Es gibt diesen Spruch: Wenn's dem Esel zu wohl wird, geht er aufs Eis. Im 21. Jahrhundert akzeptieren wir keine Grenzen mehr und erweitern – nicht zuletzt über das Internet – unsere eigenen Möglichkeiten ins Unendliche.« Er sagte: »Man lebt in so einer komischen, wässrigen Welt, in der alles möglich ist, aber eben nur virtuell. Und dann fühlt man sich entfremdet und sucht nach Körperlichkeit und Sinnlichkeit.« Ich blickte aus dem Stubenfenster in die graue Bergwand auf der anderen Talseite.

Unten regnete es, oben schneite es.

Die Schneegrenze war wieder ein Stückchen Richtung Hütte gewandert.

Es war Juni.

Wenn heute etwas für das Ehrliche und Echte – für das Analoge, könnte man auch sagen – steht, dann sind es die Berge.

Ich beobachtete den Weg, auf dem wir heraufgefahren waren, und fragte mich im Minutentakt: Kommt da wer zwischen den Bäumen auf die Hütte zu? Es kam niemand. Die Zivilisation war weit weg, und die einzigen Hinweise auf sie waren die Kondensstreifen der Transatlantikflieger, die den kleinen Himmelausschnitt zwischen den Wolken über mir kreuzten. Auf der Wiese vor der Hütte sah ich in der Abenddämmerung ein Reh und eine Hirschkuh, manchmal huschte auch etwas vorbei, das aussah wie ein Waschbär, sich dann aber als verfettete Katze herausstellte. Weiter oben sah ich Gämsen im Fels. Aber die interessantesten Tiere bewegten sich in der Luft – die Fledermaus, die zuverlässig jeden Abend durch die Dämmerung flatterte, und dann der Adler! Ich weiß es noch genau, es war an einem Donnerstag um 19:49 Uhr, da flog er über die Hütte, und der Umstand, dass er sehr hoch flog und trotzdem noch als sehr, sehr großer Vogel zu erkennen war, erübrigte jede Frage, ob das nun wirklich ein Adler war. Wer einen Löwen sieht, fragt auch nicht lange, ob es ein Löwe ist. Er segelte ganz ruhig dahin, brauchte kaum Flügelschläge, und verschwand dann hinter dem höchsten aller Gipfel. Ich glaube, das war der Moment, in dem ich angekommen war.

Am nächsten Vormittag riss der Himmel auf. Darauf hatten die Dorfbewohner augenscheinlich schon lange gewartet. Wie auf ein Kommando fuhren sie mit ihren Traktoren und Mähgeräten aus den Ställen: Heu machen. Auch die Wiese vor der Hütte wurde gemäht, und ich merkte bald, dass das eine Art Ersatz für die Zeitungslektüre ist, weil sich alle auf der Wiese treffen und Neuigkeiten austauschen. Die ganze Familie der Maria kam zusammen und dazu der Alois mit seinem Motorrad. Das war der Alois, wie sich herausstellte, mit dem ich telefoniert hatte, der Alois, der mich zur Maria vermittelt hatte. Der Alois, der zwar einen Nachnamen hat, aber wenn man im Tal fragt, wie der laute, dann sagen die Leute nur: »der«. Er heißt einfach »der Alois«. Er gehörte irgendwie zur Familie, zum Dorf, zum Tal, musste aber beim Heumachen nicht helfen. Er war nur dabei. Dafür mussten die drei Töchter, die beiden Söhne und der Hund helfen. Sie fuhren mit dem Mäher über die zum Teil gefährlich abschüssige Wiese am Waldrand entlang, durch Senken und Erhebungen, kreisförmig von außen nach innen. Der Alois setzte sich zu mir auf die Bank, legte die Sense auf den Boden und erklärte: »Die nächsten drei Tage bleibt das Wetter schön, und das Heu wird trocknen.« Im Gegensatz zum Internet-Wetterbericht und Radio Tirol behielt er recht.

Es waren die ersten schönen Tage, die ich im Tal verbrachte, und ich kam mir vor wie ein kleiner Junge, der die Welt entdeckte. Ich radelte hinauf auf eine Alm, wo sie Käse und Speck verkauften, ich kletterte neben einem Wasserfall auf einen Felsen und schlug mich, weil ich den Rückweg nicht fand, durch Maggikraut, Farne und Totholz zurück zum Forstweg. Ich floh vor aggressiven Kühen und stieg schließlich auf den höchsten Berg der Gegend, auf den 2592 Meter hohen Hochvogel – auch um zu sehen, wohin der Adler geflogen war.

Nach drei Tagen lag das Heu trocken auf der Wiese, und mittags kam die Maria mit ihren Kindern und dem Hund und schafften es in mehreren Fuhren hinunter zum Hof. Die Wiese lag nun so akkurat da wie ein Stück gestreifte Butter. Die Maria und ihre beiden Töchter entfernten mit den Sensen die noch übrig gebliebenen Halme, die Blicke bang zum nun wieder ockerfarbenen Himmel gerichtet. Der Alois war heraufgekommen, aber schon nach zehn Minuten warf er sein Motorrad wieder an und fuhr davon.

Im Hornbachtal gibt es nicht viele verschiedene Nachnamen und eigentlich auch nicht viele verschiedene Vornamen, aber daraus sollte man keine voreiligen Schlüsse ziehen. Der Bürgermeister heißt wie der Gemeindehiwi, der Bauer heißt wie der Wirt und der Bauarbeiter wie der Senner. Nur der Pfarrer heißt natürlich anders. Und wenn man sie fragt, ob sie verwandt sind, sagen sie: »Ja, irgendwie schon.« Und tatsächlich sehen sie alle sehr ähnlich aus. Die Frauen haben alle die gleiche Frisur, den Kurzhaarschnitt mit einer entweder rot oder blond gefärbten, in die Stirn hängenden Strähne. Die Männer haben alle das gleiche runde Gesicht, den gleichen Schnauzer und den gleichen schwer interpretierbaren Blick, der ihnen etwas Schelmisches, Bauernschlaues, Infantiles, Argwöhnisches oder Boshaftes geben kann. Es ist unerklärlich, aber die Alten sehen ganz anders aus als die Jungen, und es ist schwer bis unmöglich, die physiognomische Verbindung von den Jungen zu den Alten herzustellen. Aus dem runden Gesicht wird ein spitzes, hageres, der Schnauzer verschwindet, und der Körper krümmt sich. Wenn die Männer also Mitte 50 sind, dann müssen sie sich allesamt und sehr schnell in diesen anderen Typus verwandeln. Vermutlich über Nacht.

Der Alois war der Einzige, der anders aussah. Er war der einzige Mann im Dorf, der den physiognomischen Lückenschluss zwischen den Jungen und den Alten herstellte. Sein Alter war schwer zu schätzen, weil sein Gesicht Anteile von naiver Jugendlichkeit und zugleich von trauriger Altersweisheit trug. Er war – sozusagen als Ausgleich dafür, dass sich alle anderen Männer im Ort über Nacht verwandelten – dazu verdammt, für immer gleich auszusehen.

Als das Heu weggefahren und die letzten Halme geschnitten waren, war ich wieder allein und ging zurück in die Hütte. Mein Blick fiel auf die Fensterbank und *Die Besteigung des Mont Ventoux*. Ich nahm das Buch, zog eine Daunenjacke an und setzte mich mit einem Glas Weißwein auf die wurmstichige

Holzbank unter dem Giebeldreieck. Der Text begann mit den Worten: *Den höchsten Berg dieser Gegend, den man nicht zu Unrecht Ventosus, »den Windigen« nennt, habe ich am heutigen Tage bestiegen, allein vom Drang beseelt, diesen außergewöhnlich hohen Ort zu sehen.* Ich las weiter: Petrarca war am 26. April 1336 auf den Mont Ventoux in der Provence gestiegen. Er wanderte von dem Dorf Malaucene aus auf den 1902 Meter hohen Gipfel und genoss oben eine dann doch etwas unglaubwürdige Aussicht auf das Mittelmeer und den Atlantik. Ich blätterte zum Nachwort. Dort stand, dass Petrarca eine andere Art, sich zu bewegen, eingeleitet habe, dass im 14. Jahrhundert die Besteigung eines Berges unerhört gewesen sei, dass er einen Normbruch begangen habe. Deswegen sei diese Bergtour die *Geburtsstunde des Alpinismus* und Petrarca selbst sein *seelischer Vater*, ihm sei es gelungen, unbewusst die ursprünglichen Beweggründe für das Bergsteigen zu definieren: *die Läuterung von Körper und Geist.*

Ich legte das Buch auf die Bank, rieb mir die Augen und beobachtete die Wolken – eine sehr gewinnbringende Tätigkeit. Mir war nicht aufgefallen, dass sich das Wetter geändert hatte. Der ockerfarbene Himmel war dunkelgrau geworden. Aus dem Talschluss rollten Gewitterwolken wie eine Lawine heran. Die Stimmung hatte sich innerhalb von 24 Seiten Petrarca komplett geändert. Aus der Düsternis schob sich eine bedrohlich dunkle Regenwolke auf die Hütte zu und schien sie verschlucken zu wollen. Es war still, und ich sah sie ganz klar, diese riesige Wand aus dichtem Regen, Nebel, Dunst und Wolken. Von der Felskarspitze rollte der Donner herunter, und sein Echo sprang durch die Westwand. Die Fichten neigten sich im Wind. Dann stoben erste Tropfen durch die Luft, und schlagartig verdunkelte das Gewitter die Welt, als ginge sie unter.

Ich blickte wieder auf das Buch, und mit einem Mal hielt ich Petrarca und alles, was über seine Ventoux-Besteigung geschrieben wurde, für intellektuellen und weltfremden Schmarrn.

Der Alois

Am nächsten Morgen drückte der Schnee die Fichten zu Boden, die noch nicht gemähten Wiesen waren platt gedrückt, viele kleinere Bäume einfach abgeknickt. Die Hornbachtaler trösteten sich damit, dass es im Nachbartal noch schlimmer zugegangen war. Durch das Gewitter war es kalt geworden, und ich musste, um heizen zu können, das Holz vor der Hütte mit einer Axt spalten. Eine wunderbar klare Tätigkeit. Wenn man es gewöhnt ist, ständig Mails in die virtuelle Welt hinauszuschicken und keine Ahnung zu haben, was daraus wird, dann empfindet man diesen körperlichen Einsatz, der dazu führt, dass in einer Kiste klein gehackte Hölzchen liegen, mit deren Hilfe der Ofen anzufachen ist, als etwas sehr Ehrliches. Nach etwa zehn Minuten Holzhacken spürte ich meine Finger nicht mehr, und gerade als ich mich dazu entschloss, hineinzugehen und einzuheizen, hörte ich ein sich näherndes Motorrad. Mit einem Hieb rammte ich die Axt in den Baumstumpf, rieb die kalten Finger aneinander und blickte auf den Feldweg nach Norden.

Ich sah noch nichts, aber ich wusste, dass das nur der Alois sein konnte, und prompt erschien sein Motorrad zwischen den Bäumen. Er fuhr den Weg herauf, trug keinen Helm und grüßte mich, indem er den Kopf kaum merklich nach oben bewegte. Er sagte, dass sie gestern die Sensen vergessen hätten, und deutete neben die Bank. Ich sah in seine schlauen Augen und spürte diese praktische Intelligenz, die Gescheitheit von Intellektualität unterscheidet. Es war eine stille, wörtersparende Begegnung. Dann geschah etwas, ein Moment, von dem ich, noch bevor er zu Ende war, wusste, dass er mich noch lange beschäftigen wird. Hier oben, vor einer Berghütte auf 1100 Meter Höhe, stand ich dem Alois gegenüber, und dann erfassten seine Augen den *Mont Ventoux*; das Buch lag neben den Sensen auf der Bank. Alois sagte: »Diese Besteigung hat es nie gegeben.« Er hatte den Buchdeckel nur ganz kurz fokussiert, und seine Aussage war so militärisch knapp und präzise wie einst am Telefon.

»Ach so«, sagte ich, weil mir in dem Moment gar nichts mehr einfiel.

»Und selbst wenn es sie gegeben hätte, wäre sie noch lange nicht die Geburtsstunde des Alpinismus«, ergänzte der Alois bestimmt.

»Ach so«, sagte ich wieder, weil ich es immer noch nicht fassen konnte. Und dann langsam: »Wie kommst du darauf?«

»Weil der Mont Ventoux nichts mit Alpinismus zu tun hat. Er ist 1902 Meter hoch und kein Berg in alpinistischer Hinsicht. Er ist vielleicht für die Radfahrer der Tour de France interessant, aber nicht für Bergsteiger. Da führt heute eine asphaltierte Straße hinauf!«

»Und was ist deiner Meinung nach die Geburtsstunde des Alpinismus?«

Er zögerte keine Sekunde: »Natürlich die Besteigung des Montblanc, 1786, da ist alles losgegangen. Du solltest mal lesen, wie Horace-Bénédict de Saussure damals da hochgestiegen ist. Aber auch Haller und Rousseau solltest du lesen, dann verstehst du alles.« Der Alois schaute wieder mit einem Blick voller Skepsis in den Himmel, zurrte die Sensen an seinem Motorrad fest, sagte »Ich muss wieder ins Tal« und fuhr über den Feldweg davon.

Es war der Beginn von etwas, von einer Freundschaft vielleicht, und vielleicht auch von einer Idee. Ich konnte noch nicht benennen, was genau es war, aber ich spürte es. Eines wusste ich: Seit diesem Dialog sah ich den Alois mit anderen Augen.

Am Nachmittag klarte es etwas auf, und ich ging auf einem schmalen Pfad, der hinter der Hütte begann, bergauf. Von den Bäumen tropfte das Wasser, und meine Stiefel rutschten auf den nassen Wurzeln wie Ski herum. Der Geruch von feuchtem Moos und Tannenharz lag in der Luft. Nach einer halben Stunde kam ich auf eine Lichtung, und dann kam die Sonne hervor. Die Bergwelt dampfte und glitzerte wie ein noch nicht getrocknetes Ölgemälde. Ich dachte an den Alois. Was war das eben für ein Gespräch gewesen?

Als ich abends zurück zur Hütte kam, lagen auf der Bank drei vergilbte Bücher und daneben ein Zettel, auf dem stand: »Gruß, Alois«. Ein Buch hieß *Die Alpen*. Das zweite hieß *Julie oder Die neue Héloïse* und das dritte: *Kurzer Bericht von einer Reise auf den Gipfel des Montblanc.* Ich wusste noch nicht, dass das meine ersten Wegweiser durch die Alpen sein würden: ins Berner Oberland, ins Wallis und nach Chamonix.

Den Alois sah ich erst sieben Jahre später wieder.

Kapitel eins: AUFWÄRTS

Die Spur der Bücher

Ich blieb noch zwei Wochen im Hornbachtal. Genug Zeit, um Alois' Bücher zu lesen. Genug Zeit, um darüber nachzudenken. Genug Zeit, um neugierig zu werden. Der Sommer blieb launisch. Die Schneegrenze wanderte von den Almen zur Hütte, dann wieder hinauf und wieder zurück. Die Landschaft war weiß, dann grün, dann wieder weiß. Ich verließ die Hütte oft morgens bei Sonnenschein, um dann schon am Mittag im prasselnden Regen, augekühlt und durchnässt, wieder zurückzukommen, mich am Feuer aufzuwärmen und zu lesen. Ich tauchte also immer tiefer ein ins 18. Jahrhundert, in dem die Menschen anfingen, sich für Berge zu begeistern, und hier oben, vor dem schlichten Ofen in der Einsamkeit der Hütte, konnte ich mir gut vorstellen, welchen Anteil Albrecht von Haller, Jean-Jacques Rousseau und Horace-Bénédict de Saussure daran gehabt hatten.

Der Alois war verschwunden, er sei »weg«, hieß es im Tal, und sie sagten »weckch«, kehlig und kratzig. Das sei ganz normal, er verschwände immer wieder mal für einige Wochen in die Berge und nein, da müsse man sich keine Sorgen machen. Der Alois, so erfuhr ich im Ort, wurde im Hornbachtal geboren und war schon als Kind ein guter Bergsteiger. Als Jugendlicher kletterte er so ziemlich durch jede Wand und auf jeden Gipfel in der näheren Umgebung. Aber das reichte ihm nicht.

Er dachte über die Dinge nach, hinterfragte sie, las Bücher, und bald wurde seinen Eltern klar, dass sie ihn aufs Gymnasium schicken müssten – ungewöhnlich genug für dieses abgelegene Seitental. Das war allerdings erst der Anfang. Er machte ein sehr gutes Abitur und wollte studieren. »Und jetzt pass auf«, sagte die Maria eines Abends, »er hat in München Philosophie studiert.« Aus ihrem Mund klang das so, als hätte er sich mit Lepra infiziert. Er studierte Philosophie, Germanistik und Geschichte und beendete das Studium auch. »Dann ist er wieder hierher zurück ins Hornbachtal gekommen«, sagte die Maria langsam, »und das konnten wir alle noch viel weniger verstehen als den Grund, warum er weggegangen war.«

Seine drei Bücher waren geblieben und hatten mich angesteckt. Ich wollte mehr wissen, mehr lesen, wollte die Orte sehen, die in den Texten verherrlicht wurden. Ich blickte auf die Fensterbank. Ich hatte das Petrarca-Buch wieder genauso dort hingelegt, wie ich es gefunden hatte, die Seiten 28 und 29 aufgeschlagen, und nun, da ich es so liegen sah, stellte ich mir für einen kurzen Moment vor, dass der Alois es hingelegt hatte, nur damit ich es finden konnte, nur damit er mich darauf ansprechen konnte, nur damit er mir die anderen Bücher geben konnte – und nur damit diese Idee durch meinen Kopf irrlichtern konnte. Das war natürlich alles Unsinn. Und doch war ich längst dabei, einen Plan zu schmieden.

Es war ein Dienstag, an dem ich nach Westen aufbrach. Der Alois war immer noch nicht wiedergekommen und es war sinnlos, auf ihn zu warten. Und so folgte ich seinen Büchern, wollte über das Inntal in die Schweiz, über Zürich ins Berner Oberland. Ich wollte Albrecht von Hallers Arkadien sehen, wollte Rousseaus Romantikschmerz empfinden und Saussures Gipfel erleben.

Es dämmerte bereits, als ich aus dem Tal herausfuhr, auf die

Lechtalstraße abbog und über das Hahntennjoch ins Inntal fuhr, ein steiler und wilder Übergang, mit engen Kurven und in den Fels gesprengten Tunneln. Abenteuerlich, furchteinflößend und tödlich für Motorradfahrer, die die Kurven unterschätzen. Nach der schneebedeckten Passhöhe fuhr ich an einer bewirteten Alm vorbei und las auf dem Schild »Methadon-Alm«. Sie hieß natürlich nur so ähnlich; doch ich stellte mir heroinabhängige Bergbauern vor, die auf der Methadon-Alm auf Entzug waren.

Imst, Landeck, wo das Land tatsächlich ein Eck beschreibt, weil der Inn hier aus dem Engadin kommt und dann einen Bogen nach Osten beschreibt, Arlbergtunnel und dann über Feldkrich in die Schweiz. Vorbei an Liechtenstein, dann parallel zur Zugstrecke nach Davos, weiter nach Sargans und zum Walensee, wo die Gondeln über die Autobahn schweben. Ich erreichte den Zürichsee, fuhr an seinem Südufer entlang durch die Orte Lachen, Wädenswil, Adliswil und Kilchberg. Wo Thomas Mann begraben ist und Christian Kracht in seinem Roman *Faserland* einen Schäferhund aller Wahrscheinlichkeit nach auf dessen Grab kacken lässt. Dann bog ich nach Süden ab, hinein in die Berge, um über Luzern, Sarnen und Brienz fahrend schließlich spätnachts in Interlaken anzukommen, dem Ort zwischen den Seen.

Oben und unten

Fast 300 Jahre vor meiner Ankunft hatte im Berner Oberland die Erschließung der Alpen begonnen – auf literarischer, wissenschaftlicher und touristischer Ebene. Es war der dort ansässige Arzt, Botaniker, Bibliothekar und Poet Albrecht von Haller, der 1732 mit seinem Gedicht *Die Alpen* das Interesse an den Schweizer Bergen weckte. Die Mischung aus Alpinismus, Botanik und Poetik faszinierte die Massen so sehr, dass noch zu Hallers Lebzeiten 30 Auflagen in mehreren Sprachen gedruckt wurden. Forscher, Abenteurer, Philosophen und Dichter aus ganz Europa wollten plötzlich mit eigenen Augen sehen, worüber Haller schrieb. Heute würde man sagen: Die Schweiz boomte.

Als ich im Hornbachtal Hallers Text gelesen hatte, hatte ich zwar eine Ahnung von seiner Begeisterung gehabt, aber ihr Ausmaß hatte ich nicht verstanden. Das änderte sich, als ich am nächsten Tag unter einem strahlenden Himmel die Landschaft betrachtete. Interlaken liegt nicht nur zwischen zwei Seen, sondern auch zwischen mächtigen Viertausendern und dem sanften Vorgebirge. Es ist eine Bühne, auf der die Berge *inszeniert* werden. Um mir diese Inszenierung noch besser ansehen zu können, wollte ich auf den Logenplatz. Ich wollte mit dem Bähnli, wie die Schweizer ihre Bergbahnen nennen, hinauffahren nach Grindelwald, zur Kleinen Scheidegg, und dann ins Hochgebirge auf über 3500 Meter. Mit anderen Worten: Ich wollte das ganze Repertoire der Gebirgslandschaft bestaunen, ohne auch nur einen Höhenmeter aufzusteigen. Ich marschierte durch den Ort zum Bahnhof, vorbei an Grandhotels und Outdoorläden, eine Mischung, die ganz gut umreißt, was und wie Interlaken heute ist: verblasster Belle-Époque-Charme und Extremsportdestination. Am Bahnhof musste ich mich zwischen Reisegruppen einsortieren und hörte Sprachen, deren Herkunft ich nicht zuordnen konnte. Es beruhigte mich etwas, dass auch englisch sprechende Naturburschen mit Eispickeln und großen bunten Rucksäcken hier auf die Bahn warteten. Am Schalter löste ich ein Ticket zu einem obszön hohen Preis. Dafür erreichte ich nach einer guten Stunde den Bahnhof »Kleine Scheidegg«, und von hier aus wirkte die Szenerie, als hätte ein genialer Bühnenbauer alles so arrangiert, nur um den Gästen den besten Blick in die

Eigernordwand zu ermöglichen. Das Hotel Bellevue des Alpes strahlte den Grandhotelcharme des 19. Jahrhunderts aus, der in merkwürdigem Gegensatz zu den wahllos fotografierenden Asiaten stand. Gleise und Weichen kreuzten sich hier wie am Münchner Hauptbahnhof. Aber man sieht hier für gewöhnlich nur nach oben. Ich legte den Kopf in den Nacken, und hoch über mir zeichneten sich die Konturen von Eiger, Mönch und Jungfrau im Gegenlicht ab, und mir wurde klar, warum sich die Sichtweise auf die Berge an einem Ort wie diesem verändern musste. Die Kleine Scheidegg liegt auf einem Plateau, von dem aus die bedrohlich nahen Berge ein wunderschönes Bild abgeben. Es ist, als würde man von einem Feldherrnhügel aus eine Schlacht beobachten, fasziniert, staunend, betroffen, aber doch aus sicherer Distanz. Man blickt aus der Horizontalen in die Vertikale, bekommt ein Gefühl dafür und hat doch keinen Schimmer von dem, was man hier betrachtet. Man ist sehr nah dran und zugleich sehr weit weg.

Halb Europa ließ sich im 18. und 19. Jahrhundert von diesem Anblick verzaubern und verrückt machen. Lange vor mir hatte der britische Bergsteiger und Schriftsteller Leslie Stephen hier ganz in der Nähe gestanden. Stephen hatte in den Alpen eine ganze Menge gesehen, war auf dem Montblanc gewesen und hatte vom Sonnenuntergang dort oben geschwärmt. Doch über das Berner Oberland schrieb er: *Aber weder Chamonix noch Zermatt können sich, was Großartigkeit und Kühnheit des Entwurfes anbetrifft, mit dem Berner Oberlande messen. Kein erdentbundenes Gebild schwingt sich zu der Erhabenheit auf, die uns in Lauterbrunnen und Gindelwald überwältigt angesichts der dräuenden Felsenfeste. … Weder das Gezack um den Montblanc noch das Matterhorn selber zeichnet so edlen Umriss wie der Eiger, dieses Ungeheuer, das den Himmel anzuspringen scheint.*

Ich fuhr weiter mit der Jungfraubahn nach oben, und nach weiteren 50 Minuten im Zug erreichte ich das Jungfraujoch, den höchsten Bahnhof Europas, 3454 Meter über dem Meer, »The Top of Europe« genannt. Gemeinsam mit den Chinesen, Indern, Koreanern, Japanern und Amerikanern stieg ich aus, um Gefahr zu laufen, in der dünnen Luft ohnmächtig zu werden – das gehört genauso zu diesem außergewöhnlich hohen Ort wie das indische Restaurant Bollywood. Es roch nach Curry, und in dem labyrinthischen Geflecht aus Gängen, Rollbändern und Aufzügen drängten sich die Reisegruppen kurzatmig aneinander vorbei. Sieben Lifte verbinden acht Ebenen, und insgesamt fünf Kilometer Tunnel ziehen sich durch den Berg. Täglich kommen rund 6000 Besucher, um sich den Irrsinn anzusehen. In den Stollen gibt es ein Kino, einen Eispalast, eine Prosecco-Bar, einen Sauerstoffraum und einen Erlebnisstollen, in dem Richard Strauss' *Alpensinfonie* gespielt wird. Am »Self Service Restaurant« verkaufen sie »Jungfraujoch Bowl Noodle« und verlangen für heißes Wasser vier Euro, weil viele asiatische Gäste ihre eigenen Fertigsuppen mit hochbringen. Und dann trägt einen ein Aufzug noch mal 107 Meter höher hinauf auf die Aussichtsplattform Sphinx auf 3571 Meter. Im Aufzug erzählte mir ein Mann aus Bombay, dass er gestern in Innsbruck gewesen sei und am nächsten Tag in Heidelberg sein werde. Er hatte »Europe: 15 days, 9 countries« gebucht. Auf der Plattform flatterte die Schweizer Fahne im Wind, die Viertausender sahen aus wie unbedeutende Hügel, und die Touristen staksten unbeholfen durch den Schnee und drehten sich im Kreis, weil sie das Panorama anders nicht erfassen konnten: im Süden das Wallis mit dem Aletschgletscher, dem Dom und dem Weisshorn, im Westen die Jungfrau, das Silber- und das Rottalhorn, im Osten der Eiger und das Wetterhorn und im Norden die Tiefe, aus der die Bahn auf unerklärliche Weise zu diesem Punkt heraufgefahren war. Das Jungfraujoch ist einer der merkwürdigsten Plätze in den Alpen.

Das alles sollte man gesehen haben, bevor man sich mit Albrecht von Haller beschäftigt. Ich hatte die 490 Alexandrinerverse vor dem knisternden Ofen in der Hütte im Lechtal gelesen. Es war eine zähe Lektüre gewesen und der Stil so verstaubt wie der verlassene Stadel hinter der Hütte. Man könnte sagen, es ist eine Mischung aus Erlebnis- und Exkursionsbericht über die Weite der Gebirgsketten und Gletscher, über Pflanzen und Kristalle und über die Charaktereigenschaften der Älpler: Ihr einfaches Leben in der unschuldigen Welt ist rein und glücklich, völlig im Einklang mit der Natur. Und das klingt mit Haller so:

Hat nun die müde Welt sich in den Frost begraben,
Der Berge Täler Eis, die Spitzen Schnee bedeckt,
Ruht das erschöpfte Feld nun aus für neue Gaben,
Weil ein kristallner Damm der Flüsse Lauf versteckt,
Dann zieht sich auch der Hirt in die beschneiten Hütten,
Wo fetter Fichten Dampf die dürren Balken schwärzt;
Hier zahlt die süße Ruh die Müh, die er erlitten,
Der Sorgen-lose Tag wird freudig durchgescherzt,
Und wenn die Nachbarn sich zu seinem Herde setzen,
So weiß ihr klug Gespräch auch Weise zu ergötzen.
Der eine lehrt die Kunst, was uns die Wolken tragen,
Im Spiegel der Natur vernünftig vorzusehn,
Er kann der Winde Strich, den Lauf der Wetter sagen
Und sieht in heller Luft den Sturm von weitem wehn;
Er kennt die Kraft des Monds, die Würkung seiner Farben,
Er weiß, was am Gebürg ein früher Nebel will;
Er zählt im Märzen schon der fernen Ernte Garben
Und hält, wenn alles mäht, bei nahem Regen still;
Er ist des Dorfes Rat, sein Ausspruch macht sie sicher,
Und die Erfahrenheit dient ihm vor tausend Bücher.

Seine Leser waren sich einig: Haller hatte das alpine Arkadien entdeckt – mitten im Berner Oberland.

Ich hatte vor dem Ofen gesessen, vom Buch aufgeblickt und war nach draußen gegangen. Dort hatte ich direkt auf den Bergwald, die Felswände, die Schneefelder und die gezackte Gipfellinie geschaut. Ich bin mir nicht sicher, aber vielleicht war dieser Moment der Impuls gewesen, der mich veranlasst hatte, diese Reise in die Schweiz zu unternehmen.

Haller, das muss man ihm lassen, war der Erste, der den großen Unterschied zwischen »unten« und »oben« erkannte. Unten befinden sich *verhaßte Gründe*, oben grüßte man *den Berg mit Freuden*. Unten war die Zivilisation und ihre *tausend Bücher*, oben wurde *freudig durchgescherzt*. Auch später, als die Gipfel der Alpen nach und nach erobert wurden, teilte sich die Welt in ein »Unten« und ein »Oben«. Bis heute sagt man unten Sie und oben du. Wer oben war, kann unten nicht mehr leben, steht in Thomas Manns *Zauberberg*. Man muss *oben gelebt haben, um zu wissen, wie es sein muss. Hier unten fehlen die Grundbegriffe.* Und wer unten ist, kann jene, die nach oben steigen, nicht verstehen. »*Geh nur wieder hinauf. Mit dir ist nichts mehr anzufangen.*« *Und er ging wieder hinauf. Er kehrte in die »Heimat« zurück,* heißt es im *Zauberberg*.

Ich war oben und wollte nach unten, nämlich mit der Bahn durch die Eigernordwand hindurch. Die Stationen heißen »Eismeer«, »Eigerwand«, und bei »Eigergletscher« waren fast alle Touristen im Zug eingeschlafen. Die Höhe macht müde. Sieben Kilometer verlaufen im Tunnel, und als einmal Bergsteiger in der Wand in Not geraten waren, hatte man versucht, sie durch den Tunnelschacht zu retten. Auf der Kleinen Scheidegg, genau zwischen »oben« und »unten«, stieg ich aus, weil ich von hier aus hinunter ins Tal wandern wollte, unterhalb der Gletscher und Felswände, im Schatten der Berge. Ich blickte hoch zur Jungfrau und hatte die Kälte der Höhe noch in den Gliedern. Ist es nicht merkwürdig, dass 1811 ausgerechnet die Jungfrau der erste Viertausender in den Schweizer Alpen war, der bestiegen wurde? Und ist es nicht auch merkwürdig, dass ihr zu Füßen ein Ort diesen Namen trägt? *Pascalon … errötete bis über die Ohren, wenn man von der Kleinen Scheidegg sprach, da er nicht anders glaubte, als es sei eine sehr leichtsinnige junge Dame*, schrieb Alphonse Daudet in *Tartarin in den Alpen*, ein Buch, das mir später auf meiner Reise begegnen sollte.

Ich schnürte die Stiefel fester und ging los.

Schöne hohe Welt

Bücher lesen heißt wandern gehen, schrieb Jean Paul, und Goethe mahnte in seinen Aphorismen: *Nur wo du zu Fuß warst, bist du auch wirklich gewesen*. 200 Jahre vor mir wurde Wandern zur sentimentalen Kulturtätigkeit. Das Gehen durch die Berge wurde auf die Metaebene gehievt, und die literarische Wanderung »Auf den Spuren von …« war im Kommen. Nun stolperten sie alle durch die Schweiz und erklärten es zur großen Kunst. Es war nicht immer ganz klar, wo der Spaziergänger zum Wanderer und wo der Wanderer zum Bergsteiger wurde. Obwohl: Zum Bergsteigen waren die empfindsamen, hypochondrischen Romanciers in den seltensten Fällen fähig. Sie wollten die Erhabenheit spüren, und das ist sozusagen das Gegenteil des Bergsteigens. Auf der Aussichtsterrasse den Handrücken an die Stirn halten, tief einatmen und dann, aahhh, den hinabstürzenden Wasserfall schauen. Die schreckliche Nordwand aus dem Tal betrachten und dabei, oohhh, beinahe in Ohnmacht fallen. Dabei war das ungefähr so gefährlich, wie in einem Museum vor einem Landschaftsgemälde zu stehen. Tatsächlich *in* die Berge zu gehen oder sie zu besteigen, nein, das bedeutete reale Gefahr, Kälte, Anstrengung und womöglich andere nicht auszudenkende Unannehmlichkeiten. Und doch schrieben sie alle über ihre Erlebnisse in den Bergen – ein Widerspruch, der in der Alpenliteratur bis heute eine Rolle spielt: Diejenigen, die sich in die Berge wagen, erzählen oft nicht darüber. Und diejenigen, die darüber erzählen, haben keine Ahnung, weil sie nur die Erhabenheit spüren wollen.

So zieht sich das Wechselspiel zwischen Literatur und Leben durch das späte 18. und frühe 19. Jahrhundert wie ein Wanderpfad durch die Berge. Zwischen 1750 und 1790 stieg die Zahl der Reiseberichte über die Schweiz um mehr als das Achtfache. Die Trennlinie zwischen authentischer Berichterstattung und fiktionaler Prosa war kaum mehr zu ziehen: Reisebeschreibungen brachten einen Kanon an Formen, Vergleichen und Metaphern für Berglandschaften hervor, der auch die zeitgenössischen Dichter noch beeinflusst. Es gab Flaneure und Wanderer, Wissenschaftler und Künstler, Schaumschläger und Dummschwätzer, Abenteurer und Bergsteiger. Und ohne es zu bemerken, waren sie alle Teil eines großen Kreislaufs. Reales wurde zu Fiktivem, Fiktives zu Realem, und am Ende kam, wie bei einer langen stillen Post, oft etwas ganz anderes an als das, was am Anfang stand. Und es war auch gar nicht mehr notwendig, selbst zu reisen: Friedrich Schiller war nie in den Alpen, weil er alles, was er für den *Wilhelm Tell*, der in den Schweizer Bergen spielt, benötigte, entweder nachlas oder sich von seinem schweizreisenden Freund Goethe erzählen ließ. *Die Axt im Haus ersetzt den Zimmermann*, heißt es im *Tell* – der Goethe im Haus ersetzte die Schweizreise.

Es war also ausnahmsweise mal kein Engländer, der den Schweizern ihr Nationalmythos schrieb. Es war ein Deutscher, der die Schweiz nie gesehen hatte, weil seine Tuberkulose das verhinderte. Der Geschichte des renitenten Freiheitskämpfers Tell erfand er zwar nicht – sie kursierte schon seit dem 16. Jahrhundert –, aber es war Schillers Drama, das sie ab 1804 international bekannt machte und die Schweiz mit ihren Felsen, den Schneebergen und Staubbächen auf die Bühnen Europas brachte.

Versteckte Pfade wurden bald zu ausgetrampelten Wegen und diese Wege zu ausgelatschten Straßen. Auch ich wanderte nun auf so einem Weg hinunter ins Tal, Richtung Lauterbrunnen. In regelmäßigen Abständen kamen mir ganze Wandergruppen entgegen, die in verschiedenen Sprachen grüßten. Rousseaus »Zurück zur Natur« ist heute wieder erstaunlich aktuell. Seine Kritik am reizüberfluteten Leben in den Städten und seine Vorstellung von einem besseren Leben weit weg von aufregenden Finanzkrisen, sinkenden Löhnen, schamlosen Bereicherungen der Oberschicht und drohenden Revolutionen passt auch ins 21. Jahrhundert. Die Renaissance des Wanderns lässt sich mit Rousseaus Naturverständnis gut erklären.

Jean-Jacques Rousseau also. Auch der französische Schriftsteller, Philosoph und Aufklärer, der gerne als »Wegbereiter der Französischen Revolution« bezeichnet wird, wanderte durch die Berge des Wallis, auf die ich vom Jungfraujoch aus geblickt hatte, und diese Wanderung beeindruckte ihn so sehr, dass er *Julie oder Die neue Héloïse* schrieb, das zweite Buch, das mir der Alois auf die Bank vor der Hütte gelegt hatte. 1761 erschien der Briefroman, dessen Hauptfigur Saint-Preux vom Genfer See aus ins Wallis wanderte. Er berichtet seiner geliebten Julie im 23. Brief von seiner Reise und den *seltsamen Gegenden*: ... *Bald hingen unermeßliche Felsen in Trümmern über meinem Haupt; bald umströmten mich hohe, rauschende Wassergüsse mit ihrem Nebel; bald öffnete eine immerwährende Flut zu meiner Seite einen Abgrund, dessen Tiefe das Auge sich nicht zu erforschen getraute. Zuweilen verlor ich mich in eines dichten Waldes Dunkelheit; zuwei-*

len, wenn ich aus einem Schlunde herauskam, erquickte auf einmal meinen Blick eine angenehme Wiese. Eine erstaunliche Vermischung von wilder und bebauter Natur zeigte überall der Menschen Hand, wohin man nicht geglaubt hätte, daß sie jemals gedrungen wäre; auf der Seite einer Höhe fand man Häuser; wo man nichts als Brombeeren gesucht hätte, da sah man dürre Weinreben, auf abgerutschtem Erdboden Weinberge, auf den Felsen die trefflichsten Früchte und in Abgründen Felder.

Aber in der *Héloïse* geht es natürlich nicht ums Wandern. Es geht um eine unmögliche Liebe: Der gewöhnliche Hauslehrer Saint-Preux verliebt sich ausgerechnet in ein Mädchen aus adliger Familie, was in der Literatur dieser Zeit nie gut ging und zum Tod eines oder beider Liebender führte. In diesem Fall, das kann man verraten, trifft es sie. Rousseau ahnte vermutlich nicht, dass die leidenschaftlichen Texte, die er seinen Saint-Preux in den Schweizer Bergen schreiben lässt, die Alpenbegeisterung fortsetzten, die mit Haller begonnen hatte. Die *Héloïse* machte die Berge zum romantischen Rückzugsort, ohne den Rationalismus der Aufklärung, der bei Haller noch angedeutet war. Es ging um tiefe Empfindungen und große Gefühle. Willkommen in der Romantik. Saint-Preux schreibt:

… denn der Berge senkrechte Ansicht rührt die Augen auf einmal und weit stärker als Aussicht auf Ebenen, die man nur seitwärts von fern sieht, und wo jeder Gegenstand uns einen anderen verbirgt. … Man ist da ernsthaft ohne Schwermut, ruhig ohne Unempfindlichkeit, zufrieden, daß man ist und denkt.

Die *Héloïse* wurde als »Jahrhundertbestseller« bezeichnet, und ihr Erfolg trieb Buchhändler dazu, das Buch tage- und stundenweise auszuleihen. Hallers *Alpen* erreichte 30 Auflagen, die *Héloïse* über 100! Beide Bücher beflügelten die Popularität der Schweiz. Haller und Rousseau waren ihre ersten Werbetexter.

Für alle Fälle

Die belletristischen Erfolge blieben nicht ohne Konsequenzen. Immer mehr Künstler, Gelehrte und solche, die sich dafür hielten, folgten dem literarischen Ruf der Wildnis und merkten dabei nicht, dass sie nicht die Ersten waren, die begeistert unter den Wasserfällen oder an den Passhöhen standen, die einen Sonnenauf- oder -untergang beobachteten, die das Alpenglühen und einen Gletscher sahen oder einen Stein in einen Bergsee warfen. Sie gingen alle in Spuren, wie ein kurzer Blick nach vorne zeigt: Goethe würde in den Spuren Hallers gehen, Lord Byron in den Spuren Goethes, Leo Tolstoi in den Spuren Byrons und Sir Arthur Conan Doyle in den Spuren Leo Tolstois. Einer, der 1873 nach einer winterlichen Bergtour ebenfalls durchs Lauterbrunnental abstieg, war Leslie Stephen. *Natürlich*, schrieb er, *könnte ich die Schönheit der winterlichen Wengernalp in Umrissen schildern, die Stunden des Schneewatens zählen, in Entzücken ausbrechen über die von beschneiten Tannen eingerahmten Gipfel und mich des längeren ergehen über alles Liebliche und Erhabene eines unvergleichlichen Wintertages.* Und kritisiert dann seine britischen Dichterkollegen: *Byrons Ausschroten der Landschaft dünkt mich geradezu unverschämt. Scotts Schlichtheit wäre der Erhabenheit des Gegenstandes kaum angemessen. Wordsworth hätte in seine Gesichte übersetzt; und der feinsinnige Shelley wäre zwischendurch in metaphysisches Geschwöge verfallen. … Wer, wie ich, in ihren Fußtapfen wandelt, beschränkt sich besser aufs einfache Bekenntnis der Ehrfurcht.*

Murmeltiere und Bergdohlen begleiteten mich auf dem Weg ins Lauterbrunnental. Ich stieg über Allmend und Wengen hinab, unter mir Wiesen und Brombeerstauden, über mir: die Westwand der Jungfrau – Fels, Eis, Schnee und darüber die Sonne. Im Frühjahr und im Herbst bildet sich in dieser

Wand, kurz bevor die Sonne untergeht, in klaren Linien ein Schattenkreuz: das Schweizer Kreuz, sagen die Einheimischen stolz, weil man an Nationalsymbolen nie genug haben kann. Nach zwei Stunden erreichte ich den Talboden. Der Weg fiel regelrecht ins Tal hinein. Die Bergwand vor mir wurde immer höher, so dass ich das Gefühl hatte, immer kleiner zu werden. Es war mittlerweile später Nachmittag, und mir taten meine Füße weh, und zwar nicht die Sohlen, sondern der Spann. Am Ortsschild von Lauterbrunnen hielt ich es nicht mehr aus und entschloss mich, die Einlegesohlen aus den vermaledeiten Bergschuhen zu nehmen. Da bemerke ich es: Unter den Sohlen lagen Thermosohlen, die ich dort für eine Nachtwanderung im Winter hineingelegt hatte. Nun aber war ich damit fünf Stunden durch den Sommer gelaufen und hatte dabei meine Füße gequetscht, als würde ich chinesische Lotosfüße anstreben.

Ich hielt mich rechts, trat in den Schatten ein und sah schließlich den Wasserfall. Der Staubbachfall schoss über die Felskante hoch über dem Tal und trieb mir den Sprühregen ins Gesicht. Fast 300 Meter spritzt das Wasser durch die Luft, und die Thermik verteilt es in alle Himmelsrichtungen. Das Staunen am Staubbachfall gehörte zum festen Bestandteil der Alpenreise im 18. Jahrhundert – und es war Albrecht von Haller, der den Staubbachfall dazu machte:

Hier zeigt ein steiler Berg die Mauer-gleichen Spitzen,
Ein Wald-Strom eilt hindurch und stürzet Fall auf Fall.
Der dick beschäumte Fluß dringt durch der Felsen Ritzen
Und schießt mit gäher Kraft weit über ihren Wall.
Das dünne Wasser teilt des tiefen Falles Eile,
In der verdickten Luft schwebt ein bewegtes Grau,
Ein Regenbogen strahlt durch die zerstäubten Teile
Und das entfernte Tal trinkt ein beständigs Tau.

Ein Wandrer sieht erstaunt im Himmel Ströme fließen,
Die aus den Wolken fliehn und sich in Wolken gießen.

Ohne diese Zeilen wäre wohl auch Johann Wolfgang von Goethe am 14. Oktober 1779 nicht zum Staubbachfall gereist und hätte nicht das Gedicht *Gesang der Geister über den Wassern* an Charlotte von Stein geschickt:

Seele des Menschen,
Wie gleichst du dem Wasser!
Schicksal des Menschen,
Wie gleichst du dem Wind!

Die Zeilen sind an einem Felsen in der Nähe des Wasserfalls verewigt. Ohne Haller wäre das kulturelle Gedächtnis um diese Weisheit ärmer.

Im Sprühregen des Wasserfalls verkauft sich das Goethe-Gedicht noch heute ganz gut. In einem kleinen Laden, vor dem eine große Schweizer Flagge wehte, hing die Reclam-Ausgabe *Gedichte* in einem Drehständer. Und gleich daneben: Goethes *Briefe aus der Schweiz*. Ich kaufte es und setzte mich auf die Bank vor dem Laden. Durch die Straße schoben sich Menschen, deren fortgeschrittenes Alter nicht so recht zu ihrer Funktionsbekleidung passen wollte. Was ich las, überraschte mich: Johann Wolfgang von Goethe hatte Hallers *Alpen* gelesen, verehrte Rousseaus *Héloïse* und kannte Saussures *Voyage*. Er hatte die Schweiz dreimal bereist, und vor allem bei seiner zweiten Reise hatte er, kurz nachdem er den Staubbachfall bewundert hatte, eine ganze Menge erlebt: Er war bei winterlichen Bedingungen über die Furka gewandert.

Ich war froh, als ich wieder im Hotel ankam. Hotel ist irgendwie das falsche Wort für meine Unterkunft. Es *war* vielmehr einmal ein Hotel gewesen. Das Majestic Grand Hotel Mat-

tenhof wurde 1869 erbaut und galt lange als eines der schönsten Hotels in Interlaken. Es war ein Hotel, das sich mit dem
Grandhotel Victoria-Jungfrau die Gäste aus Russland, England, Deutschland und Holland teilte. Es wurde lange von
einem Hotelier alter Schule geführt und dann, in den späten
1990er Jahren, von seinem Sohn, einem Rafting- und Can-
yoning-Guide, übernommen. Er machte aus dem Grandhotel
ein Backpacker-Hostel. Neben den Säulen am Marmortrep-
penaufgang standen Plastikregale mit Werbeflyern von Aben-
teueranbietern: Canyoning, Basejumping, Zorbing, was auch
immer das bedeuten mochte. Die ehemalige Rezeption war
zur Bar umfunktioniert, und hinten, am Kamin, saß man in
Sesseln, die genauso gut ins verrauchte Fachschaftszimmer an
der Uni gepasst hätten. Das Knistern des Feuers mischte sich
mit dem Knallen der Kickertische nebenan, und die Stand-
uhr begann leicht zu vibrieren, als der Barkeeper »Massive
Attack« spielte.

Mit meinen verdreckten Wanderschuhen und den Thermosohlen in der Hand ging ich zur Regalwand neben der Bar
und schaute mir die Buchrücken an. Mein Blick wanderte über
Ken Follett, Noah Gordon, Mark Twight und Ian McEwan.
Daneben lagen noch zwei Bücher mit dem Rücken zur Wand.
Ich drehte sie um. Es war *Die Wand* von Marlen Haushofer
und Sir Arthur Conan Doyles *Der letzte Fall* – eine Sherlock-
Holmes-Erzählung. Ich nahm Holmes, setzte mich auf die
runtergekommene Couch und begann zu lesen, ohne zu wissen, dass ich nun wieder in den Bergen des Oberlandes lan-
den würde.

Doyle schickt 1891 Holmes und Watson von London in die
Schweizer Berge. Sie wandern auf der Flucht vor dem bösen,
aber sehr schlauen Professor Moriarty durch das Wallis und das
Berner Oberland. *Eine bezaubernde Woche lang wanderten wir das*

Rhone-Tal hinauf, dann, bei Leuk abzweigend, über den noch tief ver-
schneiten Gemmi-Pass und gelangten so, über Interlaken, nach Mei-
ringen. Es war eine wunderschöne Wanderung, das liebliche Grün des
Frühlings zu Füßen, das jungfräuliche Weiß des Winters zu Häupten;
aber es war mir klar, dass Holmes keinen Moment lang den Schatten
vergaß, der über ihm lag. Ob in den heimeligen Alpendörfern oder
auf den einsamen Bergpässen – die Art, wie er seine scharfen Blicke
schweifen ließ und das Gesicht eines jeden, der uns entgegenkam, einer
scharfen Musterung unterzog, rief mir immer wieder ins Bewusst-
sein, dass er vollauf überzeugt war, wir könnten, wohin wir auch
gehen mochten, der Gefahr nicht entgehen, die uns auf den Fersen blieb.

Ich las weiter, fasziniert davon, dass dieses Buch mich durch
den Ort führte, in dem ich mich befand. *Einmal, entsinne ich*
mich, als wir den Gemmi überquerten und am Ufer des melancho-
lischen Daubensees entlanggingen, kam ein großer Felsbrocken, der
sich aus dem Kamm gelöst hatte, herabgepoltert und donnerte hinter
uns in den See. Im Nu war Holmes auf den Kamm gestürmt und
reckte, auf einer hochragenden Zinne stehend, den Hals nach allen
Richtungen. Es verschlug nichts, dass unser Führer ihm erklärte,
Steinschlag sei an dieser Stelle im Frühling ein alltägliches Risiko.
Er sagte nichts, doch er lächelte mit der Miene eines Mannes, der ein-
treffen sieht, was er erwartet hat.

Ich klappte das Buch zu und blickte in die Augen eines
Mannes, von dem ich für einen kurzen Moment dachte, er
stünde am Rande des Wahnsinns. Er sagte »Griaß di«, und ich
war mir nicht sicher, ob ich ihn von irgendwoher kannte. Er
setzte sich zu mir auf das Sofa. Ich hatte keine Ahnung, was
er von mir wollte. Er trug eine schwarze Funktionshose und
einen blauen Fleece-Pullover, er hatte eine Häkelmütze auf
dem Kopf und einen Drei-, vielleicht aber auch einen Vier- bis
Fünftagebart. Er war kein Schweizer, auch wenn das, was er
sagte, ein wenig nach »Grüezi« klang. Er war ein Österreicher,
hieß Gerrit und erzählte mir, dass er seit einem halben Jahr

in diesem Hotel arbeite. Sein offenes und heiteres Gesicht und sein ruheloser, aber selbstvertrauter Blick wirkten sympathisch auf mich. Ursprünglich sei er aus St. Anton in Tirol, aber dort lebe er schon lange nicht mehr. Ich habe schon viele Skitage in St. Anton verbracht, und wir unterhielten uns über den Ort und seine Geschichte. »Wir nennen uns ja ›Wiege des alpinen Skilaufs‹«, sagte Gerrit. »Aber weißt du was: In einem Tal weiter ist ein Pfarrer schon ein paar Jahre früher Ski gefahren – da ist erst vergangenen Winter ein altes Schriftstück aufgetaucht, das das belegt.« Und Gerrit lächelte mit einer Schadenfreude, die erkennen ließ, dass er mit seiner Heimat schon vor langer Zeit abgeschlossen hatte.

»Hast du manchmal Heimweh?«, fragte ich ihn.

»Nein«, antwortete er. »Meine Heimat sind ja die Berge.«

Wir tranken ein Bier in der Lobby, und ich erzählte ihm, dass ich im Lechtal durch seinen Landsmann Alois auf drei Bücher aufmerksam gemacht worden war. Und dass ich nun einer Idee hinterherreiste, von der ich noch nicht genau wusste, wo sie hinführen würde. Als ich mich selbst diese Worte sprechen hörte, war mir zum ersten Mal klar, dass aus dieser Idee schon längst ein Plan geworden war und ich schon mittendrin war in einem Projekt. »Ich will durch die Alpen reisen, und die Bücher über die Alpen sollen mir dabei den Weg weisen. Schau mal hier, habe ich heute Abend erst entdeckt: Sherlock Holmes war auch hier, ist über die Gemmi gegangen und dann über Interlaken nach Meiringen.« Ich zog das neu gekaufte Goethe-Buch aus dem Rucksack und sagte: »Und hier: Wusstest du, dass Goethe über die Furka gewandert ist? Eigentlich müsste man sich auch das mal ansehen.«

Am nächsten Morgen fuhr Gerrit mit mir die 40 Kilometer von Interlaken nach Kandersteg, und wir machten uns zu Fuß auf, um auf die Gemmi zu steigen. Als ich ihm am Vorabend erzählt hatte, dass ich mir die Gemmi und das Hotel dort oben ansehen wolle, hatte er gefragt, ob er mich begleiten könne. Er habe frei, und außerdem kenne er die Leute, die das Schwarenbach, so heißt das Hotel, betrieben.

Wir brauchten vier Stunden für die knapp 1000 Höhenmeter, und oben angekommen, stach die Mittagssonne herab. Wir waren an der Kantonsgrenze. Hinter uns: das Berner Oberland. Vor uns: das Wallis. Hinter uns: Haller-Land. Vor uns: Rousseau-Land. Es war ein wunderbarer Tag, und wir liefen am Ufer des Daubensees bis zur Passhöhe. Die Viertausender reihten sich am Horizont auf. In der Mitte, unverkennbar in seiner Toblerone-Form, sah ich zum ersten Mal das Matterhorn, und tief unter uns blickten wir auf den Ort Leukerbad. Es war still, und ich erwartete einen Steinschlag, doch es geschah nichts.

Auf dem Rückweg kehrten wir im Hotel Schwarenbach ein. Es ist eigentlich kein Hotel, mehr eine große Berghütte. Der Wirt heißt Peter Stoller und ist ein Mann mit großer Brille, grauen Haaren und blauen Augen. Als ich ihm sagte, dass ich etwas über die Geschichte dieses Ortes erfahren wolle, sagte er: »Sie sind seit langem der Erste, der sich dafür interessiert.« Dann stand er auf und holte zwei alte, in Leder gebundene Gästebücher und die Hauschronik. Und während Gerrit mit den Wirtsleuten plauderte, las ich mich in die Geschichte dieses Hauses ein. Das Schwarenbach ist einer der überraschendsten Orte in den Alpen. Obwohl es sich um eine völlig normale und nicht einmal besonders hübsche Hütte handelt, die unterhalb des Passes in der Biegung des Wanderwegs steht, liest sich die Gästeliste wie die Leseliste eines literaturwissenschaftlichen Seminars. Der Berggasthof wurde bereits 1742 erbaut, und über den bescheiden ausgebauten Weg ließen sich recht bekannte Persönlichkeiten führen, ziehen oder tragen: Horace-Bénédict de Saussure, Adelbert von Chamisso,

Alexandre Dumas, Edward Whymper, Jules Verne, Guy de Maupassant, Mark Twain, Sir Arthur Conan Doyle und Pablo Picasso. Wladimir Iljitsch Uljanow, besser bekannt unter dem Namen Lenin, war ebenfalls hier. Er hielt sich nach Ablauf seiner Verbannung in Sibirien seit 1900 in der Schweiz auf. 1904, als er das Schwarenbach aufsuchte, schrieb er das Buch *Ein Schritt vorwärts, zwei Schritte zurück*. Am 27. März 1917 bestieg er schließlich in Zürich den verplombten Zugwagen und erreichte mit deutscher Unterstützung Tage später Petrograd. Ich konnte noch nicht wissen, dass mir diese historische Begebenheit noch einmal begegnen würde.

Ich blätterte vorsichtig durch das Gästebuch mit der Aufschrift »1868 bis 1875« und sah lustige Zeichnungen von Lammgeiern und schnapstrinkenden Gipfelstürmern, von Murmeltierflaggen und pfeiferauchenden Gämsen – es war ein Eintrag englischer Gäste aus dem Jahr 1869. Es folgten eng beschriebene Seiten, auf denen mit schönster Tintenschrift mühevoll Reisegruppen aufgelistet worden waren. Am *20 juillet 1872* entdeckte ich einen Eintrag von Alexandre Dumas, der mit *Citoyens* überschrieben war und dem etwas sehr Unleserliches folgte. Peter Stoller setzte sich zu mir und sagte: »Das Schwarenbach war schon damals gerade richtig als Etappenziel – egal ob man von Kandersteg oder von Leukerbad aus kam.« Eine der wenigen begehbaren Verbindungen vom Berner Oberland ins Wallis, weil Tiroler Spezialisten schon früh einen noch heute abenteuerlich anmutenden, korkenzieherhaften Wanderpfad in die Gemmiwand gebaut haben. Sicherlich auch ein Grund, der die Schriftsteller anlockte – und wiederum viele Geschichten zur Folge hatte. Guy de Maupassant schrieb in der unheimlichen Erzählung *Das Gasthaus* über die Gegend: *Dann erblickten sie unter sich in einem riesigen Loch, in der Tiefe eines furchterregenden Abgrunds Leukerbad mit seinen Häusern, wie Sandkörner in diesen gewaltigen Spalt geworfen, den die*

Gemmi abschließt und verschließt und der dort unten sich zur Rhone hin öffnet.

Mark Twain beschrieb später die Damen, die sich in *Alpensänften* den Pass hinuntertragen ließen, und Sir Arthur Conan Doyle lässt seinen Sherlock Holmes hier oben im Verfolgungswahn entlangwandern. »Nur der Jules Verne«, sagte der Wirt dann, »das hat mir mal eine französische Romanistin erklärt, der war nie hier oben.« Obwohl sein Name im Gästebuch stünde, dürfe man das nicht glauben. Ich nickte. Irgendwie passt das ganz gut zu diesem französischen Fantasten.

Gerrit kam aus dem Nebenraum zurück in den Gastraum und setzte sich zu uns auf die Eckbank. Er hatte eine Zeitung dabei. »Schau mal«, sagte er. »Die *London Times* lag in einem Zeitschriftenständer nebenan. Auf der dritten Seite ist ein Artikel über ein interessantes Jubiläum: Vor 150 Jahren ist die Bibliothek des Alpine Club eröffnet worden, dem ersten Bergsteigerverein der Welt, der ein Jahr zuvor gegründet worden ist.« Offenbar hatte ich Gerrit mit meinem Interesse angesteckt. Der Artikel beschrieb, wie die Engländer im 18. Jahrhundert auf die Idee gekommen waren, dass »Mountaineering« eine ganz amüsante Angelegenheit sein könnte. Und glücklicherweise sei all das, so stand es im Text, was sie damals in den Alpen veranstaltet hätten, in der Bibliothek des Alpine Club genau dokumentiert. Die Büchersammlung sei die älteste Alpinbibliothek der Welt – ein intellektuelles Gebirge mit über 30 000 Büchern, Briefen, Expeditionsberichten, Tagebüchern, Karten, Notizen und 35 000 Fotos – vom 16. Jahrhundert bis heute. Gerrit setzte sich zu mir, ließ die Zeitung in den Schoß fallen und sagte: »Eigentlich müsste man sich auch das mal ansehen.«

Wir verabschiedeten uns von Peter Stoller und gingen durch den Arvenwald und die großen scharfkantigen Felsen zurück Richtung Tal. »Wenn man in jedem Stein ein Wort sieht, dann wäre doch ein Berg ein ganzes Buch«, sagte ich mehr zu mir als zu Gerrit, als wir später von Sunnbüel aus mit der Bahn nach unten fuhren und zurück in die Berge blickten, die wir gerade erkundet hatten. Nach einer Weile sagte er – und ich weiß bis heute nicht, ob er das ernst meinte – voller Inbrunst und ganz langsam in seinem tirolerischen Akzent: »Des isch – ein – gewaltiger Gedanke.«

Die Straße zurück nach Interlaken führte über einige enge Serpentinen und in einer Kurve begann Gerrits Armbanduhr zu piepsen. Ich schaute ihn fragend an. »Ich habe den Höhenalarm des Barometers auf 1000 Meter eingestellt«, sagte er. »So weiß ich, wann ich du zu dir sagen darf – und wann ich wieder Sie zu Ihnen sagen muss.« Er erzählte mir, dass er einen Freund in Oberösterreich habe, ein Hüttenwirt, der auf genau 1000 Meter Seehöhe einen sogenannten Du-Stein aufgestellt hatte, weil es Brauch in den Bergen ist, dass man oben du zueinander sagt.

In Interlaken setzte ich Gerrit im Hotel ab und fuhr weiter nach Meiringen. Ich wollte noch sehen, wo Sherlock Holmes' Geschichte endet. Meiringen ist für einen anderen Wasserfall des Berner Oberlandes bekannt: den Reichenbachfall, spektakulär von William Turner in Öl verewigt, samt Gischtschwaden und Totholz. Hier entspringt die Aare und fließt durch die tief eingeschnittene Schlucht am Fuße des Schreckhorns, ein Name, den man erfinden müsste, hätte ihn nicht die Realität schon vergeben. Ich ging ein Stück auf dem Wanderweg Richtung Aareschlucht und Große Scheidegg und erreichte bald den Fuß des Wasserfalls. Der stürzt kaskadenartig über 300 Meter ins Tal. Hier also ereignete sich der Showdown, der *Letzte Fall*. Sherlock Holmes traf hier auf seinen großen Rivalen Professor Moriarty, kämpfte mit ihm an der oberen Kante des Wasserfalls, und dann stürzten sie gemeinsam hinab. Es war natürlich alles ganz anders, eine große Täuschung, denn nur Moriarty fiel, und Holmes inszenierte seinen Tod, um dessen Gehilfen zu überführen. Am Wasserfall steht noch heute auf einer Metalltafel, als wäre das alles wirklich passiert: »An diesem furchterregenden Ort besiegte Sherlock Holmes am 4. Mai 1891 Professor Moriarty.« Die Schweizer versuchen gar nicht mehr, zwischen Fiktion und Realität zu unterscheiden. Und vermutlich wollen sie das auch gar nicht.

Es dämmerte, als ich wieder unten im Ort war und zurück zum Auto ging. Kurz vor dem Parkplatz sah ich in der Auslage eines Buchladens ein Buch auf einer roten Samtdecke präsentiert: *Der fliegende Berg,* der neue Roman von Christoph Ransmayr. Der Laden wollte gerade zumachen, aber es gelang mir noch, das Buch zu kaufen. Einen fliegenden Berg wollte ich mir nicht entgehen lassen.

Wo ich auch hinging – es schien plötzlich alles mit den Bergen zu tun zu haben. Zumindest nahm ich es so wahr. Ich war sensibilisiert, und meine Reise schien sich zu verdichten und immer mehr Sinn zu ergeben. Zugleich gab sie mir neue Rätsel auf.

Die Leiden des jungen Goethe

»Gestern war Herbst, heute ist Winter« sagte der Polizist am Straßenrand, als ich sieben Tage später Interlaken verlassen wollte. Der Polizist fragte mich, ob ich Schneeketten dabeihabe, und meinte, dass man die Furka, wenn das so weitergehe, wohl bald für den Winter schließen werde. Es war Ende Oktober, und ich war an Meiringen vorbei nach Innertkirchen gefahren und wollte über den Grimsel- und den Furkapass nach Andermatt. »Ja, ich habe Schneeketten im Kofferraum«, sagte ich, doch das reichte dem Polizisten nicht. Er wollte sie sehen. Ich stieg aus, und erst jetzt bot sich mir der Blick in das über Nacht schneeweiß gewordene Tal. Ich öffnete den Kofferraum und deutete auf die gelbe Plastikbox mit den Ketten. Der Polizist nickte, und ich verschwieg, dass ich keine Ahnung hatte, wie man diese Dinger an den Rädern befestigt. Die Straße stieg nun 1500 Meter an, aber schon auf halbem Weg war die Fahrbahn schneebedeckt, und das Auto rutschte unkontrolliert durch die Kurven. Aber ich wollte immer noch nicht wahrhaben, dass ich nun die Ketten aufziehen musste. Erst als die Vorderräder durchdrehten, der Wagen nicht mehr vorwärtsfuhr, sondern trotz durchdrehender Reifen rückwärts den Berg hinunterrutschte, gestand ich mir ein, dass nun wohl der Zeitpunkt gekommen sei. Ich wollte anhalten, doch ich rutschte weiter rückwärts zurück ins Tal, gab erst noch mehr Gas und drückte dann voll auf die Bremse. Beides zeigte keine Wirkung. Die Leitplanke kam immer näher. Es war reines Glück, dass sich das Auto im Rutschen leicht drehte und im letzten Moment vor dem Kontakt mit der Leitplanke in einer weit geschwungenen Kurve auf relativ ebener Fläche zum Stehen kam.

Ich stieg aus, und die Kälte schlug mir ins Gesicht. Es hatte sicher 20 Grad weniger als im Tal, und schon als ich die Ketten auspackte, spürte ich meine Finger nicht mehr. Es begann in dicken Flocken zu schneien, und es war schockierend und faszinierend zugleich zu beobachten, wie die Natur imstande ist, einen Menschen innerhalb von wenigen Minuten wie den letzten hilflosen Idioten dastehen zu lassen. Nach einer gefühlten Ewigkeit hatte ich es geschafft, die Ketten waren an den Vorderrädern und machten den Eindruck, als würden sie auch dort bleiben. Ich setzte mich wieder ins Auto und legte meine Finger für einige Minuten auf das Gebläse der Heizung. Langsam kehrte das Gefühl zurück.

Das Auto schleppte sich langsam und Kurve für Kurve

nach oben. Die Schneedecke wurde dichter, und ich begann zu bereuen, dass ich mich für diese Strecke entschieden hatte. Ich passierte den Grimselsee, fuhr vorsichtig weiter nach oben und erreichte am Totensee die Passhöhe, das Tor zur Furka. Ich hatte Angst vor der Abfahrt. Und schuld daran war niemand anders als Johann Wolfgang von Goethe, der, könnte man ihn fragen, jedoch alles auf Horace-Bénédict de Saussure geschoben hätte, der ihn mit seinem »Rat« beinahe ins Verderben geschickt hätte. Aber der Reihe nach.

Ich hatte Goethes *Briefe aus der Schweiz* während der Regentage in Interlaken auf jener schäbigen Hotelcouch gelesen, auf der ich auch Gerrit kennengelernt hatte. Seine erste Schweizreise hatte Goethe 1775 zusammen mit zwei Grafen bis zum Gotthardpass geführt. Aber in Goethes Tagebucheinträgen ist nicht viel mehr zu finden als *Not und Müh und Schweiss, Schwitzen und Matten und Sinken bis ans Urner Loch hinaus* und *Öde wie im Tale des Todes mit Gebeinen besät. Nebelsee.* Später erklärte Goethe: *Für dergleichen Gegenstände hatte ich keine Sprache.* Und man muss schon sagen: Dergleichen liest man im Werk des Geheimrats nicht allzu oft. Ein Nachfahre von einem der Grafen, Christian Graf zu Stolberg-Stolberg, betreibt heute das Jagdschloss Kühtai in den Bergen Tirols. Auf der Terrasse dieses hübschen kleinen Hotels hatte ich mich einige Jahre zuvor mit ihm über die Schweizreise seiner Vorfahren unterhalten, und dem Graf schien es fast ein wenig peinlich zu sein. Sein Vorfahre hätte mit seiner derben Art den feinen Goethe immer wieder schockiert. Eine frühe Form des Fremdschämens. Dabei hatte Graf Stolberg doch nur seinen Spaß gehabt, wenn er nackt und laut schreiend in die Bergseen sprang.

Goethe war damals schon eine Berühmtheit. Sein Roman *Die Leiden des jungen Werther* war 1774 erschienen und ein Bestseller. Während der Schweizreise stand Goethe noch vollkommen in der Wirkung seines Buchs: Er war 25 und reiste in der Uniform seiner literarischen Figur und mit dem Motiv, die unmögliche Liebe zu einer Frau zu überwinden. Er wollte für sich selbst testen, ob er *Lili entbehren könne* – gemeint war Elisabeth Schönemann, die 16-jährige Frankfurter Bankierstochter, in die er sich verliebt hatte. Er sah das Wallis durch Werthers Augen, und seine *Briefe aus der Schweiz* sollten ursprünglich als Reisebriefe Werthers aus der Zeit vor der Begegnung mit Lotte erscheinen. 1796, als er begann, die Briefe zu schreiben, notierte er: *Fing an zu diktieren an Werthers Reise.* Goethe versetzt sich also in die Rolle seiner eigenen Figur und erlebt das Wallis, wie Werther es erlebt haben würde. Goethe hatte den Gedanken, *ein leidenschaftliches Märchen* hinzuzuerfinden, und scheint sich auch daran versucht zu haben. Das Ergebnis ist vermutlich die sogenannte *Erste Abteilung* der Briefe, die in einem gesteigerten Ton gehalten ist und mit der Erzählung eines erotischen Abenteuers endet. Sie ist zuerst gedruckt in der Gesamtausgabe der *Werke* von 1800, unmittelbar hinter dem Werther, mit ihm verbunden durch ein Vorwort, in dem es heißt, man habe die Aufzeichnungen *unter Werthers Papieren gefunden.* Jedenfalls ist im *Werther* von Gewittern und Lawinenabgängen die Rede, er schwärmt für die *unzugänglichen Gebürge*, und sie zu sehen ist sein Wunschtraum: *Ich sah das Gebürge vor mir liegend, das so tausendmal der Gegenstand meiner Wünsche gewesen. Stundenlang konnte ich hier sitzen und mich hinübersehen, mit inniger Seele mich in den Wäldern, denen Thälern verlieren, die sich meinen Augen so freundlich dämmernd darstellten –.*

Das führt zurück zu Jean-Jacques Rousseau. Es ist kein Zufall, dass der Roman von einer ähnlich unmöglichen Liebe handelt wie die *Héloïse* und dass diese Liebe in den Tod führt. Goethe kannte das Buch sehr gut, und Werther ist Saint-Preux' geistiger Bruder.

Seine zweite Reise unternahm Goethe 1779, und sie wurde als *Briefe aus der Schweiz* bekannt. Aus gutem Grund. Diese Reise beschreibt erstmals eine Wanderung, die nicht nur *durch*, sondern auch *auf* die Berge führte. Während die meisten Reisenden die Gefahren des Hochgebirges mieden und auch keine Ahnung gehabt hätten, wie sie ihnen begegnen sollten, wagte sich der nun 30-jährige Goethe ins Hochgebirge der Furka. Obwohl er das gar nicht vorgehabt hatte. Und wer die Schuld daran trug, ist in den *Briefen* nachzulesen:

Hier und da auf der ganzen Reise ward so viel von den Merkwürdigkeiten der Savoyer Eisgebirge gesprochen, und wie wir nach Genf kamen, hörten wir, es werde immer mehr Mode, sie zu sehen, daß der Graf eine sonderliche Lust kriegte, unsern Weg dahin zu leiten, von Genf aus über Cluse und Salenche ins Tal Chamounix zu gehen, die Wunder zu betrachten, dann über Valorsine und Trient nach Martinach ins Wallis zu fallen. Dieser Weg, den die meisten Reisenden nehmen, schien wegen der Jahrszeit etwas bedenklich. Der Herr de Saussure wurde deswegen auf seinem Landgute besucht und um Rat gefragt. Er versicherte, daß man ohne Bedenken den Weg machen könne.

Saussure hatte keine Ahnung, dass er unseren deutschen Klassiker mit diesem Rat beinahe ins Verderben schickte und die Nachwelt um ein Haar um den *Faust* und die *Iphigenie*, den *Erlkönig* und den *Zauberlehrling*, den *Wilhelm Meister* und die *Wahlverwandtschaften* gebracht hätte.

Aber dafür hat uns Saussures »Rat« eine astreine Bergsteigererzählung beschert, die mit ihrer Spannung und Dramatik und den dezenten Übertreibungen ein ganzes Genre prägen würde. Es ist leider nicht überliefert, ob sich Goethe später bei Saussure über dessen Empfehlung beschwerte, aber wenn man liest, was er Jahre später über die Betätigung »Bergklettern« in der Aphorismensammlung *Aus Makariens Archiv* (ein Anhang in *Wilhelm Meisters Wanderjahren*) schrieb, kann man sich auch selbst zusammenreimen, dass ihm die Kälte der Furka noch lange im Nacken saß:

Wenn Reisende ein sehr großes Ergötzen auf ihren Bergklettereien empfinden, so ist für mich etwas Barbarisches, ja Gottloses in dieser Leidenschaft. Berge geben uns wohl den Begriff von Naturgewalt, nicht aber von Wohltätigkeit der Vorsehung. Zu welchem Gebrauch sind sie wohl dem Menschen? Unternimmt er, dort zu wohnen, so wird im Winter eine Schneelawine, im Sommer ein Bergrutsch sein Haus begraben oder fortschieben; seine Herden schwemmt der Gießbach weg, seine Kornscheuern die Windstürme.

Macht er sich auf den Weg, so ist jeder Aufstieg die Qual des Sisyphus, jeder Niederschlag der Sturz Vulkans; sein Pfad ist täglich von Steinen verschüttet, der Gießbach unwegsam für Schifffahrt. Finden auch seine Zwergherden notdürftige Nahrung oder sammelt er sie ihnen kärglich: Entweder die Elemente entreißen sie ihm oder wilde Bestien.

Er führt ein einsam kümmerlich Pflanzenleben, wie das Moos auf einem Grabstein, ohne Bequemlichkeit und ohne Gesellschaft. Und diese Zickzackkämme, diese widerwärtigen Felsenwände, diese ungestalteten Granitpyramiden, welche die schönsten Weltbreiten mit den Schrecknissen des Nordpols bedecken, wie sollte sich ein wohlwollender Mann daran gefallen und ein Menschenfreund sie preisen?

Es war bereits der 6. November – viel zu spät –, als sie von Chamonix über den Col de Balme ins Wallis kamen. Die Landschaft wurde mit jedem Höhenmeter unwegsamer, aber auch schöner: *Der Weg an sich war meistenteils schlecht und steinig, doch zeigte uns jeder Schritt eine Landschaft, die eines Gemäldes wert gewesen wäre,* schreibt Goethe, und je höher sie kommen, desto mehr beeindruckt ihn die Welt. In Leukerbad, unterhalb des Gemmipasses, notiert er: *Es ist nicht zu beschreiben, wie mannigfaltig auch hier das Wallis wieder wird; mit jedem Augenblick biegt und verändert sich die Landschaft. Es scheint alles sehr nah beisammen zu liegen, und man ist doch durch große Schluchten und Täler getrennt.*

Sie nähern sich der Furka Tag für Tag, und Goethes Gedankenwelt dreht sich nur noch um die Frage, ob der Übergang im November noch möglich ist. Es liegt Schnee, und Goethe beginnt, Saussures Expertise in Frage zu stellen:

Sie können sich vorstellen, daß ich hier schon wieder die Leute examiniert habe, ob sie glauben, daß die Passage über die Furka offen ist; denn das ist der Gedanke, mit dem ich aufstehe, schlafen gehe, mit dem ich den ganzen Tag über beschäftigt bin. Bisher war es einem Marsch zu vergleichen, den man gegen einen Feind richtet, und nun ist's, als wenn man sich dem Flecke nähert, wo er sich verschanzt hat und man sich mit ihm herumschlagen muß.

Als ich im Oktober mit meinem braunen Kombi die Furkapasshöhe erreichte, lag der Schnee kniehoch, und weiße Felder zogen sich die Bergflanken hinauf. Die Landschaft hatte nichts Liebliches, wie die Berge des Voralpenlandes, die Dolomiten oder die Grasberge Österreichs. Die Berge hatten eine abweisende Wucht, der Gneis schimmerte dunkel, und alles schien eine Nummer zu groß geraten zu sein. Sie sind hoch und schroff, steil und gewaltig, lawinenreich und »nordig«, wie die Schweizer sagen, also: saukalt. Die mittlere Jahrestemperatur in Andermatt – und der Ort befindet sich im Tal – liegt bei 3,5 Grad. An 180 Tagen schneit es hier. Gäbe es nicht überall Lawinenverbauungen, wäre der Aufenthalt lebensgefährlich. Die Schneeketten zogen mich hinauf zum Belvedere, dem Gebäude am Rhonegletscher, etwas unterhalb der Passhöhe, eine massive Trutzburg, die sich mit allem, was sie hat, gegen die Natur schützt: ihrer Steinfassade, dem Blechdach und den kleinen Fenstern, die hinter den grünen Läden verborgen waren. Hinter dem Haus verschluckten die Wolken die Straße.

Die Furka verschluckt auch Goethe, seine Gefährten und zwei Führer, die ihnen zur Seite stehen. Am Morgen des 12.

November gehen sie um sieben Uhr in Münster los. Tags zuvor hatte sie dort noch ein Wirt gewarnt: *Wenn der Berg, so nennen sie hier die Furka, gar zu grimmig wäre, so möchten wir wieder zurückkehren.* Aber Goethe will es nun auch wissen, beziehungsweise er lässt es in seinem Text so aussehen. Er listet die mühevollen Alternativen auf – ... *einen großen Umweg auf den Gotthard! Ich glaube, ich habe Ihnen das in diesen wenigen Blättern schon dreimal gesagt,* oder den Rückweg über Bern –, die ein Scheitern an der Furka bedeuten würden. Tatsächlich ist ihr Ziel das Hospiz auf dem Gotthard, und den auf anderen Wegen als über die Furka zu erreichen ist kompliziert.

Um neun Uhr kehren sie in Oberwald in einem Wirtshaus ein, *wo sich die Leute nicht wenig wunderten, solche Gestalten in dieser Jahreszeit erscheinen zu sehen,* und steigen dann weiter in die ungewisse Höhe – vorbei am Rhonegletscher in eine völlig fremde Landschaft:

Vom Gletscher aber rechts und links und vorwärts sieht man nun keinen Baum mehr, alles ist öde und wüste. ... Es war ein seltsamer Anblick, wenn man einen Moment seine Aufmerksamkeit von dem Wege ab und auf sich selbst und die Gesellschaft wendete: in der ödesten Gegend der Welt und in einer ungeheuren einförmigen schneebedeckten Gebirgswüste, wo man rückwärts und vorwärts auf drei Stunden keine lebendige Seele weiß, eine Reihe Menschen zu sehen, deren einer in des andern tiefe Fußtapfen tritt, und wo in der ganzen glatt überzogenen Weite nichts in die Augen fällt als die Furche, die man gezogen hat.

Bergsteigerische Begriffe fallen, man brauche *Mut und Zutrauen* und vor allem *Glück,* und die Bedrohung, die vom Berg ausgeht, ist zu greifen:

... der Gedanke, daß man immer enger und enger zwischen ungeheuren Gebirgen eingeschlossen wird, gibt der Imagination graue und unangenehme Bilder, die einen, der nicht recht fest im Sattel säße, gar leicht herabwerfen könnten. Der Mensch ist niemals ganz Herr von sich selbst.

Die Nähe der großen Berge hatte Goethe schon drei Tage zuvor in Leukerbad am Fuße des Gemmipasses gespürt:

Ich muß hier wieder bemerken, was schon so oft vorgekommen, daß, wenn man mit Gebirgen umschlossen ist, einem alle Gegenstände so außerordentlich nahe scheinen. Wir hatten eine starke Stunde über heruntergestürzte Felsstücke und dazwischengeschwemmten Kies hinaufzusteigen, bis wir uns am Fuße des ungeheuren Gemmibergs, wo der Weg an steilen Klippen aufwärts geht, befanden.

Auf der Furka verlieren sie den Weg, versinken im Schnee. Das Gebirge ist hautnah, die Gipfel im Blickwinkel, die Kälte im Nacken. Nach viereinhalb Stunden kommen die Wanderer auf dem Sattel der Furka an, wo breitflockiger Schnee stiebt und sie bis zum Gürtel versinken. Nach nochmals viereinhalb Stunden, also nach neun Stunden Gehzeit, erreichen sie das Wirtshaus in Realp, wo Goethe angeblich noch am selben Abend beginnt, alles aufzuschreiben. Einige Patres erzählen ihren wunderlichen Gästen noch lange und mit größter Gelassenheit von Todesfällen und Wahnsinn.

Damals gab es auf der Furka noch keine Straße und keine Lawinenverbauungen, und im November, wenn sich der Schnee noch nicht gesetzt hat, ist das Risiko eines Abgangs besonders groß. Höchste Warnstufe. Ein Lawinenexperte, der lange im Forschungszentrum in Davos gearbeitet hat, erzählte mir einmal von den gewaltigen Schneemassen und den außergewöhnlichen Gefahren auf der Furka. Sie hätten dort eine sechs Meter hohe Messstation, die sie aus dem Schnee graben müssten! Goethe und seine Begleiter hatten damals keine Goretex-Jacken, keine Schneebrillen, keine Steigeisen, keine Lawinenpiepser und keine Ahnung, dass sie ihr Leben riskierten. An diesem Tag hatten sie tatsächlich einfach nur eine Menge Glück.

Das wurde mir klar, als ich mit dem Auto die Furkastraße

nach unten schlitterte und über 200 Jahre später, auf einer ausgebauten Straße und in einem modernen Automobil, große Mühe hatte, das Tal zu erreichen. Ich hatte tatsächlich das Kunststück geschafft, eine Schneekette zu verlieren und es während der Auffahrt nicht einmal zu bemerken. Nun zog das Fahrzeug konsequent nach rechts und wollte in die Leitplanke rutschen. Ich musste ständig gegensteuern, fuhr immer noch langsamer, und es hörte nicht auf zu schneien. Es muss ausgesehen haben, als hätte James Bond mir mit seinem Spezial-Aston Martin die Reifen aufgeschlitzt, so wie in der »Goldfinger«-Verfolgungsjagd, die 1964 auf dieser Straße gedreht wurde. Gerade als ich überlegte, wie lange ich mit dieser Methode bis ins Tal brauchen würde, überholte mich der Räumdienst mit seiner riesigen über die Straße krachenden Schneeschaufel. Mit einer im Radkasten schlagenden Kette fuhr ich ihm bis zur Schneegrenze hinterher. Die Furka!

Kapitel zwei: OH, IHR ENGLÄNDER!

London, Shoreditch, Alpine Club

»Eigentlich müsste man sich das auch mal ansehen.« Dieser Satz, den erst ich in Interlaken und dann Gerrit auf der Gemmi ausgesprochen hatte, ließ mir keine Ruhe. Das Bild, wie wir beide auf einer Eckbank im Schwarenbach eine britische Zeitung lasen, ging mir einfach nicht aus dem Kopf. »Eigentlich müsste man sich das auch mal ansehen.« Natürlich musste man! Denn die intellektuelle Annäherung an die Berge begann nun mal nicht im Lechtal oder in Zermatt, in Chamonix oder in Innsbruck. Sie begann rund 1000 Kilometer von den Alpen entfernt, dort, wo der erste Bergsteigerclub der Welt gegründet wurde, die erste Bergsteigerbibliothek entstand und das Wetter so unangenehm sein kann wie ein Gewitter in der Eigernordwand: in London. Und doch verging noch ein halbes Jahr, bis ich mich dem Irrsinn hingab und einen Flug nach England buchte, um dort mehr über die Geschichte der Berge zu erfahren.

An einem kalten Maitag kam ich morgens in Stansted an und machte mich auf den Weg nach Shoreditch, einem sogenannten Londoner Szeneviertel. Hier befindet sich in der Charlotte Road zwischen Espressobars und Bagelcafés, Kunstgalerien und Grafikateliers ein kleines, unscheinbares Gebäude. Auf dem Klingelschild steht: »Alpine Club«. Und das wirkt in dieser Umgebung heute in etwa so merkwürdig wie ein wangenbärtiger Brite in Krickethosen, der im 18. Jahrhundert auf den Gipfel eines Schweizer Schneeberges stieg.

An einem Dienstagabend, dem 22. Dezember 1857, hatten sich im Speisesaal des Ashley-Hotels im vermutlich nebligen Londoner Covent Garden elf Männer mit den obligatorischen dichten Wangenbärten getroffen. Sie saßen an einem Tisch, aßen, tranken, diskutierten, und immer wieder war das Wörtchen »Berg« zu vernehmen. Sie sprachen von der »Förderung guter Kameradschaft unter Bergsteigern«, von »Bergsteigerei und Bergforschung auf der ganzen Welt« und von besserer Kenntnis der Berge durch Literatur, Wissenschaft, Kunst. Schließlich erhoben sie ihre Sherrygläser, wünschten sich frohe Weihnachten und besiegelten die Gründung einer sehr viktorianischen Institution: eines Clubs. An diesem Abend entstand der britische Alpine Club, die erste Bergsportvereinigung der Welt. Und wenn man es als größtes Kompliment erachtet, kopiert zu werden, dann ehrt es den Alpine Club, dass nach seinem Vorbild bald der Österreichische (1862), der Schweizer, der Italienische (1863) und der Deutsche Alpenverein (1869) ins Leben gerufen wurden.

Ich klingelte, und nach einer Minute öffnete ein Mann, der sich als Thadeusz Hudowski vorstellte, die Tür. Er trug eine grüne Fleece-Jacke, hatte graue Haare, eine undefinierbare Augenfarbe und einen hörbar polnischen Akzent – er war 1977 aus Polen nach London geflohen. Er war klein, quirlig und ebenso zuvorkommend wie enthusiastisch, da diese Räume auch für ihn eine ewige Fundgrube darstellen. »Gestern habe ich dieses Büchlein hier gefunden«, sagte er, noch bevor ich erklären konnte, was ich wollte. »Eine Himalaya-Bibliografie, 1801 bis 1933. Und schauen Sie hier«, er öffnete es, »es ist von Willy Merkl signiert, dem Leiter der deutschen Nanga-Parbat-Expeditionen in den 30er Jahren.« Und in einem Everest-Buch habe er vor ein paar Wochen die Unterschrift von Tenzing Norgay entdeckt – jenem Mann, der gemeinsam mit

Sir Edmund Hillary als Erster auf dem höchsten Berg der Welt stand. Während Hudowski redete, blickte ich über seine Schulter auf eine ganze Regalwand voller Literatur über die »Britischen Berge« im Himalaya: den Nanda Devi und natürlich den Mount Everest. Und auf der anderen Seite nahmen die Ausgaben von *Peaks, Passes and Glaciers 1859–1863* und seines berühmten Nachfolgeprodukts, das *Alpine Journal*, die Regale ein.

Der Club nahm 1857 nur Männer auf – die einzige Ausnahme hieß Tschingel; die Hündin des Bergsteigers William August Brevoort Coolidge war das einzige weibliche Ehrenmitglied im Alpine Club. Immerhin hatte sie 1874 gemeinsam mit Coolidge erstmals die Jungfrau im Winter bestiegen. Alle anderen mussten, um Mitglied zu werden, bereits über 13 000 Fuß, also 3960 Meter, geklettert sein, was in einer Zeit, als noch keine Bahnen auf das Jungfraujoch, die Aiguille du Midi oder das Kleine Matterhorn fuhren, nicht ganz so leicht war. Bei den Vereinsabenden in London stimmten die anwesenden Mitglieder mit weißen und schwarzen Bällen über potenzielle Neuzugänge ab – weiß dafür, schwarz dagegen. Wenn etwa ein Dutzend Mitglieder, aus welchen Gründen auch immer, gegen einen Neuzugang war, dann konnten sie diesen verhindern. So wurde Albert Mummery, einer der besten Bergsteiger seiner Zeit, abgelehnt, weil Edward Whymper gegen ihn Stimmung gemacht hatte.

Doch bald wurde dem Club diese im wahrsten Sinne des Wortes zu hohe Anforderung bewusst, und so ließ man auch Ehrenmitglieder zu, die über die Alpen geschrieben oder irgendein besonderes ausgeprägtes Interesse an ihnen bekundet hatten. 1863 führte die Mitgliederliste 57 Richter, 34 Geistliche, 23 Rechtsanwälte, 19 Grundbesitzer und 15 Universitätsdozenten auf, und für einige von ihnen endeten Klettertouren auf der letzten Sprosse der Bibliotheksleiter. Von dort aus hat

wohl auch Mathew Arnold, Dichter und eines jener Clubmit-
glieder, argumentiert, als er sagte: *Jeder sollte die Alpen wenigstens ein Mal sehen, um zu erfahren, was sie sind.*

Erst seit 1974 – genau 100 Jahre nach Tschingel – sind auch
Frauen zugelassen, und damit hat es der Alpine Club drei Jahre
länger durchgehalten, Frauen zu ignorieren, als die Schweiz,
die ihrer weiblichen Bevölkerung 1971 das Wahlrecht zuge-
standen hat. Die Frauen, die im Alpine Club dabei sein wollen
(und das nicht nur als Ehrenmitglieder), müssen seither, genau
wie die Männer, *at least twenty reasonable alpine ascents made over
the last three seasons* (mindestens 20 angemessene alpine Besteigungen innerhalb der letzten drei Saison) vorweisen. Richtig
schwierige Besteigungen zählen ein bisschen mehr, ist in der
Satzung noch gnädig vermerkt.

Mich zog es zu den Büchern, doch Hudowski wollte mir unbedingt den Keller des Gebäudes in der Charlotte Road zeigen.
Ich folgte dem Bibliothekar, der den wankenden Gang eines
Bären hatte, hinab ins Depot des Clubs, in ein paar kalte und
verwinkelte Lagerräume – zu meiner Verwunderung waren sie
gefüllt mit Alpinhistorie: Der Kompass von Saussure lag hier,
der Eispickel von Leslie Stephen und das Sauerstoffgerät von
Edmund Hillary. Und die Geschichten, für die sie standen,
flackerten im Zwielicht kurz auf, wie Kinotrailer, die große
Helden und ihre Taten ankündigen. Saussure, wie er im 18.
Jahrhundert einen Geldbetrag im Wert einer Kuh für die Erstbesteigung des Montblanc aussetzte, was nicht nur die Engländer zu famosen Taten anstachelte. Leslie Stephen, wie er
mit weiteren famosen Taten und einem Buch das »Goldene
Zeitalter« prägte. Hillary, wie er endlich jenen Punkt erreichte,
an dem es einfach nicht mehr höher hinauf ging.

Hudowski deutete auf eine zwei Meter lange Holzkiste:
»Das Zelt, das Edward Whymper am Matterhorn benutzte«,

sagte er und schloss dann für einen Moment die Augen, als wollte er das damit verbundene Drama im Geiste noch mal ablaufen lassen. 1865 war ausgerechnet das Matterhorn als letzter zu besteigender Prestigegipfel übrig geblieben, der Inbegriff eines Berges, so steil und abweisend, dass er lange als unbesteigbar galt. Der Engländer Whymper und seine Gefährten erreichten schließlich den Gipfel – doch sie bezahlten dafür einen hohen Preis. Hudowski öffnete die Augen und blickte wieder ins modrige Halbdunkel des Depots. Er schwieg eine Weile, ein bisschen zu lange, und es kam mir vor, als würde er diesen Moment der Andacht sehr genießen.

Dann erzählte ich Thadeusz Hudowski, warum ich hier war; dass ich erfahren wollte, warum ausgerechnet die Engländer die Alpen erobert hatten, und ich mich einlesen wollte in die britischen Alpenreisenden des 17. und 18. Jahrhunderts. Er hörte aufmerksam zu, sagte aber nichts. Wir gingen wieder nach oben, vorbei an der Galerie der in Öl verewigten Vorsitzenden des Clubs. Ich folgte dem Bibliothekar so lange durch die Regale, bis er auf eine Bücherwand wies, die Werke über die Erkundung der Alpen versammelte. Hier stand auch Saussures Montblanc-Buch, und ich musste kurz an den Alois denken. Dann nahmen die unzähligen britischen Bücher von Autoren, deren Namen ich noch nie gehört hatte, meine Aufmerksamkeit ein: Titel wie *Coryat's Crudities* und *Theory of the Earth*, *Killing Dragons* und *Mountain Gloom and Mountain Glory*, *The Playground of Europe* und *The Ascent of Rum Doodle*. Ich setzte mich an einen kleinen Lesetisch. Hudowski fragte in seinem eigenwilligen Akzent, den seine Landsleute, wie mir auffiel, noch weniger verstanden als ich, ob alles in Ordnung war. Ich dankte ihm, begann zu lesen und tauchte in eine faszinierende Welt ein.

Die Grand Tour

Alles begann mit der Grand Tour, einem durch und durch britischen Phänomen. Es war eine Bildungsreise durch Europa, die im 17. Jahrhundert die Söhne des Adels und des gehobenen Bürgertums unternahmen. Sie reisten auf den Spuren von Vergil und Horaz, Cicero und Seneca. Sie überquerten den Kanal, fuhren in der Postkutsche nach Paris, Burgund, Lyon und dann entweder über Genf oder die Provence in die Alpen. Die Berge überquerten sie am Simplonpass oder am Mont Cenis, um schließlich die Wintermonate in Florenz, Siena, Pisa oder Rom zu verbringen. Im Frühjahr verlief der Rückweg zumeist über Padua, Venedig, Verona und über den Brenner zurück ins Flachland.

Auf dieser »Kavalierstour«, wie die Grand Tour später in Deutschland genannt wurde, war die Überquerung der Alpen zunächst ein notwendiges Übel auf dem Weg nach Italien. Die schrecklichen Passagen über die schneebedeckten Pässe galten als Mutprobe, als eine Art Initiationsritus. Und doch mussten die Reisenden sich irgendwann eingestehen, dass diese Landschaft in ihrer ganzen Lebensfeindlichkeit etwas Beindruckendes, wenn nicht sogar Schönes hatte. Mit anderen Worten: Die ersten britischen Alpenreisenden erkannten das touristische Potenzial der Alpen und sorgten – noch vor Haller und Rousseau – dafür, dass sich ihr Bild grundlegend änderte.

Ich blickte auf die Regale voller Bücher über die Berge, und da wurde mir zum ersten Mal klar, dass sich erst eine Leidenschaft, eine alpine Geisteshaltung entwickeln musste, ehe die Berge tatsächlich bestiegen wurden, dass Alpinismus urprünglich also als etwas Gedankliches begann. Und dass die Distanz, die zwischen England und den Alpen liegt, den Briten einen großen Vorteil verschaffte: Sie ermöglichte ihnen eine unverstellte und, man muss es so sagen, reflektierte Sicht auf die Bergwelt. Im *Brockhaus*, einem Werk, das heute fast so analog wie die Berge selbst anmutet, steht übrigens: *Alpinismus der, –, zusammenfassende Bez. für die bergsteiger. Unternehmungen in den Alpen und den anderen Hochgebirgen der Erde aus sportl., künstler. und wissenschaftl. Interessen. Unter A.i.e.S oder Alpinistik versteht man das als Sport ausgeübte Bergsteigen, Hochgebirgswandern und den alpinen Skilauf. Der A. umfasst insgesamt neben der Alpinistik die wissenschaftl. Beschäftigung mit den Bergen sowie alpines Schrifttum und alpine Kunst.*

Ich widmete mich Thomas Coryats *Coryat's Crudities* und Thomas Burnets *Theory of the Earth*. Coryat war einer der ersten Engländer, die auf ihrer Grand Tour durch die Alpen reisten. Das war im Jahr 1611, also noch vor dem Dreißigjährigen Krieg. Er beschrieb die Alpen als eine fast unüberwindbare Barriere, *grimmig* und *schrecklich*, und das Unbehagen war auch hier zu sprüren. Bei Nicolson las ich, dass Berge zu jener Zeit nicht mehr als *Warzen, Blasen, Abszesse (warts, blisters, imposthumes)* waren, die *Müllhalden der Welt, mit wenig Bedeutung und noch weniger Charme für Menschen, die die Alpen überquerten (waste place of the world, with little meaning and less charm for men who crossed the Alpes).* Und doch: Auch bei Coryat war schon eine Ahnung davon vorhanden, dass das Schreckliche nur eine Seite der Berge ist.

Der Sinneswandel kam aber erst mit Thomas Burnet – ich hatte nun tatsächlich den ersten Autor der Welt entdeckt, der positiv über Berge schrieb. Burnet überquerte die Alpen 1671, also immerhin schon nach dem Dreißigjjährigen Krieg, und diese Reise zerstörte sein Weltbild und alle damit verbundenen Vorstellungen für natürliche Proportionen und Symmetrien. *Alle Dinge wurden zunächst in Schönheit und Proportion erschaffen (All Things were made at first in Beauty and Proportion)*, hatte er immer gepredigt. Und dann stand er plötzlich

vor einem an Wirrheit und Unregelmäßigkeit nicht zu über-
bietenden Gebirgsstock. Als Burnet nach drei Reisejahren
zurück nach England kam, suchte er noch immer einen Weg
aus dem ästhetischen Dilemma, das ihm die Alpen beschert
hatten. Er suchte eine Theorie, die das Bild der Berge mit
der Schönheit der göttlichen Schöpfung vereinbaren konnte.
In seiner *Theory of the Earth* kam ihm 1684 der Geistesblitz.
Er deutete die Berge zu »Ruinen« um, gleich antiken Monu-
menten. Und das ging so: Es war einmal eine sanfte und glatte
Erdoberfläche ohne Berge und Meer. Dann kam eines Tages
die Sintflut und hinterließ eine zerstörte zweite Welt, topo-
grafisches Chaos, Berge als Ruinen der ersten Welt: *Als die*
Flut sich zurückzog, standen da unsere Berge, da stehen sie heute,
die spektakulärsten Ruinen einer zerbrochenen Welt. (There stood
our mountains as the Flood receded; there they stand today, the most
spectacular Ruins of a broken World.) Und um diesen Schwach-
sinn zu »beweisen«, reichte schon ein einziger Fossilienfund
in den Bergen.

Aber, das muss man Burnet lassen, dieser ebenso simple
wie geniale Kniff reichte aus, um das ästhetische Interesse der
Grand-Tour-Reisenden auf den Kopf zu stellen und ihr Interesse nun vollends auf die Berge zu lenken. Das Erhabene,
»the Sublime«, wie der Begriff in England benannt wurde, entwickelte sich zur Mode, und die Begeisterung für das Gewaltige wirkte wie eine Imagekampagne für die Alpen. Anders
gesagt: Wenn man bisher lediglich eine Ahnung davon hatte,
dass Berge schön sind, so hatte man nun ein Erklärungsmodell,
um es auch zugeben zu können. Der Dramatiker John Den-
nis überquerte 1688 die Alpen und empfand dabei im Burnet-
Modus *delightful Horror* und *terrible Joy*, genoss also das Grauen
der Berge. Er stellte eine Liste der schrecklichen Dinge als
Quelle des Sublimen, also als Quelle positiver Gefühle, zusammen: Dämonen, die Hölle, Geister, Wunder, Hexenzauber,

Donner, Stürme, tobende Meere, Wasserfälle, Erdbeben, Vulkane, Monster, Schlangen, Feuer, Krieg, Pest, Hungersnot – und Berge.

Als hätte Burnet einen Schalter umgelegt, tauchten im frühen 18. Jahrhundert erstmals literarische Reiseberichte auf, die die Alpenlandschaft als schön, ästhetisch und bereisenswert darstellten. Immer mehr Menschen reisten mit offenen Augen durch die Alpen – und das ist ganz wörtlich gemeint, denn zuvor ließen sich viele, wenn sie in der Kutsche über einen Pass schaukelten, die Augen verbinden. Sie ertrugen den Tiefblick und die Aussicht einfach nicht. Die Augenbinde hatte ausgedient, und das Bergbild der Reisenden war immer weniger von irgendwelchen schaurigen Texten und immer mehr von ihren eigenen Beobachtungen geprägt. Ein großes Missverständnis löste sich in Wohlgefallen auf: Nach und nach erkannten auch Deutsche, Österreicher und Schweizer, Franzosen, Italiener und Slowenen die Faszination der Alpen und wunderten sich darüber, dass sie einstmals als abscheulich und schrecklich galten. Aus dem *locus horribilis* wurde der *locus amoenus*.

Hudowski pendelte bärenartig heran und brachte mir mit spürbarem Stolz ein weiteres Buch, das er für mich herausgesucht hatte. Edmund Burkes *Untersuchung über den Ursprung unserer Begriffe vom Erhabenen und Schönen* von 1757. Ich dankte ihm und erfuhr, dass der Begriff des Sublimen bereits zum Modewort geworden war, das es zu differenzieren galt. Burke unterschied zwischen dem Zustand der Indifferenz, des Vergnügens und des Schmerzes.

Kommt man in Kontakt mit fürchterlichen Objekten, ohne dadurch selbst gefährdet zu sein, wie z.B. über den Weg der Dichtung, dann überträgt sich deren Würde und Bedeutung auf den Geist. ... Solange der Schrecken keine tatsächliche Bedrohung darstellt, erzeugt er

Genuß, der sich von Vergnügen dadurch unterscheidet, daß er ein Element des Horrors beinhaltet.

Das Erhabene entwickelte sich zu einem distanzierten Schauder, einem Element, in dem sich Schönheit und Schrecken vereinen. Terror und Angst waren als erhabene Erfahrung ein Bestandteil der Alpenreise. Aber es war ein distanzierter Schrecken, eine Art Schrecken mit doppeltem Boden. *Alles, was in irgendeiner Weise geeignet ist, die Ideen von Schmerz und Gefahr zu erregen,* schrieb Burke, *das heißt alles, was irgendwie schrecklich ist oder in einer dem Schrecken ähnlichen Weise wirkt, ist eine Quelle des* Erhabenen; *das heißt, es ist dasjenige, was die stärkste Bewegung hervorbringt, die zu fühlen das Gemüt fähig ist.*

Teufelszeug

In der Bibliothek in der Charlotte Road wurde mir aber noch etwas anderes klar: Ich bekam einen Eindruck vom Bild der Berge, bevor dieser Wandel stattgefunden hatte, von den Alpen vor dem 17. Jahrhundert, als sie als *locus horribilis* bekannt waren – ein Ort des Schreckens, zu dem seine Bewohner ihn gemacht hatten, bevor die Engländer kamen. Ich stieß auf unfassbare Texte aus dem 16., aber zum Teil auch noch 17. und 18. Jahrhundert, die steile Gipfel, abweisende Felswände, gefährliche Gletscher als vermaledeites Teufelswerk abstempelten. Die Alpen, ein kultur- und zivilisationsfreier Ort des namenlosen Grauens, weil die Menschen sich nicht trauten, den Feind zu benennen, und den Bergen einen Platz im kulturellen Gedächtnis verweigerten. Selbst das Matterhorn wurde erst 1581 zum ersten Mal schriftlich erwähnt.

1387 beispielsweise wollten der Mönch Niklaus Bruder und fünf geistliche Begleiter den Pilatus, den Hausberg von Luzern, besteigen. Sie wollten nur herausfinden, was es mit der merkwürdigen Geschichte von Pontius Pilatus auf sich hatte. Um Pilatus, den römischen Statthalter, der Jesus zum Tode verurteilte, rankt sich folgende Legende: Pilatus soll in Rom Selbstmord begangen haben, woraufhin sein Leichnam im Tiber versenkt wurde. Doch kaum hatte er das Wasser berührt, brach ein heftiges Gewitter los. Die Leiche wurde wieder aus dem Fluss gefischt und in Gallien in der Rhone entsorgt. Das Ergebnis war dasselbe: ein grässliches Unwetter. Also beschloss man, den Leichnam weit weg von großen Gewässern in die Berge zu verbannen – und kam auf den Frakmont bei Luzern, wie der Pilatus früher hieß. Aber, man ahnt es, auch nach der Versenkung in einem kleinen Bergsee fegte ein furchtbares Unwetter über den Gipfel. Und immer wenn man ihn ärgerte und beispielsweise Steine ins Wasser warf, gab's ein ordentliches Donnerwetter. Um Pilatus nicht noch mehr zu erzürnen, hatte der Rat der Stadt Luzern ein Besteigungsverbot erlassen. Sogar die Senner auf der Alp wurden per Eid verpflichtet, ihn zu meiden. Der Berg war tabu, wurde zum Mythos, und die Geschichten schlugen Pirouetten wie die Kühe, die angebliche Geister dort oben durch die Luft fliegen ließen. Als die Stadtbeamten mitbekamen, was Niklaus Bruder und die fünf Geistlichen vorhatten, sperrten sie sie kurzerhand ein. Bergsteigen war damals eine Straftat.

Eine mittelalterliche Geschichte wie diese hatte natürlich nur einen Sinn: Sie war eine Erklärung für das Nichterklärbare. Spontane Gipfelstürme, krachende Gletscherspalten oder leuchtendes Alpenglühen konnte man naturwissenschaftlich noch nicht erklären und versuchte stattdessen, sich mit wundersamen Geschichten einen Reim darauf zu machen. Ich blieb bei der Erklärung des Alpenglühens hängen, der Geschichte von einem Zwergenkönig namens Laurin, der seinen Rosengarten verfluchte. Und das kam so: In einer uralten Zeit, in der es in den Alpen noch Zwerge und

Riesen gab, herrschte ein gewisser König Laurin über einen Berg. Sein ganzer Stolz war ein wunderschöner Rosengarten vor dem Tor seiner Felsenburg mit Tunneln, die tief in das Innere der Dolomiten führten. In diesem Garten, so überliefert es die Sage eines unbekannten Autors, blühten das ganze Jahr über herrliche rote Rosen. Doch niemand durfte auch nur eine Rose berühren, und allein dies ist natürlich ein Hinweis darauf, dass diese Rosen sehr wohl jemand berühren wird und es kommen muss, wie es in jedem mittelalterlichen Heldenepos kommt. Eine wunderschöne Frau, die blonde Prinzessin Simhild, trat in Laurins Leben, er verliebte sich in sie, und das Unglück nahm seinen Lauf. Der liebesblinde König entführte Simhild mit Hilfe einer Tarnkappe von der Nachbarburg, Simhilds Bruder Dietlind und der Ritter Dietrich von Bern folgten ihnen bis in den Rosengarten und – es war zu erwarten – zertrampelten die Rosen. Es dauerte nicht lange, da kam der wütende Laurin auf einem weißen Rösslein aus seinem Bergschloss und forderte die Eindringlinge zum Kampf. Er unterlag und musste sich von der schönen Simhild trennen, und in seinem unermesslichen Zorn verfluchte er seinen Rosengarten: »Weder der helle Tag noch die finstere Nacht sollen den Rosengarten je wieder sehen!«, schrie er. Nur bleiche Felsen sollten davon übrig bleiben. Allerdings hatte Laurin vergessen, auch die Dämmerung in seinen Bann miteinzubeziehen. Und so ist bis zum heutigen Tage ein rötlicher Schimmer in der Dämmerung zu sehen, das Alpenglühen, die Rosen des Königs Laurin.

Als Conrad Gesner, ein Züricher Universalgelehrter, sich 1555 wieder am Pilatus versuchte, ging er davon aus, dass diese Tour nicht mehr so unerhört wie noch knapp 200 Jahre zuvor sei. Doch auch Zeitgenossen versuchten ihn sehr ernsthaft von diesem Vorhaben abzuhalten. Denn, da waren sie sich sicher, die Drachen, die dort oben lebten, würden Gesner töten. Wieder 200 Jahre später veröffentlichte Johann Jakob Scheuchzer in der seriösen und wissenschaftlichen Publikation *Itinera per Helvetiae alpinas regiones* zwei Kapitel mit den Titeln: *Von Drachen, die in der Schweiz gesehen wurden* und *Von den Riesen, die nach mancherlei Versicherung die Schweiz hervorgebracht hat.* Von *funkensprühenden, glänzenden Drachen* (mit einem) *Haupt in Gestalt eines Schlangenkopfes, fürchterlichen Schlangen … mit einem Kopf, der dem einer Katze glich, schrecklichen schwarzen Tier(en),* die *einen Kamm von ungefähr einem halben Fuß Höhe* hätten, ist dort die Rede. Und diese beiden Kapitel wurden erst 1764 gestrichen.

Der Schweiz, ein Land im Zentrum des aufgeklärten Europas, haftete sehr lange der Mythos des Merkwürdigen und Exotischen an. Ein Professor namens Abraham Ruchat ließ 1774 ein Buch über seine schweizerische Heimat drucken und kämpft darin gegen die Meinung an, dass das Land Helvetien nur aus Eisspitzen und Abgründen bestünde, dass man dort die Sonne nur durch Ritzen zwischen den Bergfelsen sehen könne und dass dieses Bergland ausschließlich von schmutzigen Kühen und schreienden Werwölfen bewohnt würde.

Auch Georg Wilhelm Friedrich Hegel, der 1796 als 26-jähriger Modetourist in den Berner Alpen unterwegs war, schrieb noch von *ewig toten, formlosen Massen.* Und der Furkageschockte Goethe dichtete ein Jahr zuvor in *Wilhelm Meisters Lehrjahre* über den Gotthardpass:

Kennst du den Berg und seinen Wolkensteg?
Das Maultier sucht im Nebel seinen Weg;
In Höhen wohnt der Drachen alte Brut,
es stürzt der Fels und über ihn die Flut.

Überhaupt: der Gotthard. Im oberen Reusstal windet sich die Straße am Rand der Schöllenenschlucht durch die Berge.

Sie führt über die Teufelsbrücke, die vom Wasser der Reuss besprüht wird. Teufelsbrücke, Teufelsstein, Teufelswerk – am Gotthard hat der Teufel eine lange Tradition. In einer Sage wird beschrieben, wie die Urner nachgrübelten, wie die Schöllenenschlucht zu überwinden sei. Sie hatten mehrmals versucht, eine Brücke über die wilde Reuss, die sich hier zwischen senkrechten Felswänden hindurchzwängt, zu schlagen. Vergebens: Immer wieder waren die Säumer samt Maultieren und Waren in die Tiefe gestürzt. Da riefen die Urner eines Tages einige Ratsherren herbei, um eine Lösung zu finden. Aber auch sie hatten keine. Stattdessen rief einer unter ihnen verzweifelt: »Do sell der Tyfel e Brigg bue!« Die Worte waren kaum ausgesprochen, da stand der Leibhaftige schon vor der Urner Bevölkerung und bot ihnen einen Pakt an: Die Brücke würde in Zukunft halten. Aber die erste Seele, die die neue Brücke überschreite, solle ihm gehören. Natürlich schlugen die Urner ein, und in drei Tagen war die Brücke fertig und hielt. Auf der anderen Seite der Schlucht saß der Teufel und wartete. Die Urner jedoch schickten nur einen Ziegenbock hinüber, den der Teufel wutentbrannt zerriss. Schnaubend rannte er in den Wassner Wald. Dort holte der Teufel einen haushohen Stein, mit dem er die Brücke zerschmettern wollte. Aber wieder kamen ihm, so erzählt es die Sage, die schlauen Urner in die Quere. Als er kurz vor Göschenen den schweren Teufelsstein kurz abstellen musste, ritzte eine alte Frau ein Kreuz in die Oberfläche. Der Teufel ließ den Stein dort stehen, wo er heute noch steht, und versank wütend heulend im Boden.

Es könnte sogar gut sein, schreibt der Schweizer Journalist Helmut Stalder in seinem Buch *Mythos Gotthard*, dass Goethe *in der urgewaltigen Gotthardlandschaft auf die Idee kam, den Pakt mit dem Teufel zum Leitmotiv seines* Faust *zu machen*.

Ein Pakt mit dem Teufel? Das kennt man doch irgendwoher. Mit den Konsequenzen müssen sich nun Gymnasiasten im Deutschunterricht rumschlagen. 500 Jahre später kam dann übrigens ein Tessiner Ingenieur und sprengte 1707 in der Schöllenenschlucht das Urner Loch in den Granit, den ersten Alpentunnel – und löste das Problem auf eine andere Weise.

Auch in den Ostalpen kursierten merkwürdige Schauergeschichten. So soll ein gewisser Hans Fuchs aus Unken in der Nähe von Salzburg 1779 aus Angst in den Bergen gestorben sein, weil er zwei sogenannten Springwürmern begegnet war – fette, feuerspeiende Riesenechsen mit Giftzähnen, die auch unter dem Namen Tatzelwurm ihr Unwesen trieben.

Furcht und Schrecken hielten sich in den Bergen wie der Restschnee in einer Nordwand. Das lag natürlich auch daran, dass die meisten Alpenreisenden zu jener Zeit hauptsächlich *unterwegs* in den Alpen waren und keine Gipfel bestiegen. Bis 1800 konnte man sich noch nicht ganz sicher sein, was dort oben zu erwarten war. Als das Jahrhundert endete, waren gerade mal sieben große Gipfel in den Alpen erobert:

- 1770 stiegen die Gebrüder de Luc auf den Mont Buet, 3109 Meter.
- 1778 standen die Herren Willomitzer, Korošec, Rožič und Kos auf dem Triglav, 2863 Meter.
- 1779 kämpfte sich Laurent-Joseph Murith auf den Mont Velan, 3767 Meter.
- 1784 stieg Abbé Clement von Champéry auf den Dent du Midi, 3257 Meter.
- 1784 erreichten Jean-Marie Couttet und François Cuidet den Dôme du Goûter in der Montblanc-Gruppe, 4303 Meter – der erste Viertausender, der in den Alpen bestiegen wurde.
- 1786 schafften es Jacques Balmat und Michel-Gabriel

Paccard auf den Montblanc, 4807 Meter, der höchste Berg der Alpen.

– 1789, im Jahr der Französischen Revolution, kletterte Placidus a Spescha auf das Rheinwaldhorn, 3406 Meter.

»Imbezile Crétins«

Dass die Berge lange eine merkwürdige Form des Schreckens verbreiteten, lag aber auch an ihren Bewohnern, die bei den reisenden Kulturmenschen ernsthaftes Unbehagen auslösten. Nachdem Goethe durchs Rhonetal gereist war, schrieb er über Sion: *Doch unterbricht die Häßlichkeit der Städte und der Menschen die angenehmen Empfindungen, welche die Landschaft erregt, gar sehr. Die scheußlichen Kröpfe haben mich ganz und gar üblen Humors gemacht. … und staunende Wahnsinnige! – Wo man den Menschen nur wieder begegnet, möchte man von ihren und ihren kümmerlichen Werken gleich davon fliehen.*

Goethe flieht, aber es wird nicht besser. Über *die garstige Stadt Leuk* schrieb er weiter:

Es sind diese Städtchen meist an die Berge angeflickt, die Dächer mit groben gerißnen Schindeln unzierlich gedeckt, die durch die Jahreszeit ganz schwarz gefault und vermoost sind. Wie man auch nur hinein tritt, so ekelt's einem, denn es ist überall unsauber.

Er tut einem richtig leid.

Tatsächlich gab es im Wallis – wie auch in vielen anderen Alpentälern – noch sehr lange nicht viel mehr als Maultiere, Sensen, Schindelhäuser und von den Fluten des Flusses zerschmetterte Brücken. Erst der Tourismus machte es nach dem Zweiten Weltkrieg zu der Region, die man heute kennt – mit sündhaft teuren Skigebieten, Seilbahnen auf absurd hohen Bergen und obszön luxuriösen Hotels. Vor allem dort, wo der Inbegriff des Berges aufragt: in Zermatt, unter dem Matterhorn.

In Sion wunderte sich Goethe auch über die Feindseligkeit und Unfreundlichkeit, die von den Wallisern ausging. Aber da war er nicht der Erste. In der *Encyclopédie* des französischen Schöngeists Jean-Baptiste le Rond d'Alembert aus dem Jahr 1751 ist unter *Crétins, s.m. plur (Hist. Mod.)* zu lesen:

Die im Wallis Geborenen und ganz besonders die Leute aus Sion sind imbezile, Ideen völlig verschlossene, unerzogene Menschen, mit einem Wort Cretins, Einfaltspinsel und Blödiane, taub, stumm, fast unempfindlich gegen Schläge, mit Kröpfen bis zum Gürtel. Sie geben sich Sinnenfreuden aller Art hin, und ihre Dummheit hindert sie daran, darin etwas Böses zu sehen. Das, so könnte man kurz zusammenfassen, war das Bild, das Reisende von den Bewohnern der Berge hatten. Und nun gilt es eigentlich nur noch zu klären, was sich bis heute geändert hat.

Das »oben« kam stets besser weg als das »unten«. Rousseau wurde oben eingeladen und von *uneigennütziger Menschenliebe* überrascht; »unten« allerdings nahm man ihn *ziemlich ungerecht* aus, *und nur schwer konnte ich so unterschiedliche Gewohnheiten in ebendemselben Volke miteinander zusammenreimen.* Ein Walliser erklärt es ihm: Es läge an den durchreisenden Kaufleuten, die über den Simplonpass nach Venedig wollten oder von dort kamen und die bloß an Handel und Gewinn interessiert seien. Oben im Gebirge seien Reisende uneigennützige Besucher, die freundschaftlich als Gäste aufgenommen würden. Die Einheimischen reagierten also nur auf die Umgangsformen ihrer Gäste. Das Problem war nur: Sie machten keinen großen Unterschied zwischen profitgierigen Händlern und kulturinteressierten Geistesgrößen.

Je weiter man von der Landstraße und dem größern Gewerbe der Menschen abkömmt, stellte auch Goethe fest, *je mehr in den Gebirgen die Menschen beschränkt, abgeschnitten und auf die allerersten Bedürfnisse des Lebens zurückgewiesen sind, je mehr sie sich von einem einfachen, langsamen, unveränderlichen Erwerbe nähren, desto besser, willfähriger, freundlicher, uneigennütziger, gastfreier bei ihrer Armut hab ich sie gefunden.*

Nach vier Tagen des Lesens, des Markierens, des Aufschreibens und Zusammenfügens tauchte Hudowski ein letztes Mal wie ein gejager Braunbär zwischen den Regalen auf und legte mir drei Bücher auf den Lesetisch neben den Stapel meiner Kopien, stolz darauf, dass eines davon auf Deutsch geschrieben war. »Das könnte noch interessant für Sie sein«, sagte er strahlend. Ich sah ihn an, lächelte, weil mich diese symphatische Begeisterung vereinnahmte, und sah erst dann auf die Bücher. Der Staub senkte sich langsam im Sonnenlicht, das schräg durchs Fenster in den Raum fiel. Dann las ich die Titel, und mir wurde klar: Es war an der Zeit, die Charlotte Road und London zu verlassen und wieder in Richtung Alpen zu reisen, um in der Realität auf Berge zu steigen. Die Titel, die Hudowski mir gebracht hatte: Albrecht von Hallers *Alpen*, Saussures *Kurzer Bericht von einer Reise auf den Gipfel des Mont Blanc* und Leslie Stephens *Der Tummelplatz Europas.*

Kapitel drei: DAS IST DER GIPFEL!

Der Montblanc und wie ihn die Welt sah

Es war wieder ein Jahr vergangen, als ich quer durch die Schweiz, über Bern, Fribourg und Vevey fuhr, vorbei am Genfer See, an dessen westlichem Ende, in Genf, nicht nur Saussure, sondern auch Rousseau gelebt hatte. Mir kamen die Sätze aus Rousseaus *Die Bekenntnisse* in den Sinn, die in ihrem Größenwahn und ihrer Egozentrik auch von einem Solo-Bergsteiger stammen könnten: *Ich beginne ein Unternehmen, das ohne Beispiel ist und das niemand nachahmen wird. Ich will meinesgleichen einen Menschen in der ganzen Naturwahrheit zeigen, und dieser Mensch werde ich sein. Ich allein.*

Kurz vor Martigny, dort, wo man nach rechts zum Skigebiet Portes-du-Soleil abbiegen kann, klebt an der Bergflanke eine geheimnisvoll wirkende Fabrik mit vier Schornsteinen wie das Hauptquartier eines James-Bond-Bösewichts. In Martigny musste ich tanken. An der Kasse war ein deutsches Cabrio-Pärchen vor mir und empörte sich darüber, dass man hier kein Deutsch sprach, schließlich sei man doch immer noch in der Schweiz. Der Tankstellenmitarbeiter sagte nur: »Quoi?«, und dann bezahlten sie wortlos mit Kreditkarte und fuhren zurück Richtung Deutschland. Mich dagegen zog es weiter in die Berge, hinauf auf den Col de la Forclaz und hinüber nach Frankreich, in die Hochsavoyen.

Es war schon spät, als ich in dem tiefen Taleinschnitt ankam, in dem der Ort Chamonix liegt. Der Winter war schneearm gewesen – schlecht, sagten jene, die mit Schnee Geld machen, und gut jene, denen er nur im Weg ist. Jedenfalls kam der Sommer außergewöhnlich früh, und Touren, die in anderen Jahren erst im August möglich sind, weil die Sommersonne erst dann den Winter aus den Bergen vertrieben hat, waren schon zehn Wochen früher möglich. Ich fuhr also Mitte Juni nach Chamonix am Fuße des höchsten Berges der Alpen, des Montblanc, und auf seinem Gipfel schimmerte das letzte Licht des Tages. Nur eine zarte Wolke spannte sich wie ein rosafarbenes Seidenbetttuch darüber. Die Gletscher strahlten ihre Kälte ab, und diese Kühle machte auch im Tal die hochalpine Umgebung spürbar. Der Dorfplatz von Chamonix war von Straßenlaternen beleuchtet, und im Zwielicht blickten zwei eiserne Figuren Richtung Gipfel: Horace-Bénédict de Saussure und Jacques Balmat. Der eine, ein Gelehrter aus Genf, hatte eine Belohnung auf die Erstbesteigung des Berges ausgesetzt, und der andere, ein Kristallsucher aus Chamonix, hatte sie dankend angenommen, nachdem er, gemeinsam mit dem Arzt Michel-Gabriel Paccard am 8. August 1786 den Montblanc erklommen hatte.

Während die Berg- und Wanderbegeisterung durch Haller und Rousseau in der Schweiz entstanden war, begann die Alpinistik mit der Annäherung an den Montblanc. Erst war die Schweiz das Mode*land* der Zeit, dann war der Montblanc der Mode*berg* der Zeit. Dass er auch damals schon zu Frankreich gehörte, war den britischen Alpenreisenden, die ihn als essenziellen Bestandteil einer Schweizreise ansahen, egal.

Ich stand neben dem Denkmal in Ortszentrum von Chamonix und war allein. Saussure stand mir aufrecht gegenüber und schaute heroisch nach oben. Balmat wies ihm mit dem rechten Arm die Richtung, obwohl Saussure den Gipfel des Berges, von dem er besessen war, sicherlich auch so erkannt hätte. Goethe, der vor seiner Furka-Überquerung in Chamonix gewesen war, muss die Welt 1779 aus ähnlicher Perspektive wahrgenommen haben. Er schrieb: *Die Sterne gingen nacheinander auf, und wir bemerkten über den Gipfeln der Berge, rechts vor uns, ein Licht, das wir nicht erklären konnten. Hell, ohne Glanz wie die Milchstraße, doch dichter, fast wie die Plejaden, nur größer, unterhielt es lange unsere Aufmerksamkeit, bis es endlich, da wir unsern Standpunkt änderten, wie eine Pyramide, von einem innern geheimnisvollen Licht durchzogen, das dem Schein eines Johanniswurms am besten verglichen werden kann, über den Gipfeln aller Berge hervorragte und uns gewiß machte, daß es der Gipfel des Montblanc war.*

Der Genfer Naturforscher Saussure war damals eine Instanz und europäische Autorität auf dem Gebiet der alpinen Forschung – auch wenn Goethe das nach seinem Furka-Erlebnis vermutlich nicht mehr so sah. Saussure trieb die Forschung im Tal von Chamonix und auch in vielen anderen Alpenregionen voran – seine Reputation war so gut, dass der französische Geologe Déodat de Dolomieu ein Gestein, das er erforscht hatte, und in der Folge ein ganzes Gebirge nach Saussure benennen wollte. Hätte Saussure nicht abgelehnt, dann hießen die Dolomiten heute vielleicht Saussures. Er motivierte Bergsteiger, die Gipfel zu erkunden, und er setzte sich, eher unbewusst, für die touristische Erschließung ein. Sein Buch *Reise durch die Alpen* lockte weitere Schaulustige in die Alpen. Sie nutzten seinen Text als Vorbereitung, und wie Goethe besuchten ihn viele Gelehrte in Genf, um seinen Rat einzuholen. Auch Immanuel Kant, nicht gerade für seine Abenteuerlust bekannt, beschäftigte sich mit Saussure. In der *Kritik der Urteilskraft* nannte er ihn einen *vortrefflichen Mann* und schrieb: *So nannte der gute, übrigens verständliche savoyische Bauer (wie Hr. v. Saussure erzählt) alle Liebhaber der Eisgebirge ohne Bedenken Narren. Wer weiß auch, ob er so ganz Unrecht gehabt hätte, wenn jener Beobachter die Gefahren, denen er sich hier aus-*

setzte, bloß, wie die meisten Reisenden pflegen, aus Liebhaberei, oder
um dereinst pathetische Beschreibungen davon geben zu können, über-
nommen hätte?

Am nächsten Vormittag war das Ortszentrum von Chamonix, in dem sich Luxusboutiquen und Bergsportläden, Hotels
und Pensionen, Restaurants und Bars aneinanderreihen, sehr
belebt. Am Place Balmat diskutierte ein britisches Ehepaar
unter Einbeziehung ihres Hundes vor einem Juwelierschau-
fenster eine Wanderkarte. Verdreckte Mountainbiker fuhren mit ihren vollgefederten Rädern zwischen den Tischen
und Stühlen der Cafés hindurch. Koreaner fotografierten sich
gegenseitig vor dem Saussure-Denkmal. Kletterer saßen im
Internetcafé und tippten mit ihren zerschundenen Fingern
Mails. Deutsche Wanderer in Outdoorbekleidung standen vor
der Apotheke, um den dort ausgehängten Wetterbericht zu
studieren. Ein Raftingboot glitt auf der Arve, dem Fluss, der
einmal quer durch den Ort fließt, unter der Brücke hindurch.
  Es war gar nicht so einfach, noch einen freien Platz in
einem der Cafés zu finden. Ich fragte einen kleinen, bärti-
gen und drahtigen Mann, ob an seinem Tisch noch ein Platz
frei wäre. Er sagte lächelnd »Oui«, und so lernte ich Lionel
kennen. Lionel Wibault ist ein bergsteigender Maler oder ein
malender Bergsteiger, so genau weiß er das selber nicht. »Das
eine bedingt das andere«, sagte er und erzählte, dass er in seinem Leben auf 2500 Gipfeln gestanden und in seinem Atelier
am Stadtrand rund 1200 Bilder gemalt habe. Er war in Chamonix aufgewachsen und, wie jeder hier, schon früh in den
Bergen unterwegs. Im Winter fuhr er im französischen Ski-
Nationalteam, und im Sommer wurde er Bergführer. »Mein
Vater war ein sehr bekannter Maler und hatte damals immer
gesagt: ›Warum malst du nicht, da brichst du dir nicht den Hals
dabei.‹ Doch erst als er 30 wurde und sich noch nicht den Hals

gebrochen hatte, griff er zum Pinsel: »Das war ganz erstaunlich«, erinnerte er sich: »Ein Regentag hat mir eine Tour vermasselt, und ich habe einfach angefangen zu malen.«

Wir bestellten zwei *café au lait* und sprachen über die Geschichte des Montblanc. »Ab 1741 versuchten die Menschen, ihn zu erobern«, sagte Lionel, und natürlich – darüber war ich nun nicht mehr erstaunt – waren es zunächst die Engländer gewesen, die ihr Glück versuchten. Richard Pococke und William Windham stiegen hinauf zum Montenvers, ein Platz 900 Meter oberhalb von Chamonix, über den Leslie Stephen später schrieb: *Es gibt keinen cockneyverseuchteren Aussichtspunkt.* Viel weiter kamen sie jedoch nicht.

Erst als Saussure ins Spiel kam, waren auch die Einheimischen an der Besteigung des Montblanc interessiert. Weil Saussure den Berg nicht aus eigener Kraft ersteigen konnte, half er ein wenig nach: Im Sommer 1760 setzte er im Tal von Chamonix eine Belohnung für den ersten Menschen aus, der den Gipfel des Montblanc erreichte. Ich hatte schon in London einige Bücher durchsucht, weil ich wissen wollte, wie hoch diese Belohnung gewesen war, doch es war überall nur »von einem nicht überlieferten Betrag« die Rede. Nun fragte ich Lionel, und er zögerte keine Sekunde: »Es war ein Betrag, für den man eine Kuh kaufen konnte. Damals also eine ganze Menge Geld.« Und doch ließen der Erfolg und die Auszahlung der Belohnung auf sich warten – bis zum August 1786.

Einer, der sich auch immer wieder am Montblanc versuchte, obwohl ihm nachgesagt wurde, weder schwindelfrei noch sportlich gewesen zu sein, war Marc-Théodore Bourrit. 50 Jahre lang, zwischen 1769 und 1819, biss er sich immer und immer wieder die Zähne aus. Bourrit war der Präzentor der Genfer Kathedrale, aber sein Leben verschrieb er nicht der Kirche, sondern den Bergen. »Er malte sie, schrieb über sie und suchte unermüdlich neue Partner, um die Berge auch zu besteigen«, sagte Lionel, der sich erstaunlich gut mit der Geschichte des Montblanc auskannte. Im Herbst 1783 beispielsweise überredete Bourrit den Arzt Michel-Gabriel Paccard, ihn zu begleiten. Paccard hatte bereits 1775 eine mögliche Route auf den Gipfel ausgemacht. Sie schafften es nicht. 1784 bestiegen François Cuidet und Jean-Marie Couttet den Dôme du Goûter nahe dem Montblanc – es war die erste verbürgte Besteigung eines Viertausenders. Und es war ein Zeichen dafür, dass die hohen Berge zu bezwingen waren; ein Zeichen, dass die Zeit für den Montblanc gekommen war. 1785 überzeugte der überehrgeizige Bourrit Saussure davon, mit auf den Berg zu kommen. Der notierte, als sie in einer kleinen Hütte am Fuße des Aiguille du Goûter übernachteten: *Mir war, als wäre ich der einzige Überlebende des Universums, dessen toten Körper ich zu meinen Füßen liegen sah.* Es erübrigt sich zu erwähnen, dass sie es wieder nicht schafften. »Auf dem Gipfel des Montblanc stand Bourrit nie«, sagte Lionel, der bereits 78-mal dort oben gewesen war.

Dann kam das Jahr 1786 und mit ihm die Stunde eines Kristallsuchers aus Chamonix. »Jacques Balmat war austrainiert, widerstandsfähig und furchtlos. Ich würde sagen, er war das Gegenteil von Bourrit«, erzählte Lionel. Er war gemeinsam mit dem Arzt Paccard unterwegs. Sie stiegen und stiegen und stiegen, durch den Wald, über den Gletscher, über die Felsen, über den Schneegrat. Meistens ging Balmat voran, und wenn man ihm Glauben schenken darf, dann hätte Paccard nicht den Ansatz einer Chance gehabt, an diesem Tag auf den Gipfel zu gelangen.

Das krachende Geräusch eines Rettungshubschraubers, der sich vom Montblanc-Massiv aus näherte, zog uns zurück in die Gegenwart. Es wirkte wie eine Mahnung daran, dass Lionels Identität auch eine Kehrseite hat, dass die Berge und Chamonix auch eine dunkle Seite haben. »Vor zwei Wochen ist ein Sérac, ein Eisturm des Gletschers, abgebrochen, hat eine Lawine in der Wand darunter ausgelöst und acht Bergsteiger in den Tod gerissen. Keiner von denen hat einen Fehler gemacht, so etwas passiert einfach«, sagte Lionel und blickte dem Hubschrauber hinterher. »Wir leben hier konstant mit dem Tod. Jede Familie hat einen Todesfall. Und wenn ich über den Friedhof gehe, bekomme ich immer eine Gänsehaut.« Auf dem Friedhof von Chamonix liegen viele Menschen, die das 30. Lebensjahr nicht erreicht haben, und viele Gedenktafeln erinnern an jene, die in den Bergen verschollen sind.

Mark Twight, ein amerikanischer Kletterer und Punkrocker, den man, mit etwas Glück, in Chamonix treffen kann, hat das Buch *Steig oder stirb – Geständnisse eines Bergsüchtigen* geschrieben (im Original: *Kiss or Kill*) – das Buch, das ich in Interlaken neben dem Sherlock-Holmes-Roman im Regal des alten Grandhotels entdeckt hatte. Über Chamonix schreibt er relativ deutlich, er *hasse den Ort an sich*. Twight war in den 1990er Jahren kreuz und quer durch die Hochsavoyen geklettert. Unter anderem gelang ihm eine extrem schwierige und gefährliche Erstbegehung der Les-Droites-Nordwest-Wand. *Damals stand ich ganz unter dem Einfluß der Berge und der Macht, die Chamonix auf mich ausübte*, schrieb er. *Heute erinnere ich mich an Freunde, die dort oben gestorben sind, und das Alter auf den Grabsteinen verhöhnt mich, weil ich derjenige war, von dem alle sagten, er werde nicht älter als fünfundzwanzig.* Auf dem Friedhof trifft Twight einen trauernden Schweden, der am Grab seiner Tochter steht. Sie ist beim Skifahren in einer Lawine umgekommen. Der Schwede fragt: *»Was ist das hier für ein kranker Ort?«*

Ich blickte auf und für den Bruchteil einer Sekunde zu lange direkt in die Augen von Lionel. »Und trotz allem«, sagte er, »kann ich dir nur raten: Steige dort hinauf.« Er deutete mit dem rechten Arm wie die Balmat-Statue steil nach oben: »Du wirst es nicht bereuen.« Wenn du auf einen Berg steigst, fühlst du dich danach immer besser, schoss es mir durch den Kopf. Das Hubschraubergeräusch war nur noch ganz leise zu hören.

Hinauf!

Vom Café aus musste ich nur wenige Meter zum *Maison de la Montagne* gehen, in dem sich die erste Bergführer-Gilde der Welt, 1822 gegründet, befindet. Dort, im Büro der Bergführer, werden sämtliche geführten Ausflüge in die Bergwelt organisiert. Das System ist einfach: Im Erdgeschoss bucht man hochalpine Touren, im ersten Stock alles andere. Gerade wurden die Touren für die nächsten Tage verteilt. Und das geschieht per Los – aus einem ebenso einfachen wie traurigen Grund. Wenn einer der Seilschaften etwas passieren sollte, dann soll niemand dafür verantwortlich sein, einen Kollegen in den Tod geschickt zu haben.

Das Los teilte mir den Bergführer Olivier zu, eine muskulöse Frohnatur aus dem Elsass, der sofort zur Sache kam. »Was brauchst du alles? Stiefel? Steigeisen? Eispickel?« Und dann verabredeten wir uns für den nächsten Morgen an der Montenvers-Bahn. Heute ist eine Besteigung des Montblanc, verglichen mit 1786, fast schon als Kinderspiel zu bezeichnen. Man fährt mit der Bahn zum Mer de Glace, macht einen Spaziergang, fährt dann noch mal mit der Bahn nach oben und geht dann 1000 Höhenmeter durch Schnee und Eis zum Gipfel. »Nein, natürlich ist es so leicht nicht«, sagte Olivier und fügte kühl hinzu: »Der Montblanc ist eine ernsthafte alpine Unternehmung und darf vor allem wegen der schnell wechselnden Wetterbedingungen nicht unterschätzt werden.«

Am nächsten Morgen polterte der Zug um halb neun aus dem Bahnhof, tauchte hinein in den Bergwald, beschrieb eine

Rechtskurve, und durch die schiefen Zugfenster wirkten die Ausblicke ins Tal wie schräg hängende Landschaftsbilder von Lionel. In der Bahn saßen mit Seilen und Karabinern bepackte Franzosen, ein Amerikaner mit Cowboyhut, Italiener mit Gehstöcken und eine britische Familie mit staunenden Kindern. Die einen würden gleich am Souveniershop einen Schlüsselanhänger kaufen, die anderen mit einem Eispickel in den Gletscher klettern. Die Zahnradbahn Chemin du fer du Montenvers gewährt seit 1908 jedem – egal ob jung oder alt, erfahren oder unerfahren, sportlich oder unsportlich – Zugang zur alpinen Arena. Man kann das gut finden oder verurteilen, aber so ist es seit über 100 Jahren.

Für viele Wanderer hatte der Ausflug schon am Vortag in Chamonix begonnen. In der Rue du Docteur Paccard, der Einkaufsstraße im Zentrum, waren die Kreditkarten über die Tresen der Bergsportgeschäfte geschoben worden und hatten sehr hohe Rechnungen beglichen: Softshell-Jacken, Zip-Hosen, Fleece-Handschuhe, Goretex-Stiefel, Trekkingsocken, Funktionsunterwäsche, Teleskop-stöcke, Gletscherbrillen, Höhenmesseruhren. Es wirkte, als hätten die Käufer, kurz bevor sie in die Bahn gestiegen waren, noch die Preisschilder von den Kapuzenkragen entfernt.

Nach nur 15 Minuten kam der Zug oben an, auf 1900 Meter Höhe, wo die Bergwelt zum Greifen nah ist: der sich zurückziehende Gletscher, die Nordwand der Grandes Jorasses, die Felsnadel des Dru, halb verschlungen von aufquellenden Wolken. Die Luft war kühl, und ein leichter Schleier durchzog die Welt. Goethe hatte damals geschrieben: ... *als wenn die Sonne die leisesten Ausdünstungen von den höchsten Schneegebirgen gegen sich aufzöge, und diese ganz feinen Dünste von einer leichten Luft, wie eine Schaumwolle, durch die Atmosphäre gekämmt würden.*

Ich blickte hinauf zum Berg.

Irgendetwas ging von ihm aus.

In der Luft tanzten goldene Flecken.

Grand balcon nord stand auf einem Wegweiser am Grand Hôtel du Montenvers und zeigte in die Richtung, wo man mit der Seilbahn wieder hinunterfahren kann, nachdem man zwei Stunden gemütlich auf dem Balkon, einem Panoramaweg, gewandert ist. Der Amerikaner mit dem Cowboyhut blickte mit einem Fernglas auf das Geschehen auf der anderen Seite, auf den *grand balcon sud*, den zweiten Balkon Chamonix'. Viele sagen, dass die Aussicht auf den Montblanc von der Brévent-Seite noch besser sei, weil sich erst in der Distanz die Schönheit des Massivs entfalte – wie ein großes Gemälde, vor dem man zurückweichen muss, um es ganz zu erfassen. Auch die Starts der Paraglider, die im Sommer täglich über Chamonix schweben, konnte der Amerikaner durch sein Fernglas verfolgen, ebenso die Mountainbiker, die in ihrer Protektorenkleidung hinunterrauschten, um unten am Golfplatz auszurollen.

Die Sonne strahlte am blauen Himmel, und wir erreichten bald Plan de l'Aiguille. Olivier hatte die Wanderung als eine Art Aufwärmprogramm geplant. Denn nun ging es ins Hochgebirge. Olivier warf seinen Rucksack mit dem Seil, den Steigeisen und den Eispickeln in die Seilbahn, und dann brachte sie uns noch mal 1800 Meter höher hinauf. Sie brauchte dafür nur zehn Minuten, während der sie sich an den Seilen steil nach oben zog, dann ganz langsam an einer Granitwand entlangschwebte und in die Gipfelstation auf 3777 Meter Höhe hineinschaukelte. Die Ohren verschlossen sich, und als wollte mein Körper das ausgleichen, sah ich noch mehr. Im Norden lag das Chamonix-Tal fast drei Kilometer unter uns, im Osten kratzte das Matterhorn am Horizont, im Westen floss der Bossons-Gletscher und im Süden erhob sich der Montblanc und dominierte die Kulisse. Ich drehte mich um und sah direkt vor mir den steilen, rund 200 Meter langen Schneegrat, der vom Gipfel zunächst hinunter zum Gletscher im Vallée

Blanche führt. Auf dem schmalen Band warfen Seilschaften lange Schatten in den Schnee. Bald würden wir selbst diese Schatten werfen.

Vor einer unscheinbaren Stahltüre, machten wir uns bereit, schnürten die Stiefel, legten die Steigeisen an, und in der dünnen Höhenluft raubten mir schon diese Tätigkeiten den Atem. Dann gingen wir durch die Türe hinaus, und es fühlte sich so an, als würde man eine Flugzeugtüre öffnen, um mit einem Fallschirm abzuspringen. Das Gelände fiel in alle Richtungen steil ab, und die ersten Schritte mit den Steigeisen an den Schuhen und dem Eispickel in der Hand kosteten Überwindung. Ganz langsam erst den rechten Fuß, erster Schritt, dann den linken Fuß, zweiter Schritt, in den Schnee setzend, ließen wir die Bergstation hinter uns. Die Sonne schien uns auf die Gletscherbrillen, und Olivier spannte das Sicherungsseil. Aus dem Augenwinkel erkannte ich die zu beiden Seiten des Grats beunruhigend im Nichts verschwindenden Bergflanken. Und doch war es keine große Herausforderung, über die ins Eis geschlagenen Stufen nach unten zu gehen. Nach etwa 20 Minuten erreichten wir den Sattel, wandten uns nach rechts und gingen über den Gletscher einer Hütte entgegen, die vor uns an einem Felskamm auf 3600 Metern klebte, die *Refuge des Cosmiques*.

In den Fenstern lehnten Eisäxte, vor der Türe lagen Steigeisen. Drinnen sprach der Hüttenwirt laut und aufgeregt in sein Mobiltelefon. Irgendetwas schien passiert zu sein. Nach und nach erfuhren wir, dass in der Nordwand des Mont Maudit eine Lawine abgegangen war. »Vier Bergsteiger wurden verschüttet, mehr weiß man noch nicht«, sagte Olivier, nachdem er mit dem Wirt gesprochen hatte, und es war nicht schwer, den Ausdruck auf seinem kantigen Gesicht, auf dem die Bestimmtheit eines Bergführers lag, zu interpretieren. Er sagte: »Der verfluchte Berg hat wieder einmal zugeschlagen. Wir müssen

umplanen. Wir queren den Gletscher zur Helbronner Hütte –
und morgen sehen wir dann weiter.« Der verfluchte Berg! So
hatte man im 17. Jahrhundert den Montblanc bezeichnet. Erst
später ging der Name auf den 350 Meter niedrigeren Nach-
barberg über, vielleicht auch, um die Erfolgschancen für die
Besteigung des Montblanc zu erhöhen.

Am 7. August 1786 brachen Piccard und Balmat abends in Chamonix auf: *Als nun alles in Ordnung gebracht war und wir von
unseren Weibern Abschied genommen hatten, machten wir uns gegen
fünf Uhr abends auf den Weg, einer auf dieser, der andere auf jener
Seite der Arve, damit niemand unser Vorhaben merken sollte*, schrieb
Balmat in seinen Erinnerungen. Sie kamen gut voran, stiegen
an diesem Tag bis auf etwa 2300 Meter und übernachteten an
einer Felsformation nahe dem Bossons-Gletscher. Am nächsten Morgen stiegen sie schon frühmorgens weiter: über den
Gletscherbruch Jonction, die Grands Mulets, das Grand Plateau, in die Nordflanke … stetig Richtung Gipfel.

Für uns dagegen war der Montblanc in weite Ferne gerückt.
Ich schaute hinauf zum Gipfel, er war nah da und doch sehr
weit weg. »Wie eine Geliebte, die nicht in Stimmung ist«,
sagte Olivier und wandte sich ab. Wir hörten das Geräusch
eines Hubschraubers, als wir wieder zum Gletscher hinabstie-
gen. Wir würden nun das Vallée Blanche und den Glacier du
Géant durchqueren, eine hochalpine Tagestour über den Gletscher, wie sie so nur in Chamonix möglich ist. Weil eine Seilbahn auf 3800 Meter fährt. Weil das Gelände für jeden geübten
Wanderer zu bewältigen ist. Weil man in fünf Stunden die Helbronner Hütte erreicht und weil man von dort mit der Pano-
ramic-Seilbahn quer über das Vallée Blanche wieder zurück-
fahren kann. Über uns erkannten wir Kletterer in der Südwand
der Aiguille du Midi, wir sahen die Panoramic über uns hin-

wegrauschen, verfolgten die Seilschaften, die sich, wie an Perlenketten aufgereiht, über das Plateau bewegten, bestaunten die spektakulären Gletschergebilde aus Eis und Schnee, die so unwirklich wie Styroporstücke in einem Filmstudio wirkten: Spalten und Türme, Bögen und Zinnen. Das wellige Gletscherfeld unter dem Dent du Géant sah aus wie ein gigantisches Stück graue, furchige Elefantenhaut. Es war still, und nur das Geräusch des Eispickels am Klettergurt hallte metallisch durch die Höhenluft, als würde es aus dem Off eingespielt. War das alles echt? Oder bewegten wir uns durch eine Kunstwelt? Wie so oft fand ich die Antworten auf diese Fragen in einem Buch.

Verlorene Illusionen

In einer finstern, schwarzen Nacht, ohne Mond, ohne Stern, ohne Himmel, entrollt sich langsam auf der weiss irisierenden Fläche eines ungeheuren ansteigenden Firnfeldes ein langes Seil, an welches furchtsame, zwerghafte Schatten hintereinandergebunden sind, und hundert Meter ihnen voraus, fast den Boden berührend, ein rötlicher Fleck, eine Laterne. Die Schläge mit dem Pickel in das körnige Eis, das Fallen der abgeschlagenen Schollen unterbrechen allein die Todesstille des Firnfeldes, auf dem die Schritte der Karawane stumpf und tonlos dahingleiten. So gehen der große Bergsteiger Tartarin und seine Gefährten 1885 Richtung Gipfel des Montblanc und er erkennt mit Schrecken, dass er sich keineswegs in einer abgesicherten Kunstwelt bewegt. Aber setzen wir, wie man das auf dem Gletscher tun sollte, ganz langsam einen Schritt vor den anderen.

Ich hatte die Erzählung *Tartarin in den Alpen* am Tag zuvor in einem kleinen Buchladen in Chamonix entdeckt. Das Cover zeigte einen dicken Mann, der sich, schwer bepackt mit Seil und Pickeln, im Schnee eine Treppe hochquält, was sofort mein Interesse geweckt hatte. Das ist Tartarin, übergewichtig, höhenängstlich, großmäulig, pfeiferauchend, trinkfreudig und doch grundsymphatisch – der große Bergsteiger aus dem kleinen Dorf Tarascon in der eher flachen Provence. Er ist die Schöpfung des französischen Schriftstellers Alphonse Daudet, der ihn erst auf die Jungfrau und dann auf den Montblanc steigen lässt. Ich las das halbe Buch noch am selben Nachmittag und war erstaunt, wie unterhaltsam und zugleich gut informiert dieser Text ist. Daudet hatte die Entwicklung in den Bergen im späten 19. Jahrhundert sehr genau verfolgt. Er hatte während seiner Recherche sogar Edward Whymper getroffen, um von ihm Details der Matterhorn-Tragödie von 1865 zu erfahren. Ein *humoristisch-authentischer Bergtourismusroman*, so heißt es im Klappentext, und das trifft es ganz gut.

Während Tartarins Reise durch die Alpen waren die meisten Berge schon bestiegen und erforscht, und man konnte Bergführer buchen, um sie mit deren Hilfe zu erklimmen. So macht es Tartarin und steigert sich alpinistisch kontinuierlich von der Rigi über die Jungfrau zum Montblanc. Auf der Rigi, dem Aussichtsberg mit Hotel und Bergbahn oberhalb des Vierwaldstätter Sees, fühlt er, der Alpinist, sich zwischen den russischen Gästen im Speisesaal gar nicht wohl: *Er bezahlte schnell seine Rechnung, in welcher der Sonnenuntergang und der Sonnenaufgang besonders notiert waren, grade so wie das Licht und die Bedienung. Und unter fürchterlichem Eisengerassel, das überall Staunen und Schrecken auf seinem Wege verbreitete, schritt Tartarin dem Bahnhof zu, denn die Rigi zu Fuss hinunterzugehen, wie er sie hinaufgegangen war, das wäre Zeitverlust und in der Tat viel zu viel Ehre für diesen künstlichen Berg gewesen.*

Zum ersten Mal erwächst die Skepsis in ihm; irgendwas stimmt nicht mit den Alpen. Als er und sein Begleiter Bompard auf dem Weg von der Rigi nach Interlaken eine Pause einlegen, bewundert Tartarin die grandiose Aussicht.

Bompard lacht vor sich hin und sagt: »*Die Schweiz, Herr Tar-*
tarin, ist gegenwärtig nur noch ein grosser, von Juni bis zum Oktober
geöffneter Kursaal, ein Panorama-Casino, wohin man aus allen vier
Himmelsrichtungen zu seiner Zerstreuung sich begibt und das von
einer ungeheuer reichen Compagnie mit hundert Millionen Millarden
ausgebeutet wird, die ihren Sitz in Genf und London hat. Ein wahres
Heidengeld hat es natürlich gebraucht, um dieses ganze Gebiet, Seen,
Wälder, Berge und Wasserfälle zu pachten, sauber auszuputzen und
zu schmücken, um ein ganzes Volk von Angestellten und Statisten zu
besolden und auf schwindelnder Höhe glänzende Hotels mit Gas, Tele-
graph, Telephon zu erbauen …«

Tartarin fühlt sich bestätigt, und Bompard fährt fort: »*Aber*
Sie haben noch gar nichts gesehen … Gehen Sie etwas weiter ins Land
hinein, Sie finden da nicht einen Winkel, der nicht wie die Versen-
kungsräume des Opernhauses seine Kniffe und Maschinen-Geheim-
nisse hätte: Wasserfälle taghell beleuchtet, Drehkreuze am Ein-
gang zu den Gletschern und bis auf die höchsten Gipfel eine Menge
hydraulischer oder Zahnradbahnen. Immerhin, aus Rücksicht auf
die englische Kundschaft und amerikanische Kletterer, bewahrt die
Compagnie einigen berühmten Alpengipfeln, wie Jungfrau, Mönch,
Finsteraarhorn, ihr gefahrvolles wildes Aussehen, obgleich da nicht
mehr zu riskieren ist als anderwärts.« Die Schweiz ist enttarnt
und Alpinistik nur eine Marketingidee! Aber vollends überzeugt ist Tartarin noch nicht.

»*Und die Spalten, mein Lieber, die schrecklichen Gletscherspal-*
ten! … Wenn Sie da hineinfallen?«, will er wissen.

»*Sie fallen auf Schnee, Herr Tartarin, und Sie tun sich nicht sehr*
weh. Unten, in der Tiefe, steht immer ein Portier, ein Jäger, irgend-
jemand da, der Sie aufhebt, Sie abbürstet, schüttelt und höflichst sich
erkundigt: ›Haben der Herr auch Gepäck?‹« Die Unterhaltung
dieser Gletscherspalten, fügt er ernst hinzu, sei eine der größten Ausgaben der Compagnie.

Tartarin, der gut informierte Alpinist, lässt nicht locker:

»*Aber noch letztes Jahr der Unfall auf dem Wetterhorn, die beiden Führer mit den Reisenden verschüttet!*«, sagt er ungläubig.

»*Das gehört leider auch dazu*«, entgegnet Bompard kühl, »*um die Bergsteiger anzulocken … Einen Berg, auf dem sich noch niemand fast mehr oder weniger das Genick gebrochen, sehen die Engländer nicht für voll an … Das Wetterhorn verlor seit einiger Zeit an Ansehen. Nach dem kleinen Unfall, von dem alle Blätter berichteten, stiegen auch da wieder die Einnahmen.*« Die Führer übrigens habe man für ein halbes Jahr ins Ausland geschickt.

Daher sei es auch kein Problem, die Jungfrau zu besteigen: »*Es geht wie auf der Bühne … Es ist alles darauf eingerichtet … Man riskiert nichts …*« Damit das alles funktioniere, habe die Compagnie das Recht, »*unsere Dienste zu verwenden, wie es ihr beliebt.*« Er selbst habe als *Führer im Oberland, Alphornbläser, alter Gämsjäger, ehemaliger Gardist unter Karl X. und protestantischer Prediger auf den Sommerfrischen* gearbeitet.

Ich war gemeinsam mit Olivier neben einer ovalen, etwa zehn Meter langen und an den Rändern grünblau schimmernden Gletscherspalte stehen geblieben. Ich prüfte intuitiv, ob das Seil noch fest am Karabiner verknotet war und ob der Gurt noch richtig saß. Ich näherte mich der Spalte vorsichtig und beugte mich nach vorne, um den Portier dort unten zu sehen. Doch ich sah nur in bodenlose Dunkelheit, und es schüttelte mich vor Kälte. Mir schossen kurz die Berichte von Menschen, die in Spalten gefallen und gerettet worden waren, durch den Kopf, und ich hoffte, dass mir so etwas nie passieren würde. Unweigerlich ging ich einen Schritt zurück und drehte mich zu Olivier. Er schien meine Gedanken zu erraten und grinste.

Was soll schon passieren?, fragt sich Tartarin, als sie von Grindelwald auf die Kleine Scheidegg gehen und *das Alphorn seine melancholische Weise in die Berge* (sandte), *wo die anschwellenden*

und wie eine in Dunst sich auflösende Wolke langsam wieder abneh-
menden Töne in den Schluchten widerhallten. Gemeinsam mit den
Führern gehen sie weiter auf den Gletscher, und Tartarin sagt
»Ach was, die Spalten« und stößt ihnen die Ellenbogen in die
Seiten, *um seinen Führern wohl verständlich zu machen, dass man*
ihn nicht täuschen könne, dass er eingeweiht in das Geheimnis der
Komödie sei.

Die Idee, die Alpen und all ihre Gipfel und Gletscher und
Seen und Wasserfälle könnten nicht real sein, drängt sich in
der herausgeputzten und überreglementierten Schweiz geradezu auf. Doch zu Daudets Zeiten, also Ende des 19. Jahrhunderts, begann der freizeitparkartige Ausbau der Berge gerade
erst. Noch gab es keine Skigebiete, keine Jungfraubahn, keinen Glacier-Express und auch noch keinen Bergsteigertypus,
dessen naive Überzeugung, unverwundbar zu sein, ihn daran
hindert, sich von der Realität den Weg zum Erfolg verbauen
zu lassen. Das sollte sich bald ändern.

Am nächsten Morgen, sie brechen um zwei Uhr von der
Hütte Richtung Gipfel auf, stürzt Tartarin tatsächlich in eine
Gletscherspalte. Er bleibt völlig gelassen. Seine Führer haben
alle Mühe, ihn herauszuziehen, und sind fix und fertig. Tartarin reicht ihnen seelenruhig eine Flasche Kirsch: *»Sie Schä-*
ker«, sagt er, *»ich wusste wohl, dass keine Gefahr dabei war ...«* Sie
gehen weiter, die Sonne geht auf, die Führer schleppen den
müden Tartarin nach oben. *Plötzlich liessen die Führer ihn los und*
ihre Hüte schwenkend, schmettern sie einen hellen Jodler hinaus. Sie
hatten den Gipfel erreicht: *Von da bis zu ihnen herauf breitete sich*
ein wunderbares Panorama aus, aufsteigende Schneefelder, von der
Sonne in Gold und Orangefarbe verklärt oder in tiefes kaltes Blau
getaucht, phantastisch anstrebende Türme aus Eis, Pfeiler, Nadeln,
Grate, Kuppen, als wölbten sie sich über das Grab eines elefanten-
grossen Rüsseltieres oder eines eiszeitlichen Riesenfaultieres. ... Ganz
oben auf der Höhe aber milderte sich das Glitzern und Flimmern, ein

kaltes gespenstisches Licht schwebte hier, darob Tartarin erschauerte,
gleich wie über die Stille und die Einsamkeit dieser weissen Einöde
mit ihren geheimisvollen dunklen Schluchten.

Nach sechs Stunden auf dem Gletscher hob sich auf dem Sattel vor uns die Silhouette der Helbronner Hütte ab. Wir stiegen die letzten Meter zur italienischen Grenze, und mir war nicht klar, dass wir wieder in die Welt eintauchen würden, die wir heute Morgen in Chamonix verlassen hatten. Italienische Touristen, die von Courmayeur aus mit der Seilbahn heraufgefahren waren, telefonierten in Liegestühlen. Französische Gäste tranken Wein. Gemeinsam mit den Gletscherwanderern und den Kletterern fuhren sie dann am Nachmittag wieder ins Tal. Wir stiegen ein Stück ab zum *Rifugio Torino*, denn dort wollten wir übernachten und den nächsten Tag abwarten, in der vagen Hoffnung, doch noch eine Gipfelchance zu bekommen. Die Hütte war nur zur Hälfte belegt, und das große Thema unter den Gästen war der Lawinenabgang. Man tauschte sich aufgeregt aus, nur um festzustellen, dass jeder die gleichen spärlichen Informationen hatte. Ich ging früh zu Bett und las weiter, denn ich wollte wissen, ob Tartarin am Montblanc mehr Glück hatte als wir.

Acht Tage nach seinem Erfolg an der Jungfrau versucht sich Tartarin am Montblanc und wird dort vollständig desillusioniert. In der Hütte auf den Grands Mulets, die wir ohne den Lawinen-Zwischenfall an diesem Abend erreicht hätten, erfährt Tartarin, dass er einer sogenannten Tarasconnade aufgesessen ist: »*Wie! Das haben Sie geglaubt!*«, sagt Bompard, und Tartarin fragt vorsichtig: »*Also … die Jungfrau war nicht eingerichtet?*«

　　》*Keine Spur!*《
　　》*Und wenn nun das Seil zerrissen wäre? …*《

»Ach, mein armer Freund ...«

Tartarin will dennoch auf den Montblanc. Der Club zu Hause. Die Ehre. Er kann sie nicht enttäuschen. Aber nun bewegt er sich nicht mehr mit jener unbeschwerten Leichtigkeit, mit der er über die Flanken der Jungfrau getänzelt ist. Zaghaft und vorsichtig setzt er einen Fuß vor den anderen und ermahnt sich immer wieder selbst: *Und welche Gefahr! Es genügte, die Eisstücke losbrechen und hinunterpurzeln zu hören und das Echo ihres Sturzes durch die Spalten und das unbekannte Innere des Gletschers zu verfolgen, um sich eine Vorstellung von dem Höllenrachen zu machen, der drunten lauerte, um einen beim geringsten Fehltritt zu verschlingen.*

Zu allem Überfluss zieht dann auch noch ein Schneesturm auf, und das ist sogar für Tartarin zu viel. Sie drehen um. Doch ein schwedischer Tourist, der bei ihnen ist, will unbedingt weiter. Die Führer begleiten ihn, lassen Tartarin und Bompard allein, der Sturm tobt, das Unglück nimmt seinen Lauf. Die beiden sind auf sich allein gestellt und suchen unter einem Eisblock Zuflucht. Sie öffnen eine Flasche Rum, und der Misserfolg macht Tartarin zu schaffen. *»Wer wird es erfahren?«*, entgegnet ihm Bompard ganz ohne Scham ... *»Die Träger haben das Banner behalten. Von Chamonix aus wird man annehmen, Sie seien es.«*

»Sie haben Recht, die Ehre von Tarascon ist gewahrt ...«, sagte Tartarin voller Zuversicht.

Sie steigen weiter ab, und natürlich kommt es, wie es kommen musste. Ein Seil reißt, und Tartarin stürzt in die Tiefe. Bompard schafft es mit letzten Kräften bis zur Hütte und berichtet, *dass ein grosses Unglück sich zugetragen* habe. Später findet man auf dem Dôme du Goûter ein Seilstück, das in der Felsrinne stecken geblieben war. *Es war kein Zweifel mehr möglich, der Mont Blanc zählte ein Opfer mehr, und welch ein Opfer!*

Als ich am nächsten Morgen vorsichtig aus dem Fenster der Helbronner Hütte schaute, wusste ich innerhalb einer Sekunde, dass der Montblanc uns keine zweite Chance gab. Das Wetter hatte sich verschlechtert und die Lawinensituation verschlimmert. Wir frühstückten in Ruhe, und mein einziger Trost war, dass ich auf 3375 Meter Höhe auf einem kalten Elektroofen in einem Seitenraum der Hütte ein Buch mit vergilbten Seiten entdeckt hatte: Es hieß *Bummel durch Europa*, und sein Autor war Mark Twain.

Olivier sagte: »Adieu, mon Montblanc«, und wir fuhren mit der Bergbahn zurück nach Chamonix. Ich drehte mich immer wieder um, um noch einen letzten Blick auf den Berg zu erhaschen. Doch er versteckte sich in den Wolken. Vielleicht würde ich eines Tages zurückkommen, um auf dem Gipfel des Montblanc zu stehen. Diese Chance jedenfalls war verstrichen.

Am 8. August 1786 hatten die Erstbesteiger mehr Glück. Um 18:23 Uhr erreichten Michel-Gabriel Paccard und Jacques Balmat den Gipfel. Paccard notierte später: *Unsere Wanderung vom 8. August 1786; kamen um sechs Uhr 23 Minunten an; brachen um sechs Uhr 57 Minunten wieder auf, ruhten 34 Minuten aus.* Balmat schrieb ausführlicher: *Allein je höher ich kam, desto weniger konnte ich Atem schöpfen, alle zehn Schritte musste ich still stehen wie ein Schwindsüchtiger. … ich ging mit niedergehaltenem Kopfe; da ich aber merkte, dass ich auf einem mir unbekannten Gipfel war, hob ich den Kopf auf und sah, dass ich endlich auf dem Gipfel des Montblanc angekommen war. Nun sah ich mich rund um; ich fürchtete mich geirrt zu haben und auf irgendeine Nadel oder neue Spitze zu treffen, denn ich würde schwerlich die Kraft gehabt haben, die zu erklimmen; meine Gelenke an den Beinen schienen nur noch von den Hosen zusammengehalten zu werden. – Aber nein, nein – ich war am Ziele. – Ich war dahin gekommen, wohin noch niemand gekommen war, selbst nicht der Adler noch die Gemse; ich war allein dahin gekommen, ohne andere*

Hilfe als die meiner Kraft und meines Willens; alles rund um schien mir zu gehören, ich war der König des Montblanc, ich war die Statue auf diesem ungeheueren Fußgestell. – Ah! Dann ging er wieder ein Stück zurück und zerrte auch Paccard, der *zusammengezogen wie eine Katze* im Schnee kauerte, zum Gipfel. Sie stiegen spät ab, mussten also noch einmal am Berg übernachten. Paccard ging es wirklich schlecht, er war eindeutig höhenkrank. Als sie am nächsten Morgen aufwachten, sagte er: *»Es ist doch sonderbar, Balmat, ich höre Vögel singen und kann gar nicht sehen.«*

Und was ist mit Tartarin? Am Ende ist natürlich alles ganz anders. Er ist nicht am Montblanc gestorben, er hat den Sturz überlebt, und als Happy End dieser lustigen Geschichte taucht der Held in Tarascon in der Provence wieder auf, und das ganze Dorf feiert seinen Bergsteigerhelden.

Eine Frage der Ehre

Das Lawinenunglück am Mont Maudit hatte keine Todesopfer gefordert. Die Rettungskräfte konnten alle verschütteten Bergsteiger bergen und unverletzt ins Tal bringen. Diese Nachricht erfuhr ich, als ich am Tag nach meinem Ausflug ins Hochgebirge ins *Musée Alpin* in Chamonix ging. Der Museeumsbesuch brachte mir den Alois in Erinnerung und wie recht er mit seiner Aussage hatte, dass die Geschichte des Alpinismus mit der Besteigung des Montblanc beginnt. Selbstverständlich gab es auch davor schon dokumentierte Bergtouren: Ein früher Alpinist namens Ötzi wagte sich schon vor 5000 Jahren in Sandalen und Lederhose auf den Gletscher, bekam einen Pfeil in den Rücken und verstarb. Unter alpinen Gefahren verstand man damals noch etwas anderes. Und während die Welt rätselte, ob Ötzi Italiener oder Österreicher war, sagten einige, er muss ein Deutscher gewesen sein, denn nur die gingen mit Sandalen auf einen Gletscher. Ein Mönch stieg 663 auf den Fuji in Japan, Petrarca wanderte auf den Ventoux, und ein gewisser Antoine de Ville kletterte 1492 auf den Mont Aiguille in der Nähe von Grenoble.

Aber das alles kann man nicht vergleichen mit dem, was nach 1786 passierte, mit jener bergsteigerischen Kontinuität, die den Begriff Alpinismus rechtfertigte. Zwischen 1786 und 1844 fanden allein am Montblanc 55 Besteigungsversuche statt – und 27 waren erfolgreich. In *Murrays Reiseführer* stand dazu: *Es ist eine bemerkenswerte Tatsache, dass ein hoher Prozentsatz derjenigen, die diesen Aufstieg bewältigen, geistesgestörte Personen waren.* Der Brite Albert Smith bestieg den Berg im August des gleichen Jahres mit übertrieben vielen Führern und einer Ausrüstung, die unter anderem aus 91 Flaschen Wein bestand. Zurück in England, kam er auf eine sehr moderne Geschäftsidee: Er hielt einen Vortrag mit dem Titel »Montblanc« und erzählte seinen Landsleuten offenbar auf sehr unterhaltsame, übertriebene und unrealistische Weise von seiner Bergtour. Mit großem Erfolg: Er führte die »Show« sechs Jahre lang über 2000-mal auf, dreimal sogar in Schloss Windsor.

Gut dokumentiert ist im Museum auch die dritte Besteigung und erste richtige Alpen-Expedition auf den Montblanc. Die unternahm Horace-Bénédict de Saussure, der Mann, der die Erstbesteigung anregte und im Sommer 1787 selbst auf den Gipfel wollte. Gemeinsam mit Balmat und 18 Führern brach Saussure am 1. August auf. Sie waren gut organisiert und noch besser ausgerüstet – nicht zu vergleichen mit der waghalsigen Unternehmung im Jahr zuvor. Sie hatten ein extra angefertigtes Zelt, Matratzen, Laken, Decken und Wechselkleidung dabei. Die Führer trugen Essen, Wein und Saussures Instrumente: Kompass, Barometer, Thermometer, Teleskop und einige andere Gerätschaften, mit deren Hilfe Saussure die Staubströme in der Luft, die Geschwindigkeit der Wolken und die Farbe des Himmels vermessen konnte.

Am ersten Tag kamen sie gut voran, am zweiten fiel einer der Führer in eine Gletscherspalte, konnte aber gerettet werden. Dem Gelehrten wurde langsam klar, dass er sich hier auf eine sehr ernst zu nehmende Bergtour eingelassen hatte. Über die Durchquerung der Spalten schrieb er später: *Und zuweilen, wenn wir am Boden eines dieser Abgründe angelangten, konnten wir uns nicht vorstellen, jemals wieder hinauszukommen.* Auch die Nacht im Zelt hatte sich Saussure anders vorgestellt. In sein Tagebuch schrieb er: *Verabscheuungswürdige Nacht. Höhenkrankheit, Koliken, schlechte, durch 20 überhitzte und keuchende Insassen erzeugte Luft.* Wer schon einmal im Schlafsaal einer Alpenvereinshütte übernachtet hat, der weiß sehr genau, was er meint. Als er am Morgen das Zelt verließ, maß er minus 20,5 Grad. Am dritten Tag wollten sie den Gipfel erreichen. 800 Höhenmeter trennten sie noch von ihm – und noch größere Gletscherspalten als am Vortag: *Dies war der furchtbarste Ort,* schrieb Saussure. *Der Hang hatte eine Neigung von 39 Grad, der Abgrund schreckerregend ...* Doch dann, am 3. August um 10 Uhr, stand auch Saussure endlich auf dem Gipfel des Montblanc: *Mir war wie im Traum zumute, als ich unter mir diese majestätischen Gipfel sah ..., denn sogar an deren Fuß kam man nur unter Schwierigkeiten und Gefahr heran. Ich verstand, wie sie zusammengehörten und miteinander verbunden waren, durchschaute die Struktur, und ein einziger Blick klärte alle Ungewißheiten, die jahrelange Arbeit nicht zu beseitigen vermocht hätte.*

Als Saussure wieder in Genf war, wurde er mehr gefeiert als die beiden Erstbesteiger, und nachdem sein Bericht erschienen war, verbreitete sich sein Ruhm über ganz Europa – unter anderem publizierten die *Times,* das *Gentleman's Magazin* und die *Monthly Review* den Text. In Vergessenheit gerieten Balmat und Paccard deswegen aber nicht. Schon allein deswegen, weil schon bald nach der Erstbesteigung eine Diskussion begann, die in der Geschichte des Bergsteigens beinahe mit jedem eroberten Gipfel wieder aufkommen sollte: die Diskussion darüber, wer zuerst auf dem Gipfel war und welchem der Bergsteiger geglaubt werden kann. War wirklich Balmat als Erster oben? Oder doch Paccard? Ruhm, Eifersucht und Missgunst kamen auf, und was der österreichische Alpinist Heinz Mariacher im 20. Jahrhundert sagte, hatte schon damals Bedeutung: *Bergsteigen ist immer nur das, was man darüber erzählt.* Die Vertrauensfrage wurde schon mit dem ersten großen Gipfel zu einem Wesenszug des Alpinismus.

Bergsteigen hatte schon damals eine Menge mit Geschichtenerzählen zu tun, und je besser man eine Geschichte erzählte, desto glaubwürdiger erschien die Tat. Alexandre Dumas, Autor des Gästebucheintrags im Schwarzenbach und der *Drei Musketiere*, einer der besten Geschichtenerzähler seiner Zeit, war im Sommer 1832 nach Chamonix gereist, um den mittlerweile 70-jährigen Jacques Balmat zu interviewen. Dumas war 31 und ehrgeizig und sah das erzählerische Potenzial in der Geschichte der Erstbesteigung, die 16 Jahre vor seiner Geburt stattgefunden hatte. Aber es war eben nur eine Seite der Geschichte, die Dumas dem alten Balmat entlockte, indem er ihm eine Flasche Wein nach der anderen hinstellte. Das Buch trug später den Titel *La première ascension du Montblanc,* und sowohl Dumas als auch Balmat sind als Autoren genannt. Schön zu lesen ist es allemal: *Alle Minuten hörte ich, wie die Lawinen wie Donner herabrollten. Die Gletscher krachten, und bei jedem Krachen fühlte ich, wie der Berg sich bewegte. Ich hatte weder Hunger noch Durst und einen sonderbaren Kopfschmerz vom Scheitel bis zu den Augenbrauen. … Ich bewegte mich immer stärker, ich fing an zu singen, um die fatalen Gedanken, die mir in den Kopf kamen, zu verjagen. Meine Stimme verhallte auf dem Schnee, kein*

102

Echo antwortete, alles war tot in dieser erfrorenen Natur; selbst meine Stimme machte einen närrischen Eindruck auf mich; ich schwieg also still, ich fürchtete mich. Das schrieb Dumas über Balmats ersten erfolglosen Besteigungsversuch, bei dem er in der Nacht auf einem kleinen Sims irgendwo im Gletscher auf den Morgen wartet. Als es Tag wird, erkennt er, dass er keinen Erfolg haben wird, denn *der Mont Blanc hatte seine Perücke aufgesetzt: das tut er gewöhnlich, wenn er nicht gut bei Laune ist, und dann ist es nicht geraten, ihm zu nahe zu kommen.*

Erst 1957 kamen Saussures Tagebücher zum Vorschein, und nachdem zwei Engländer sie durchgesehen hatten, bemerkten sie, dass das alles gar nicht zu Balmats bzw. Dumas' Erzählung passte. *The first Ascent of Montblanc* wurde veröffentlicht, und plötzlich sprach wieder einiges für Paccard als Erstbesteiger. Der Schriftsteller Dumas, das hätte man sich vielleicht schon früher denken können, nahm es mit der Wahrheit nicht allzu genau. Die einzig gültige Wahrheit haben Balmat und Paccard mit ins Grab genommen.

Fest steht heute: Saussures Belohnung hat Balmat bekommen. Er hatte aber nichts davon, denn das Geld wurde ihm wenig später gestohlen. Fest steht: Das Wahrzeichen im Zentrum von Chamonix zeigt heute Balmat und Saussure. Fest steht: Erst 1986, 200 Jahre nach der Erstbesteigung, wurde auch Paccard in Chamonix ein Denkmal errichtet. Es zeigt ihn aufrecht sitzend mit einem Gebirgsstock in der Hand auf den Gipfel blickend.

Elf Mal auf den höchsten Berg der Welt

Egal wer nun zuerst den Gipfel erreicht hatte – der höchste Berg der westlichen Welt war bestiegen. Denn das war der Montblanc damals. Die höheren Berge Amerikas, Afrikas und

Asiens rückten erst Mitte des 19. Jahrhunderts in den Blick der Europäer. Die kuriose Geschichte des höchsten Berges der Welt steigerte sich daher Jahr für Jahr, Schritt für Schritt, Höhenmeter für Höhenmeter, über nicht weniger als elf Gipfel von 3720 auf 8848 Meter, nein, sogar auf 12 192 Meter.

Der Wettstreit um den höchsten Berg begann schon in der Mitte des 17. Jahrhunderts. Es kursierten Erzählungen von Missionaren und Seefahrern, die riesige Berge gesehen hatten – aber wie hoch diese waren, vermochte niemand zu sagen. Ein norddeutscher Gelehrter mit dem Namen Bernhard Varenius, nicht unbedingt das, was man sich heute unter einem Bergfex vorstellt, trug in der *Geographia Generalis* 1650 die vermeintlich höchsten Punkte der Welt zusammen: Platz eins nahm der Pico de Teide auf Teneriffa ein (3718 Meter), auf Platz zwei folgte der »Gipfel der Azoren« (also der 2351 Meter hohe Pico), auf Platz drei die »Anden« ohne genauere Angaben, auf vier der Ätna, auf fünf Hekla auf Island und an sechster Stelle der bei Marco Polo erwähnte Adamsberg auf Ceylon.

Aber es gab keine zuverlässigen Instrumente, um diese Angaben zu überprüfen. Das Barometer war zwar bereits erfunden worden, aber es war noch nicht weit genug entwickelt, um exakte Messungen auf dem Gipfel eines Berges vorzunehmen – zumal das ja auch hieß, den jeweiligen Berg besteigen zu müssen. Und trigonometrische Messungen, mit deren Hilfe man einen Berg vom Tal aus vermessen kann, wurden erst im 19. Jahrhundert perfektioniert. Im Gegensatz zur Weite hatte die Höhe als Kategorie im 17. Jahrhundert noch keine große Bedeutung. Auch im 18. Jahrhundert, mitten in der Aufklärung, war man offenbar noch nicht viel schlauer. Der deutsche Philosoph Christian Cay Lorenz Hirschfeld schrieb 1769 mit bestechender Logik: *Wie die Schweiz das höchste Land in Europa ist, so ist wieder der Gotthard der höchste Berg in der Schweiz und also der höchste Punkt von unserm Welttheil.* Auch Schweizer Autoren schrieben zu jener Zeit noch vom Gotthard, als sei dieses gerade mal 3000 Meter hohe Massiv (einen Gotthardgipfel gibt es gar nicht) tatsächlich das höchste der Welt (Nummer zwei). Ein klarer Fall von Wunschdenken: Denn der Gotthard hatte als Wasser- und Sprachscheide sowie als Pass nach Italien für die Schweiz schon damals große Bedeutung.

Zum Glück der vorrevolutionären Franzosen rückten verbesserte Messinstrumente nur ein Jahr später die Dinge in Europa zurecht. Und es war ausgerechnet ein Engländer, der Frankreich zum offiziell höchsten Berg der Alpen verhalf: Sir George Shuckburgh vermaß den Montblanc trigonometrisch und kam auf 4779 Meter (Nummer vier). Er lag also recht nahe an der tatsächlichen Höhe und stellte auch richtig, dass der Gipfel des Mont Maudit, der vom Chamonix-Tal aus betrachtet höher als der des Montblanc aussieht und der daher ebenfalls eine Weile als der höchste Berg der Welt galt, rund 350 Meter tiefer liegt.

Es überstieg im 18. Jahrhundert noch die Fantasie der eurozentrischen Welt, dass es fernab der Alpen Berge geben könnte, die sieben-, acht- und fast neuntausend Meter hoch sind. Noch war Europa das Maß der Dinge – aber das sollte sich bald ändern. Seefahrer, die auf dem Weg nach Amerika an den Kanaren vorbeisegelten, hatten schon eine Ahnung, dass die höchsten Berge der Welt nicht in Europa zu suchen waren. So galt dann auch der Teide, der Vulkan auf Teneriffa, der vom Meer aus betrachtet sehr hoch aussieht, eine ganze Weile lang als höchster Berg der Welt – wie es dann auch bei Bernhard Varenius nachzulesen war. Seefahrer, die ihn vom Atlantik aus sahen, kamen zu dem Schluss, dass es unmöglich einen höheren Berg auf diesem Planeten geben könne. Sie behaupteten, dass der Teide aus einer Entfernung von 60 Seemeilen aus zu sehen sei, und schlussfolgerten seemannsgarnartig, dass er ebenso hoch sein müsse: über 100 Kilometer. Um mit derartigen Geschichten ein für alle Mal aufzuräumen, bedurfte es schon eines vermessungsbesessenen Deutschen.

Alexander von Humboldt und sein Gefährte Aimé Bonpland erreichten Teneriffa im Juni 1799. Sie blieben sechs Tage lang auf der Insel – und stiegen auf den Berg. Humboldt wäre nicht Humboldt gewesen, wenn er auf dieser beschwerlichen Tour nicht seine ganze wissenschaftliche Ausrüstung mitgeschleppt hätte: Spiegelsextanten, Quecksilberbarometer und -thermometer, Chronometer und Teleskope, Inklinationsbussolen und Hypsometer. Unterstützung hatten sie dabei offenbar kaum. Humboldt notierte später: *Leider trug die Faulheit und der üble Wille unserer Führer viel dazu bei, uns das Aufsteigen sauer zu machen … Sie waren träg zum Verzweifeln … Sie setzten sich alle zehn Minuten nieder, um auszuruhen; sie warfen uns die Handstücke Obsidian und Bimsstein, die wir sorgfältig gesammelt hatten, weg, und es kam heraus, dass noch keiner auf dem Gipfel des Vulkans gewesen war.* Dennoch vermaß Humboldt den Teide auf die noch heute gültige Höhe: 3718 Meter – über 1000 Meter weniger als der Montblanc. Seit der Besteigung des Montblanc hatte man das schon vermutet, nun ging der Titel des höchsten Berges aber auch ganz offiziell wieder zurück in die französischen Alpen, und dem Teide ist bis heute nur jener des höchsten Berges Spaniens geblieben.

Humboldt und Bonpland segelten im Juni 1799 auf der *Pizarro* weiter nach Südamerika, wo sie die Geschichte des höchsten Berges der Welt erneut umschreiben sollten. Ziemlich genau drei Jahre nach ihrer Besteigung des Teide versuchten sie sich am Chimborazo, einem erloschenen Vulkan in den Anden, der heute zu Ecuador gehört und 6267 Meter hoch ist (Nummer fünf). Die Betonung liegt auf *versuchten*. Als sie sich dem vergletscherten Gipfel näherten und bereits an der Höhenkrankheit litten, versperrte ihnen eine Gletscherspalte den Weg und zwang sie, 400 bis 800 Meter unterhalb des Kraters, zur Umkehr. Humboldt beschrieb neben dem schlechten Wetter, der begrenzten Sicht und den mühsamen Messungen auch die leidvollen Strapazen: Schwindel und Brechreiz, sie taumelten über den Gletscher, und das Blut lief ihnen aus den Lippen und dem Zahnfleisch. Es war die erste genaue Beschreibung der Symptome der Höhenkrankheit. Trotzdem stellten sie mit ihrem Aufstieg einen Rekord auf – sie schätzten, dass sie auf 5880 Metern gewesen waren. Tatsächlich, so wies man später nach, waren es nur 5350 Meter. Aber egal: Höher waren Menschen nie zuvor auf einen Berg gestiegen, und Humboldt schrieb später: *Mehr als alle Forschungsergebnisse erfüllt mich der Höhenweltrekord am Chimborazo mit Stolz und Glück.*

Es gibt spitzfindige Menschen, die halten den Chimborazo auch heute noch für den höchsten Berg der Welt. Denn nach den Erkenntnissen der Wissenschaft, argumentieren sie, sei die Erde an den Polen abgeplattet. Tatsächlich ist der Radius der Erde am Äquator um mehr als 21 Kilometer länger. Messe man also die höchsten Erhebungen nach dem Abstand vom Erdmittelpunkt, so profitiere der Chimborazo von seiner Lage am Äquatorgürtel und übertreffe den Mount Everest um 2100 Meter. Mit ähnlichen Argumenten kann man übrigens auch den Mauna Kea auf Hawaii für den höchsten Berg der Welt halten (Nummer sechs). Er ragt 4205 Meter aus dem Pazifik und bildet zusammen mit vier weiteren Vulkanen die Insel Hawaii. Misst man allerdings vom Meeresgrund aus, dann hat das Bergmassiv eine Höhe von 9966 Metern und geht als höchster Berg der Welt durch. Andere spitzfindige Menschen bezeichnen den Mauna Kea als *größten* Berg der Welt – und haben damit hoffentlich ihren Frieden.

Nur ein paar Jahre nach Humboldts Besteigungsversuch verlor auch der Chimborazo seinen Titel wieder. Die Erkundung und Vermessung des Himalaya schritt voran und veränderte die Geschichte des höchsten Berges des Planeten noch einmal grundlegend. Plötzlich kamen drei Berge imposanten Ausmaßes ins Spiel, was Alexander von Humboldt gar nicht gefiel. Noch 1853, Humboldt war 84 Jahre alt, betonte er in einem Essay, dass diese Berge zwar höher seien als der Chimborazo, aber eben noch immer unbestiegen: *Die höchsten Berggipfel beider Continente: im alten der Kintschinjinga, der Dhawalagiri (weiße Berg) und der Dschawahir; im neuen der Aconcagua und der Shahama; sind bisher noch nie von Menschen erreicht worden. Der höchste Punkt, zu dem man in beiden Continenten auf der Erdoberfläche gelangt ist, liegt in Südamerika am südöstlichen Abfall des Chimborazo.* 1855 schafften es die Münchner Hermann, Adolph und Robert Schlagintweit während einer Forschungsreise im Himalaya am Abi Gamin im Kamet-Massiv bis auf 6780 Meter. Humboldt, der den Schlagintweits die Reise überhaupt erst ermöglicht hatte, war 86 Jahre alt und seinen Rekord los.

Den ersten Achttausender hatten die Briten 1809 entdeckt – es war der Dhaulagiri, ein wunderschöner Berg im Westen Nepals. Sie vermaßen ihn auf 8190 Meter. Wieder ein neuer Rekord, der 29 Jahre lang halten sollte (Nummer sieben). Der Dhaulagiri gilt heute mit 8167 Metern als siebthöchster Berg der Welt. 1838 löste ihn der Kangchendzönga ab, ein fantastischer Berg im Osten Nepals, dessen unaussprechlicher Name dazu geführt hat, dass Bergsteiger ihn nur »Kantsch« nennen (Nummer acht). Aber auch dessen Ruhm währte nicht lange, 14 Jahre, um genau zu sein. Der Kangchendzönga ist heute mit 8586 Metern als dritthöchster Berg der Welt bekannt. 1852 wiesen die Briten unter der Leitung eines gewissen George Everest mittels trigonometrischer Vermessung nach, dass es noch zwei höhere Berge gibt. Den K2 (Nummer neun) und den zunächst als »Peak XV« bezeichneten Mount Everest (Nummer zehn), mit dem die Geschichte des höchsten Berges der Erde auf 8848 Meter Höhe beinahe endet. Bis heute sind sich in diesem Punkt von Alpenverein bis Reinhold Messner und von Wikipedia bis *Was ist was*-Buch alle einig. Und weil das so ist, versuchen sich am Everest Jahr für Jahr viele Menschen, die zwar ein Bewusstsein für Superlative, aber tragischerweise wenig Ahnung vom Bergsteigen haben.

Was uns zum sagenhaften Rum Doodle bringt (Nummer elf), einem Berg, der noch mal unvorstellbare 3344 Meter höher in den asiatischen Himmel ragt als der Mount Everest und dessen Erstbesteigung an Dramatik alles überbietet, was die an Dramatik nicht arme Alpingeschichte liefert. Aber zuvor gilt es noch eine entscheidende Frage zu klären: Was genau ist ein Berg überhaupt?

Wann ist ein Berg ein Berg?

Als wäre die Geschichte um die Vermessung der Berge nicht schon kompliziert genug, kommt noch ein ganz anderes Problem hinzu: die Definition eines Berges. Was banal klingt, ist in Wirklichkeit gar nicht so einfach. Es gibt 14 Achttausender in der Welt und allein 82 Viertausender (nach der Bergsteigervereinigung UIAA) und einige tausend Dreitausender in den Alpen. Aber bevor man diese Zahlen nennt, muss man erst sehr genau festlegen, was ein Berg ist. Dabei geht es naturgemäß um das Kriterium der »Höhe«, aber auch um das der »Hangneigung« und der »Eigenständigkeit«. Je nachdem, wie ausgeprägt die Kriterien sind, schaffen es Berge in folgende Kategorien: Erhebungen unter 300 Meter Höhe müssen besonders stark ausgeprägte Reliefkontraste vorweisen, wie zum Beispiel in den Nordmeerfjorden, um als Berge zu gelten.

Zwischen 300 und 1000 Metern kann von einem Berg auch gesprochen werden, wenn er Höhen im Umkreis von sieben Kilometern um 300 oder mehr Meter überragt. Hier wird von »Dominanz« gesprochen. Ab 1000 bis 2500 Meter Seehöhe reichen schon geringere und weniger steile Flanken aus. Ab 2500 Meter zählt dann nur noch die Eigenständigkeit (Dominanz oder Schartentiefe) und die Prominenz einer Erhebung als Kriterium, um einen Gipfel als selbständigen Berg zu klassifizieren. Die höchste Prominenz hat neben dem Mount Everest der Aconcagua in Südamerika, weil sich der nächsthöhere Gipfel im Hindukusch befindet, 16 517 Kilometer entfernt. Er ist sozusagen die reale Entsprechung des »Lonely Mountain« aus Tolkiens *Hobbit*.

Die Dominanz bestimmt also die Zahl der Viertausender in den Alpen und die Zahl der Achttausender im Himalaya. Es gibt allerdings zwei verschiedene Gipfelsysteme: Das von der UIAA festgelegte System für die Viertausender in den Alpen besagt, dass jeder Berg mit einer Schartentiefe von mindestens 30 Metern als eigenständig gilt. Im Himalaya dagegen gilt eine Schartentiefe von 649 Metern, das ist die Schartentiefe zwischen Lhotse und Mount Everest, die notwendig ist, um beide als eigenständige Achttausender zu werten. Wäre das nicht so, dann wäre der Südgipfel des Mount Everest der zweithöchste Berg der Welt. Hinzu kommt noch, dass all das auf dem metrischen System basiert und kein Bergsteiger 14 Achttausender besteigen würde, wenn man den Himalaya heute noch in Fuß vermessen würde. Die 14 Achttausender gibt es, weil am 20. Mai 1875 in Paris die »Meterkonvention« unterzeichnet wurde. Dass der Everest genau 29 002 Fuß·misst, geriet in Vergessenheit – außer in England natürlich. Wenn man sich nur kurz vorstellt, man hätte sich damals in Paris für Fuß und nicht für Meter entschieden, dann würden heute Bergsteiger den Gipfeln über 26 000 Fuß, das wären 17, oder jenen über 25 000

Fuß, das wären schon 37, hinterhereifern. Die Geschichte des Höhenbergsteigens wäre eine ganz andere. Dank des metrischen Systems sind es aber nur 14, eine überschaubare Zahl, die bei Bergsteigern einen Sammelwahn auslöste, der viele von ihnen in den Wahnsinn oder in den Tod trieb. Und bis heute interessiert sich kaum jemand für den Gyachung Kang, den höchsten Nicht-Achttausender der Welt, einen wunderbaren und genau 7952 Meter hohen Berg an der Grenze zwischen China und Nepal.

Wer das jetzt völlig zu Recht für kompliziert hält, der ist mit dem E-Wert des Geoinformatikers Wolfgang Leonhard vollends überfordert. Das E steht für die Eigenständigkeit eines Berges, und um die zu ermitteln, muss man – Vorsicht – die Höhe des betreffenden Berges durch die Höhe des Mount Everest teilen, der als Referenz dient. Dann teilt man die Dominanz des betreffenden Berges durch 100 Kilometer und teilt dann noch die Prominenz durch die Höhe des Berges, um dann alle drei Werte zur Basis 2 zu logarithmieren, addiert die Werte und teilt das negativierte Ergebnis durch drei. Alles klar?

Und neben alledem darf man nicht vergessen, dass Höhe immer auch eine Frage der Relation ist. Den Kala Pattar, einen immerhin 5500 Meter hohen Berg am Fuße des Mount Everest, bezeichnen die Einheimischen allen Ernstes als »Hügel«.

Der höchste Berg Deutschlands

Während der höchste Berg der Welt immer höher wurde, wurde der höchste Berg Deutschlands immer niedriger. Grund dafür ist, dass sich das deutsche Territorium im Laufe der Geschichte veränderte. Zwischen 1885 und 1918 erhob sich der höchste

Punkt des kolonialen deutschen Kaiserreiches in Deutsch-Ostafrika, dem heutigen Tansania: Der Kilimandscharo, 5895 Meter hoch, war einmal der höchste deutsche Berg. Der Gipfel hieß Kaiser-Wilhelm-Spitze, und einige Steine davon, die »Spitze des Kilimandscharo«, waren lange im Neuen Palais in Potsdam zu bewundern – man musste nur die Außentreppen zum Grottensaal hinaufsteigen.

Die Spitze des Kilimandscharo ist für immer verbunden mit einem Mann namens Hans Meyer – ein Name, den Literaturwissenschaftler zuordnen können, Fußballfans zu schätzen wissen, aber auch Alpinisten schon gehört haben. Denn auch der deutsche Erstbesteiger des Kilimandscharo hieß Hans Meyer, und der notierte nach dem Gipfelgang am 6. Oktober 1889: *Mit dem Recht des ersten Ersteigers taufe ich diese bisher unbekannte, namenlose Spitze des Kibo, den höchsten Punkt afrikanischer und deutscher Erde: Kaiser-Wilhelm-Spitze.* Meyer nahm zwei Steine mit nach Hause. Einen Stein überreichte er in feierlicher Umgebung und sorgfältig verpackt dem Kaiser. Wilhelm II. war davon so angetan, dass er den schwarzen Lavastein als dekorativen Wandschmuck im Grottensaal des Potsdamer Marmorpalais einsetzen ließ. Doch irgendwann in den 1950er Jahren verliert sich dessen Spur. Angeblich brach ein Bauarbeiter das Originalstück versehentlich mit einer Leiter ab und ersetzte es durch ein ähnlich aussehendes Stück, das er im Schotter vor dem Schloss fand. Aber das Original war verschwunden. Den zweiten Stein nahm Meyer, ein Sprössling der Verlegerfamilie Meyer (Meyers Lexikon), mit in seine Leipziger Heimat. Dort ist er bis heute in Familienbesitz und war vor einigen Jahren in einer Ausstellung im Naturkundemuseum zu sehen. Danach ist auch dieser höchste Punkt des deutschen Kaiserreichs wieder verschwunden.

Der Rest der Geschichte des höchsten deutschen Berges ist schnell erzählt: Nach 1918 sank der höchste Punkt Deutschlands von 5895 auf mickrige 2962 Meter, der Gipfel der Zugspitze. Minus 2933. Dann, 1938, stieg er unter dem Expansionswahn der Nazis wieder auf 3798 Meter, der Gipfel des Großglockners. Plus 836. Ein Jahr später, 1939, stieg er sogar auf 3905 Meter, der Gipfel des Ortlers. Plus 107. Nur um dann 1945 wieder auf 2962 Meter zu sinken. Minus 943.

40 000 ½ Fuß

Aber nun zurück zum höchsten Berg der Welt, der noch eine letzte amüsante Geschichte zu bieten hat. *Die Besteigung des Rum Doodle*, eines 12 192 Meter hohen Bergs im Himalaya, der sich erhaben neben dem Rankling La über die Wolken erhebt. Man sollte seine exakte Höhe allerdings in Fuß angeben: 40 000 ½. Denn dies ist eine fiktive und durch und durch britische Heldengeschichte, deren Akteure die Gentlemen Binder, Prone, Constant, Jungle, Shute und Wish sind.

Ich hatte *The Ascent of Rum Doodle* in der Bibliothek des Alpine Club in London entdeckt. Der Roman des britischen Autors William Ernest Bowman ist eines der schönsten und lustigsten Bergsteigerbücher, das es gibt. Es erschien 1956, sozusagen als ironische Antwort auf die Everest-Besteigung drei Jahre zuvor. Überhaupt: *Rum Doodle* ist eine wunderbare Parodie auf all die nationalistischen Bergsteiger-Heldengeschichten, die seit den 1930er Jahren in England, aber ebenso in Deutschland, Frankreich und Italien Alpinismus und die Literatur darüber prägten. Aber speziell in den 1950er Jahren hatte die »Eroberung« der höchsten Berge der Welt Hochkonjunktur. Zwischen Juni 1950 und Juli 1956 wurden neun Achttausender bestiegen. Und ein Zwölftausender.

Aber vielleicht zunächst ein paar Worte zum Personal in *Rum Doodle*: Da wäre Binder, der Ich-Erzähler und Leiter der Expedition, der stets um das Wohl seiner Männer besorgt ist und sie immer wieder daran erinnert, dass der Rum Doodle nicht der Montblanc ist. Seine Männer, das sind: Humphrey Jungle, der Navigator, der sich schon in London verläuft, dann irrtümlicherweise nach Buenos Aires fliegt und die Expedition erst einholt, als er nicht mehr gebraucht wird; Christopher Wish, der Wissenschaftler, der im Verlaufe der Expedition immer wieder die Höhe 153 Fuß vermisst – auch als sie noch auf einem Schiff auf dem Indischen Ozean unterwegs sind; Lancelot Constant, der Übersetzer, der mit den einheimischen Yogistani verhandelt und schließlich 30 000 statt 3000 Träger bekommt; Donald Shute, der Fotograf, der nicht so recht weiß, wie er seine Ausrüstung zu bedienen hat; und Ridley Prone, der Expeditionsdoktor, der ständig krank ist. Der Humor von *Rum Doodle* schwankt irgendwo zwischen Monty Python und *Nackte Kanone*, setzt sich aus Slapstick und Running Gags zusammen. Das beginnt schon in London, wo Tom Burley, für die Logistik zuständig, seinen Plan erklärt: Für die Ausrüstung im Camp auf 39 000 Fuß brauche man fünf Träger. *Zwei Träger seien erforderlich, um das Essen für diese fünf zu tragen, und ein weiterer würde das Essen für diese zwei tragen. Sein Essen würde von einem Jungen getragen werden. Der Junge werde sein eigenes Essen tragen.*

Und doch muss man sagen: Dieser William Ernest Bowman wusste genau, wovon er schrieb. Und das, obwohl er nie ernsthaft in den Bergen unterwegs gewesen war. Er muss die Expeditionsberichte vom Montblanc bis hin zu den Besteigungen in Asien sehr genau gelesen haben. Denn Bowman thematisiert alles, was zu jener Zeit diskutiert wurde: die Akklimatisierung, die Höhenkrankheit und den Yeti, der 1928 *auf dem Gipfel des Raw Deedle* gesichtet wurde, und dann, 1931, während der *bayerischen Erkundungsexpedition* noch einmal am Hi Hurdle. Und auch der Frage, ob diese hohen Berge auch ohne Sauerstoffgeräte zu besteigen sind, widmet sich Bowman: *Einmal besprachen wir die alte Frage: Sollen Sauerstoff und andere Hilfsmittel am Berg eingesetzt werden?* Am Mi Wurdle seien damals die Geräte ausgefallen (eigentlich ist es schade, dass diese Berge alle nur in Bowmans Fantasie existieren). Constant sagt: *»Wenn Gipfel nicht ohne Hilfsmittel bestiegen werden könnten, sollten sie besser unbestiegen bleiben.«* Woraufhin Prone klug einwendet: *Wer künstliche Hilfsmittel ablehne, müsse auch Zelte und Kleidung ablehnen.* Es ist eine Diskussion, die in der Realität erst 20 Jahre später aufkommen sollte. Als Reinhold Messner und Peter Habeler 1978 als erste Menschen ohne Sauerstoffgeräte auf den Mount Everest gestiegen waren, schrieb Messner: *Dieses Abenteuer verflacht, sobald sich der Mensch in seinem Ehrgeiz der Technik bedient. Selbst das höchste Gebirge schrumpft, sobald man mit Hunderten von Trägern, Haken und Sauerstoffgeräten in ihm »herumsteigt«. Wer zur Flasche greift, degradiert den Everest zu einem Sechstausender.*

Auf dem Rum Doodle gehen sie ohne Sauerstoffflaschen und halluzinieren sich von der Fiktion in die Fiktion: *Wish hatte Differentialgleichungen, Reagenzgläser und Wimshurstmaschinen gesehen, während Jungle durch die Fata Morgana einer Camera obscura erschreckt worden war. Jungle tendierte dazu, sich zu verirren, wenn er nicht bei anderen angeseilt war. Er war außerdem fest davon überzeugt, von einem Prüden verfolgt zu werden.* Bei Binder selbst ist es anders: *Mehrmals glaubte ich, einen Warpel zu sehen, doch erwies er sich stets als Halluzination. Mehrmals glaubte ich, eine Halluzination zu sehen, doch erwies sie sich stets als Fleck auf meiner Schneebrille. Einmal glaubte ich, einen Fleck auf meiner Schneebrille zu sehen, doch erwies er sich als Warpel, der sich als Halluzination erwies.*

Und dann gibt es noch viele kleine alpinistische Referenzen: Binder steht allein mit den Sherpas auf dem Gipfel – wie Edmund Hillary mit Tenzing Norgay. Constant freundet sich mit den Yogistani an und will im Himalaya bleiben – wie der Österreicher Peter Aufschnaiter, als er in den 1940er Jahren mit Heinrich Harrer in Tibet war. Als Prone nach Tagen vom Gipfel zurückkommt, sieht er völlig verändert aus – wie Hermann Buhl nach seinem Nanga-Parbat-Alleingang 1953.

Aber es ist vor allem die übertriebene Logistik des Höhenbergsteigens dieser Zeit, die *Rum Doodle* auf fantastische Weise parodiert. Das beginnt schon, als sie mit dem Schiff in Chaikhosi ankommen, einer fiktiven Stadt im fiktiven Yogistan. Nachdem sie dort fälschlicherweise 30 000 Träger angeheuert haben, müssen sie 3000 auswählen und starten dann den 500 Meilen langen Anmarsch zum Berg. *Wir kamen durch eine Reihe tief eingeschnittener Flusstäler zwischen steil aufragenden Bergen, die sich bis zu 30 000 Fuß und mehr erhoben. Manchmal überquerten wir auf dem Weg von einem Tal in das nächste Pässe, die 20 000 Fuß über dem Meer lagen, um dann wieder in Flussbetten hinabzusteigen, die sich kaum 153 Fuß über null erhoben.*

30 000 Fuß, das ist schon mal deutlich über 9000 Meter. Schließlich erreichen sie den Rankling La, einen Pass, von dem aus sie zum ersten Mal den majestätischen Rum Doodle sehen – und auch den North Doodle. Wenig später erreichen sie das Basislager auf dem Rankling-Gletscher. Dann beginnt die Besteigung des Berges nach allen Regeln der Expeditionsbergsteigerkunst: Sie errichten ein Advanced Basecamp, ein Camp 1 auf 27 000 Fuß, ein Camp 2 auf 29 000 Fuß, ein Camp 3 auf 31 000 Fuß und Camp 4 auf 33 000 Fuß. Binder will mit einem Träger weiter, um ein Camp 5 zu errichten, und auf 35 000 Fuß realisiert er, dass sie auf dem falschen Berg sind: Sie haben den Gipfel des North Doodle bestiegen. Von dort aus sieht Binder hinüber zum Rum Doodle und erkennt,

dass die 92 Träger gerade das gesamte Lager auf den richtigen Gipfel tragen – weil Constant nicht wusste, dass Basislager und Gipfel auf Yogistani ein und dasselbe Wort sind. Später wird klar, dass Constant den Trägern sagen wollte, dass sie im Basislager warten sollen. Sie verstanden, dass sie auf dem Gipfel warten sollen – und haben das Lager samt Prone hinaufgetragen. Am Ende ist also nur Prone, und das gegen seinen Willen, auf dem Gipfel des Rum Doodle. Doch weil er alle Träger um zwei Köpfe überragt, so die spätere Analyse im Team, war er auch höher oben als die anderen. Binder telegrafiert nach England: *»Expedition mehr als erfolgreich, weil beide Doodle bestiegen wurden. Alle gesund und munter. Die Moral der Mannschaft ist ausgezeichnet, und die Träger können nicht hoch genug gelobt werden.«*

In der Realität der 1930er, 40er und 50er Jahre wurden die Berge belagert, attackiert, erobert und vereinnahmt. Expeditionen sind Feldzüge und Bergsteiger Soldaten – und die Berichte darüber sind humorlos, ernst und unerträglich. Es war höchste Zeit für den *Rum Doodle*. Auch deswegen ist der fiktive Expeditionsbericht über die Besteigung samt Vorwort des Vorsitzenden des *Rum-Doodle-Komitees* bis zum heutigen Tag eine Bereicherung, und das nicht nur für die Bergsteigerwelt, wo Begriffe wie Kameradschaft, Wille und Eroberung auch im 21. Jahrhundert zum Teil noch hochgehalten werden, als gelte es, das Vaterland zu retten. Auch Binder spricht vom *esprit de corps* und sagt Sätze wie: *Wenn der Anführer aufgibt, fällt die Mannschaft auseinander.* Und kämpft sich weiter hinauf zum falschen Berg.

Als von den sogenannten letzten Problemen der Alpen, den drei großen Nordwänden von Eiger, Grandes Jorasses und Matterhorn, nur noch die Eigernordwand übrig geblieben war, wurde deren Durchsteigung in den 1930er Jahren wie ein deutscher Feldzug inszeniert. Erst 1938 gelang es den Herren Harrer, Heckmair, Kasparek und Vörg, den Eiger zu bezwingen. Aber das ist eine andere Geschichte.

Nachdem sich in den Alpen nicht mehr viel propagandistisch vermarkten ließ, forcierte man die Aktivitäten im Himalaya. Sie waren »Schicksalsunternehmungen nationaler Tragweite«. Dort hatte jede Nation ihren eigenen »Schicksalsberg«. Für die Engländer war es der Mount Everest, für die Deutschen der Nanga Parbat, für die Italiener der K2 und für die Franzosen der Annapurna. 1939 schrieb der deutsche Himalayaforscher Günter Oscar Dyhrenfurth in *Baltoro*: *Die Achttausender, diese wahren »Gipfel der Welt«, haben bislang allen Angriffen getrotzt.* Aus deutscher Sicht ist »getrotzt« genau das richtige Wort. Denn die groß angelegten und größenwahnsinnigen Nanga-Parbat-Expeditionen 1934 und 1937 waren nichts anderes als deutsche Feldzüge – und sie scheiterten auch wie deutsche Feldzüge: 31 Menschen starben in einem Schneesturm und in einer Lawine. Fast die gesamte deutsche Bergsteigerelite fiel dem Nanga Parbat zum Opfer. Den Gipfel erreichte man nicht. Erst acht Jahre nach dem Krieg schaffte es der Tiroler Hermann Buhl im Alleingang endlich auf den Gipfel – es war eine Art postgroßdeutsche Errungenschaft.

Da ging es während einer australischen Antarktis-Expedition in den späten 1950er Jahren friedlicher und auch humorvoller zu. Denn die Teilnehmer waren offenbar so begeistert von Bowmans Roman, dass sie einem der Berge, den sie dort entdeckt hatten, den Namen »Rumdoodle Peak« gaben. *Es sei so poetisch, dass es wahr sein müsse*, heißt es an einer Stelle in *Die Besteigung des Rum Doodle*. Und am Ende, als sie sich auf der Passhöhe noch ein letztes Mal umdrehen, wünscht man sich nur allzu sehr, dass die Geschichte wirklich wahr wäre: *Die Abendsonne war hinter uns am Horizont versunken. Die Wildnis*

der Berge ringsum war eine Sinfonie abgestufter Schattierungen. Uns
zu Füßen lag das tiefe Schwarz der Flussschluchten. Nur der Rum
Doodle stand noch im Sonnenlicht da, seine riesige Pyramide zeich-
nete sich gegen den türkisfarbenen Himmel ab. Die gewaltigen eisigen
Abgründe und Schneefelder glitzerten in den wechselnden Farben des
Sonnenuntergangs.

Es war ein passender Abschied von einem majestätischen Berg.
Burley legte seine Hand auf meine Schulter, und gemeinsam bahnten
wir uns unseren Weg durch die einbrechende Dunkelheit zu unserem
Rastplatz im Tal.

Es ist einfach zu schön, um wahr zu sein.

Der Großglockner und wie ihn die Welt sah

Ich war noch immer in Chamonix. Der Ort und seine Berge
hielten mich fest, und daher traf ich mich noch einmal mit
dem Bergführer und Maler Lionel. Diesmal besuchte ich ihn
in seinem Atelier, ein großer Raum in seinem Haus am Stadtrand, in dem ein Berggemälde neben dem anderen stand. Ich
erzählte ihm von meiner Tour und dem Misserfolg. Er lächelte
und sagte nur: »Das ist doch ein guter Grund, um zurückzukommen.« Er trug ein Gemälde, das den Dent du Géant
zeigte, durch den Raum. »Glaubst du«, fragte ich ihn, »dass der
Alpinismus mit der Erstbesteigung des Montblanc begonnen
hat?« Er stellte das Bild auf einer Staffelei ab, drehte sich um
und sagte dann: »Ja« – und nach einer Pause »aber nicht nur –
komm mit.« Ich folgte ihm in sein Wohnzimmer und beobachtete, wie er einen Stuhl ans Bücherregal zog, hinaufstieg und
aus dem obersten Fach ein grünes Buch herausnahm: *Leben und*
Werke von Belsazar Hacquet. Lionel sagte: »Du musst wissen:
Was Saussure für den Montblanc war, das war dieser Hacquet«,
er klopfte mit dem Zeigefinger auf das Buch, »für den Groß-

glockner.« Und die gleiche Bedeutung, die die Bezwingung des Montblanc für die Westalpen habe, habe für die Ostalpen die Besteigung des Großglockners.

Der Großglockner. Ich war einmal mit dem Fahrrad über die Großglocknerstraße von Heiligenblut nach Zell am See gefahren, und schon damals hatte mich dieser schöne, spitze Berg beeindruckt. Lionel gab mir das Buch und sagte: »Der Montblanc ist nur die halbe Wahrheit – in den Ostalpen hat sich zur selben Zeit eine ähnliche Geschichte ereignet.« Belsazar Hacquet ging tatsächlich als der »Saussure der Ostalpen« in die Alpingeschichte ein. Und das lag nicht nur an seinen Büchern, sondern auch daran, dass er den Großglockner und den Triglav, die höchsten Berge Österreichs und Sloweniens, auch selbst besteigen wollte.

Die beiden Berge liegen am anderen, 700 Kilometer entfernten Ende des Alpenbogens. Und doch brauchte ich in Chamonix nur wenige Augenblicke, um zu entscheiden, dass ich dort hinfahren würde. Ich war bis jetzt davon ausgegangen, dass der Alpinismus in der Schweiz und in Frankreich entstanden war. Und nun machte mich ein malender Bergführer aus den Westalpen darauf aufmerksam, dass in den Ostalpen zur selben Zeit auch schon eine Menge passiert war. Ich wollte mehr wissen über diesen Belsazar Hacquet und über diese Parallelität der Alpingeschichte. Ich fand das erstaunlich: Als alles begann, hatten zwei gelehrte Männer auf ähnliche Weise die Erforschung und Eroberung der Berge vorangetrieben. Beide waren sie von ihren Bergen besessen, und beide gingen nicht als deren Erstbesteiger in die Geschichte ein.

Aber vielleicht war diese Geschichte auch nur der Impuls, den ich brauchte, um Chamonix zu verlassen, um mich von der Schönheit dieser Berge zu lösen oder der Versuchung zu verfallen, es noch einmal mit dem Montblanc aufzunehmen.

Am nächsten Morgen fuhr ich durch den Montblanc-Tun-
nel, über dem sich der Berg, den ich besteigen wollte, fast
vier Kilometer hoch auftürmt, nach Courmayeur in Italien
und durch das Aostatal nach Osten. Im Norden zweigte erst
das Valtournenche zum Matterhorn ab, das sie hier Cervino
nennen. Wenig später führt das Lystal zum Monte Rosa, dem
höchsten Berg Italiens, wo ein paar verwegene Männer 1778
nach dem in verschiedenen Sagen beschriebenen »verlorenen
Tal« gesucht hatten. Im Süden erhebt sich das Grand-Para-
diso-Massiv, und geradeaus führt die Autobahn hinaus in die
Ebene, nach Mailand, Bergamo und Brescia. Ich hielt mich
links Richtung Gardasee und näherte mich den Alpen nun
von ihrer Südseite. Ich fuhr an der Uferstraße entlang, und
allmählich erhoben sich die Berge wieder, und ihre steil abfal-
lenden Wände ließen den See wie einen norwegischen Fjord
wirken. Eine beeindruckende Szenerie. Selbst wenn man die
Alpen schon gut zu kennen meint, kann einen ihre Vielseitig-
keit immer wieder überraschen. Über den Tag hinweg hatten
sich die Farben der Berge, durch die ich fuhr, von Schwarzgrün
zu Weißgrau verändert – vom Granit und Gneis der Westalpen
zum Kalk der Ostalpen.

Im Ort Malcesine sah ich die Seilbahn zum Monte Baldo
hinaufschweben, und als ich am frühen Abend in Arco ankam,
rollten die Mountainbiker gerade zu den Eisdielen.

Die Hitze des Tages hing noch über dem Ort, und in der
Altstadt saßen die Touristen in den Restaurants und genossen das Leben. Auf dem Dorfplatz bestellten Wanderer und
Nordic Walker Weißbiere, und die Kletterer und Bergsteiger
tummelten sich noch in den Outdoorläden, mit deren Dichte
es in den Alpen allenfalls Chamonix aufnehmen kann. In den
Bars und Restaurants saßen Einheimische und ganz gewöhnlich gesinnte und normal gekleidete Touristen, die an Espressi
und Spritz Aperol nippten, während sie kopfschüttelnd die

sportfanatische Gegenwelt dieses Ortes beobachteten: junge
Leute, die mit an den Hüften baumelnden Klettersteigsets
durch die Via Segantini gingen, und Downhill-Fahrer, die wie
Gladiatoren geschützt ihre Räder am Moses-Brunnen anlehn-
ten.

Ich beobachtete das alles aus einer Pizzeria unter den
Rundbögen, und als sich der Platz langsam leerte, las ich weiter über die Abenteuer des Belsazar Hacquet und seine sonderbare Biografie. Er war in der Bretagne geboren worden und
in Wien gestorben und hatte ein an Merkwürdigkeiten und
Abenteuern kaum zu überbietendes Leben. Er arbeitete als
Schiffsjunge auf einer französischen Fregatte, als Regiments-
chirurg, er erkrankte an der Pest und verlor dadurch Teile seines Gedächtnisses, das er dann über ein Jahr hinweg in Sie-
benbürgen durch kalte Bäder und Bücher wieder stärkte. Er
erhielt über den Leibarzt der Kaiserin Maria Theresia eine
Stelle als Bergarzt in Idra und verbrachte dann über 20 Jahre
im südöstlichen Teil der Alpen. *Ich muß gestehen*, schrieb er,
wohl auch deshalb einmal, *in all meinen üblen Lagen der Verfol-
gung auf Reisen habe ich immer mehr dem weiblichen, als dem männ-
lichen Geschlecht zu danken …*

Wie Saussure war also auch Hacquet ein Gelehrter, Professor für Anatomie an der Universität in Laibach und später
für Naturgeschichte in Lemberg. Aber im Gegensatz zu Saussure schrieb er Abhandlungen über *Verstopfung des Afters*, über
eine Methode, *wie man den Biss der Viper ohne ärztliche Hilfe
heilen kann*, und über einen *losgerissenen Arm in der Gebärmut-
ter*. 1774 vernichtete ein Feuer seine ganze Korrespondenz –
einer der Gründe, warum die Nachwelt relativ wenig über ihn
weiß. 1799, da war Hacquet bereits 60 Jahre alt, heiratete er
ein *tugendhaftes Mädchen, hübsch, 20 Jahre alt, mit der er in volls-
ter Hamonie als Biedermann lebte*. 1812 bekam er Krebs und ließ
sich operieren. Nach sechs Wochen war er geheilt. Als er drei

Jahre später starb, schrieb sein Testamentsvollstrecker: *Seine Eingeweide verrichteten nicht mehr ihre Funktion. Er wünschte sein Ende; der Kopf blieb immer heiter, sein Gemüt ruhig …*

Es gab zu Hacquets Lebzeiten kaum Literatur über die Ostalpen: Als älteste Bergfahrtenschilderung aus Österreich gilt Nicolin Sererhards *Schesaplana Bergreis*, um 1730 erschienen und kaum bekannt. Joseph Walchers *Nachrichten von den Eisbergen in Tyrol* war 1773 das erste topografische Werk der Ostalpen. Erst als Kaiserin Maria Theresia 1777 den Brennerpass ausbauen ließ, wurde diese Überquerungsroute populärer, und allmählich rückten auch die Gipfel in und östlich von Tirol ins Blickfeld von Wissenschaftlern, Abenteurern und Schriftstellern. Einer davon war Hacquet.

Ich schlug das Buch zu und blickte in die Berge über dem Ort. Es war dunkel geworden, nur die Burg strahlte von oben herab und sah aus, als würde sie senkrecht über Arco schweben.

Am nächsten Tag fuhr ich ein Stück nach Norden, von Bozen aus durch die Dolomiten, die auch Saussures hätten heißen können, weiter nach Osten und war wieder fasziniert von der Schönheit der Landschaft. Ein spektakulärer Pass folgte auf den nächsten, und die Gipfel überboten sich gegenseitig mit Anmut und Vokalen: Rosengarten, wo sich König Laurins märchenhaftes Reich befindet, Latemar, Sella, Marmolada, Conturines, Lagazuoi, Falzarego. Ich fuhr durch Cortina, ein Ort, in dessen alpiner Umgebung ich sogar die unverschämten Cappuccino-Preise ignorierte. Fünf Passstraßen treffen sich hier, und hinter jedem Ortsschild ragen die Felswände steil in den Himmel. Die »Drei Zinnen« sind ganz in der Nähe, eine Bergformation, die so ikonografisch ist, dass sie es sogar mit dem Matterhorn aufnehmen kann. Und wenn man weiß, dass der bayerische Kletterer Alexander Huber vor einigen Jahren ohne Seil durch die 550 Meter hohe, teils überhängende Nordwand der Großen Zinne geklettert ist, kann man *Murrays Reiseführer* nur zustimmen: geistesgestörte Personen.

In meiner Wahrnehmung hatten die Alpen immer hinter den Dolomiten aufgehört, und alles, was ich nun sah, erstaunte mich umso mehr. Die Friaulischen Dolomiten, der Ort Tolmezzo, die Julischen Alpen und der Triglav-Nationalpark, gleich hinter der slowenischen Grenze, wo die Orte Kranjska Gora, Gozd Martuljek und Mojstrana heißen – dort kam ich am späten Nachmittag an.

Am Abend las ich wieder in Hacquets *Leben und Werke* und war beeindruckt, was dieser Mann alles in den Alpen unternommen hatte. Schon 1768 *durchzog ich die Alpen von Hochkärnthen*, ist da zu lesen, im Jahr darauf *bereiste ich ganz Italien, wo ich die Befriedigung hatte, die schönen vulkanischen Erscheinungen des Vesuv und Ätna zu sehen.* 1771 durchreiste er Kärnten und die Obersteiermark. Über das Jahr 1778 schrieb er: *Ich erstieg alle Berge der julischen Alpenkette, welche quer durch Krain und Croatien geht, um meine erste Gesteinskarte anzufertigen.* In den folgenden Jahren unternahm er *Vergnügungsreisen*, wie er sich ausdrückte, nach Oberkärnten, Tirol und Salzburg, Bayern und in die Schweiz. In diese Zeit fällt auch ein Aufenthalt an der Pasterze, wie der Gletscher am Großglockner genannt wird, wo er die Besteigung des Berges anregte. 1781 bereiste er wieder Ober- und Niederkärnten, das Friaul, Tirol, die Schweiz und Bayern. Dann bestieg Hacquet den Triglav, nachdem er bei vorherigen Versuchen zweimal nur den Vorgipfel erreicht hatte: *Ich habe im Jahre 1782, als ich eine Botanische Reise in das Gebirge des Terglou (Triglav) machte, diesen Berg mit einem einschenklichten Barometer nochmals gemessen. Ich nahm mir diesmal bey Besteigung des Berges vor, wo es möglich wäre, bey Sonnen Aufgang auf dem letzten Gipfel des Berges zu seyn, um bey dieser Gelegenheit die richtige Lage des Bergs Klökner, Gnisnit ohnweit Fiume, Grindouz und Dobratsh abnehmen, und um diese Gebirge in ihrer wahren Lage gehörig aufs Papier auftragen zu können.*

Mojstrana, ein kleines Dorf zwischen dunkelgrünen Wäldern und hellgrauen Felsen, liegt am Fußes des Triglav und ist der Treffpunkt für slowenische Kletterer und Bergsteiger, die sich in der Nordwand austoben möchten. Die erhebt sich im Talschluss des Vrata-Tals, drei Kilometer breit und 1200 Meter hoch. »Wir nennen sie nur ›die Wand‹«, sagte mir ein Einheimischer in einem kleinen Restaurant. Es war ein kompakter Mann, dessen Gesicht glänzte, als hätte er es vor wenigen Sekunden mit Vaseline eingecremt. Er trug einen beigen Cordanzug und eine dunkelgrüne Brokatkrawatte. Es gebe anspruchsvolle Kletterrouten quer hindurch, Klettersteige und einen Wanderweg, der in einem weiten Bogen um die Wand herum auf den 2864 Meter hohen Gipfel führe, erläuterte er stolz und sagte dann mit Ehrfurcht: »Steve House hat hier bei uns klettern gelernt.« Ich nickte und versuchte, möglichst beeindruckt zu wirken, obwohl ich noch nie von Steve House gehört hatte. Dann ging der Mann in die Küche und kam mit einem Buch zurück, auf dessen Schutzumschlag sich die Fettspritzer der Friteuse abzeichneten. Es hieß *Jenseits des Berges*. »Hier«, sagte der kleine Mann, »Steve hat in diesem Buch auch über uns geschrieben.«

Ich war kurz davor, mich ein paar verwegenen Slowenen anzuschließen – davon gab es hier genug – und auf den Triglav zu steigen. Aber dann erinnerte ich mich daran, was Lionel über den Großglockner gesagt und dass Hacquet seinen Gipfel als *gespießt* bezeichnet hatte – und marschierte nicht ins Vrata-Tal, sondern fuhr über den Wurzenpass nach Österreich.

Der Faaker See liegt im Süden Kärntens 554 Meter über dem Meeresspiegel, der Gipfel des Großglockners im Kärntner

Norden an der Grenze zu Tirol und dem Salzburger Land auf einer Höhe von 3798 Metern über dem Meeresspiegel. Die nächsten Tage würde ich mich also 3244 Höhenmeter bergauf bewegen. In dem kleinen Ort Faak am See erzählte man mir die Anekdote, wie eine Mitarbeiterin des Tourismusbüros einen leicht irritierten amerikanischen Gast am Klagenfurter Flughafen mit den Worten begrüßt hatte: »Hello, now we are going to Faak.« Ich fuhr durchs Gailtal nach Hermagor. Hinauf. Von Hermagor zum Weißensee. Hinauf. Der See liegt auf fast 1000 Meter Höhe, die Sonne stand über dem See, und die Wälder rundherum strahlten im Licht. Der See, auf dessen winterlichen Eisfläche schon Timothy Dalton als James Bond seine Verfolger abschüttelte und den seit Jahren im Januar 6000 Holländer zur größten Eissportveranstaltung der Welt besuchen, lag still zwischen den Bergen. Ich fuhr weiter hinauf Richtung Tauerngebirge, nach Heiligenblut, der Ort, an dem die Großglockner-Hochalpenstraße beginnt und von dem aus der Berg im Jahr 1800 bestiegen wurde. Hacquet war bereits 1779 und 1781 hier gewesen, hoch zur Pasterze gestiegen und hatte sich den Berg genau angesehen. Mit seiner Erfahrung hatte er sofort erkannt, über welchen Weg man den Gipfel erreichen könne – es war der Weg der späteren Erstersteiger.

Auf diesem Weg wollte auch ich zum Gipfel, und aus diesem Grund traf ich in Heiligenblut den Toni, einen Bergführer aus Kärnten, und das Erste, was er nach der Begrüßung sagte, war: »Ich habe mal einem Taxifahrer in Wien gesagt, dass ich Bergführer in Kärnten bin. Da hat er laut gelacht und gefragt: ›Bergführer in Kärnten? Dann bin ich Tiefseetaucher im Neusiedler See!‹« (Der Neusiedler See ist an seiner tiefsten Stelle zwei Meter tief.) Toni hat langes, dünnes Haar, ist schlank, bärtig, hat eine Kappe auf dem Kopf und eine Verschmitztheit im Gesicht, die die physiognomische Entsprechung für den österreichischen Charme ist. Am nächsten Morgen wollten wir los,

um in drei Tagen auf dem Gipfel des höchsten Berges Österreichs zu stehen.

Männer mit Eigenschaften

Bergführer sind eine ganz besondere Spezies, deren Fähigkeiten und Charakterzüge, da bin ich mir sicher, auch im Flachland herausragen würden. Ich habe im Laufe meiner Reise
durch die Berge einige von ihnen gut kennengelernt, mich
mit ihnen angefreundet und sie immer bewundert für ihre
Geduld, ihre Umsicht, ihre Souveränität, ihren Humor und
ihre Begabung, Unglücke zu erkennen, bevor sie passieren.

Ich habe mal einen Bergführer kennengelernt, der nachts
um halb drei noch eine Flasche Rotwein bestellte, obwohl er
vier Stunden später mit mir auf einen Berg gehen sollte. Als er
die Flasche öffnete, sagte er: »Fürs Allalin reicht's.« Das Alla-
linhorn gilt als einer der leichteren Viertausender.

Ich habe einen Bergführer kennengelernt, der sich eine
Technik angeeignet hatte, besonders schonend durch die Berge
zu gehen, damit sich seine Kniegelenke nicht abnutzten. Bis
er dann, am Ende seiner Karriere, sein eigenes Unglück nicht
kommen sah. In einem Klettergarten stürzte er zwölf Meter
tief und brach sich 17 Knochen, darunter auch beide Knie. Er
lag im Koma, weiße Wesen wollten ihn davonschleifen. Aber
er überlebte, kam zurück und wieder auf die Beine. Nur über
seinen schonenden Gang ärgerte er sich im Rückblick.

Ich habe einen Bergführer kennengelernt, der schillernde
Bilder im Bob-Ross-Fernsehmalkurs-Stil von den Alpen anfer-
tigte und mir an einem Nachmittag in den Bergen beibrachte,
wie das geht. Später schenkte er mir eine dunkelblaue Darstel-
lung des Großglockners, die seither in meiner Wohnung hängt.
Er erzählte mir auch immer wieder mit Begeisterung von einer

Toilette in einer Hütte am Matterhorn. Deren Öffnung ging direkt in die Nordwand, und beim Spülen blies der Wind so stark nach oben, dass – nun ja, man kann es sich denken.

Ich habe einen Bergführer kennengelernt, der mit einiger Geschicklichkeit dafür sorgte, dass Geißböcke den Japanern das Sushi wegfraßen, und der über seine Kunden sagte: »Manchen Menschen muss man ja erst einmal beibringen, sich würdevoll in der Ebene zu bewegen.«

Ich habe einen Bergführer kennengelernt, der in Patagonien einen Puma mit einem Messer erlegte und dann den abgeschnittenen Kopf des Tieres durch halb Südamerika transportierte.

Und ich habe einen Bergführer kennengelernt, der mir am Fuße des Mount Everest in gebrochenem, keuchendem Deutsch erzählt hat, dass er und seine georgischen Kollegen »ohne künstlichen Zauberstoff« auf den Berg gestiegen seien. Ihn quälte ein übler Husten, den man dort *khumbu cough* nennt, und er konnte kaum sprechen. Bizina, so hieß der Georgier, sagte nicht »Sauerstoff«, sondern tatsächlich »Zauberstoff«. Es war ein wunderbares Wort, das mich, schon als ich es das erste Mal hörte, faszinierte und, das war mir sofort klar, für immer begleiten würde. Für mich steckt in diesem Wort die ganze Faszination der Berge: Gipfel und Abgrund, Magie und Schönheit, Komik und Tragik, Heldentum und Hohn, Lüge und Wahrheit – Zauberstoff.

Aber die erste niedergeschriebene Definition eines Bergführers und seiner Eigenschaften ist wiederum bei Belsazar Hacquet zu finden. Der beschrieb 1785 in seiner Abhandlung *Wie man am zweckmäßigsten ein Gebirge bereist* den idealtypischen Bergführer: *Der physische Bau des reisenden Naturforschers und Bergsteigers muß vollkommen wohl gebildet seyn, und ohne Leibesgebrechen. Von fünf bis fünfeinhalb Schuhen ist die beste Grösse, denn*

höhere Menschen taugen nicht so gut dazu, und das zwar aus folgen-
den Gründen. Ein allzugroßer Mensch hat selten stärkere Muskeln,
als ein kurz untersetzter, folglich nicht mehr Kräfte, und doch wegen
der Höhe seines Körpers mehr zu tragen, als der Letztere; ferner, je
höher ein Körper ist, desto eher komme er aus dem Gleichgewichte, und
desto häuffiger ist er in Gefahr, niederzustürzen, und je länger seine
Knochen sind, desto leichter können sie brechen. … Die Lunge muß
ohne allen Defekt seyn, und die Füsse kraftvoll und dauerhaft. …

Ein Bergsteiger muß in allen Fällen beherzt seyn, und keine Furcht
vor hohen, noch gähen Abstürzen haben. Der sogenannte Schwindel
entsteht aus Furcht, um von dieser befreit zu seyn, ehe man noch hohe
Gebürge besteigt, ist es gut, sich vorher auf hohe Türme zu begeben, …
gutes Gedächtniß und Ueberlegungskraft, ausdauernde Geduld im
Nachforschen, und Vermögen; Sprachkunde muß ihm nie fehlen,
wenigstens nicht von den Ländern, die er zu bereisen hat. … Ferner
muß ein Reisender nie beweibt seyn, denn … liebt er seine Gattin, wie
es der Stand erfordert, so verliert er bey der Trennung viel von sei-
nem Muthe.

Knapp 200 Jahre später schreibt der deutsche Bergsteiger
Reinhard Karl in seinem Buch *Erlebnis Berg: Zeit zum Atmen*
über das Bergsteigerdasein: *Die fünf Lebensessentials, mit denen*
sie den Tag knacken, sind in der Reihenfolge der Wichtigkeit: 1. Klet-
tern, 2. Sonnenbaden, 3. Essen, 4. Drogen, 5. Frauen. Das Wort
»Arbeit« kommt nicht vor.

Toni und ich gingen, wie sich das gehört, wenn man auf einen
hohen Berg will, in den frühen Morgenstunden los. Der Weg
führte erst durch den Bergwald des Leitertals und schlängelte
sich dann – mitten im Hochsommer – an Schneefeldern und
vereisten Wasserfällen entlang bis zur Salmhütte. Ein paar
Murmeltiere pfiffen und verschwanden in den Almwiesen.
An der Salmhütte begrüßte uns »die Erika«, die vor der Türe
eine Selbstgedrehte rauchte. Sie war die Köchin der Hütte und

verbrachte zusammen mit der Wirtin den Sommer hier oben, auf der ersten Hütte der Ostalpen. Schon diese Hütte ist ein Stück Alpingeschichte: Im Jahr 1799 war sie für die erste große Glockner-Expedition gebaut worden. Fürstbischof von Salm-Reifferscheidt hatte eine Expedition mit 30 Teilnehmern organisiert und finanziert. Er hatte von der Montblanc-Besteigung gehört und war sich nun sicher, dass auch der Großglockner zu bezwingen war. Aber in diesem Jahr mussten sie sich noch mit dem Kleinglockner begnügen. Bis heute kursiert das Gerücht, dass die Führer, zwei Bauern aus Heiligenblut, bereits zuvor auf dem Gipfel des Kleinglockners gestanden hatten, dies jedoch verschwiegen, da niemand der »Herren« dabei gewesen war.

Die zweite Expedition im darauffolgenden Sommer war doppelt so groß: 62 Teilnehmer tummelten sich rund um die Salmhütte, wo *Champagner, Tokaier und Malaga quoll, als keltere man sie vom nahen Gletscher*, wie im Expeditionsbericht überliefert ist. Offenbar half es, denn am 28. Juli des Jahres 1800 erreichten die Erstbesteiger den höchsten Punkt Österreichs. Während Salm-Reifferscheidt auf der Adlersruhe zurückgeblieben war, schleiften vier Führer Pfarrer Mathias Hautzendorfer auf den Gipfel. Hautzendorfer musste dazu überredet werden: *Sie liessen ihn nicht von der Stelle, da er fortgehen wollte. … Er bereitete sich wie zum Tode.* Die Expedition galt nur als gelungen, wenn *Einer von den Herren* den Gipfel erreicht hatte.

Während der Kletterei über die Hohenwartscharte erzählte mir Toni, dass Kärnten vor allem für seine Seen und das mediterrane Klima bekannt sei. Die Berge kämen noch immer ein bisschen zu kurz. Dabei – und das ist besonders kurios – steht ausgerechnet Österreichs höchster Berg zur Hälfte in Kärnten. »Ich selbst war mit neun Jahren zum ersten Mal auf dem Gipfel«, und er sei seither über 200-mal oben gewesen. »Ich zähle schon lange nicht mehr mit.« Als er das sagte, da standen wir schon oben auf Scharte und sahen hinauf zur Hütte. Die Wolken rasten über die imposanten Großglockner-Gipfel hinweg. Und darüber schimmerte der blaue Himmel. Toni sagte: »Hier habe ich einmal einen Hubschrauber in eine Gletscherspalte stürzen sehen. Die Piloten haben überlebt, aber so was beobachtet man auch nicht alle Tage.«

In der Erzherzog-Johann-Hütte saßen ein paar Italiener, ein paar Slowenen und vier Thüringer an den Tischen verteilt. Auf dem großen Ofen lagen Handschuhe, und nur an den Steigeisen, Eispickeln und Klettergurten im Vorraum konnte ich erkennen, dass ich mich hier in hochalpinem Gelände befand. Österreichs höchste bewirtete Hütte wird über eine Lastenseilbahn versorgt, und deswegen verkauft der Hüttenwirt Skiwasser, Weißbier und Rotwein sowie Knödelsuppe, Schnitzel und Spaghetti. Ich kam mit einem jungen Mann aus Zell am See ins Gespräch, und als ich ihn fragte, was man in Zell am See gesehen haben muss, da sagte er, ohne zu zögern:

»Die Wirtschaft im Zentrum.«

»Warum denn?«, fragte ich.

»Wegen des Wirts. Schau einfach mal vorbei, wenn du da bist«, sagte er. »Es lohnt sich.«

Sogar das Handy funktionierte hier oben – allerdings nur auf der Terrasse vor der Hütte, wo sich die Telefonierenden mit jenen vermischen, die nur die Aussicht genießen wollen: Der Gipfel verhüllte sich in Wolken, doch im Süden schimmerten die Dolomiten im Abendlicht, und im Norden sah man, wie die letzten Touristenbusse über die Hochalpenstraße nach unten fuhren. Jeden Sommer zählt man dort eine Million Menschen, die einen kurzen Blick auf den schrumpfenden Pasterzen-Gletscher und den Berg werfen. Toni schaute hinunter und sagte: »Ein paar fragen immer wieder, ob das wirklich der Großglockner ist. Und wenn du dann ›Ja‹ sagst, dann sagen sie ganz aufgeregt: ›Da komme ich mit meinem Auto nie drüber.‹«

Nach einer unruhigen Nacht machten wir uns um fünf Uhr mit Steigeisen an den Bergstiefeln auf den Weg. Einer der anderen Bergführer hieß Engelbert, und als seine Gruppe, bestehend aus Männern aus Thüringen, in der Adlersruhe ihre Steigeisen anlegen sollte, hatte einer von ihnen keine Ahnung davon, wie das geht. Als es losgehen sollte, kam Engelbert in den Schuhraum, sah eine Weile auf den Boden und die vergeblichen Versuche seines Kunden und sagte dann, den Kopf ganz leicht schüttelnd und mit einer Stimme, die an eine genervte Kindergärtnerin erinnerte: »Ja, Mensch, du kannst dir das ja *wirklich* nicht merken!« Und dann fädelte er ganz ruhig den Befestigungsriemen des Steigeisens ein.

Es liegt an diesen Gesten, dass mit einem Bergführer tatsächlich jeder erfahrene Wanderer auf den Gipfel des Großglockners gehen kann und auch die Glocknerscharte, diese handtuchbreite Verbindung zwischen den beiden Gipfeln, wo es links und rechts bodenlos in die Tiefe geht, überlebt. Und noch viel erstaunlicher ist: Das gilt für fast jeden Berg in den Alpen.

Toni und ich zogen über den Unteren und Oberen Bahnhof, wie das Eisfeld hinter der Hütte bezeichnet wird, ins steile »Leitl«, das sich wie eine Nadel Richtung Gipfel zieht. Wer hier ausrutscht, der landet unten im Bahnhof, ein Umstand, der dem Bahnhof seinen Namen gegeben hat. Danach begann die Kletterei hinauf zum ausgesetzten Glocknergrat auf den Gipfel des Kleinglockners.

Acht Meter lang ist die Gratscheide, die die beiden Gipfel von Klein- und Großglockner verbindet. Die Schlüsselstelle, denn danach folgen nur noch 30 Höhenmeter leichte Kletterei bis zum Gipfel. Den erreichten wir um 6:15 Uhr. Zusammen mit Toni stand ich auf meinem ersten großen Alpengipfel, direkt unter dem mächtigen eisverzierten Gipfelkreuz. Wir waren mitten in den Wolken und die Ersten an diesem Morgen. Das Gipfelkreuz knisterte wie ein Hochspannungsmast, weil es sich in den Wolken elektrisch aufgeladen hatte. »Wären keine Wolken da«, sagte der Toni, »dann würden wir da drüben den Ortler und dort«, er drehte sich nach Südosten, »den Triglav sehen.« Wenig später kam Engelbert mit den Thüringern, und bald darauf waren auch die Slowenen da. Als es voll wurde, drängte Toni zum Abstieg. So wendeten wir uns nach Süden, blickten in die ferne Ebene und stiegen dann Schritt für Schritt hinunter in die Tiefe, aus der wir gekommen waren.

Was vom Gipfel übrig blieb

Mit der Besteigung der hohen Berge der Alpen begann das Geschäft für den neuen Berufsstand Bergführer. Balmat beispielsweise wurde zum begehrtesten Führer im ganzen Tal von Chamonix, und viele andere Gämsenjäger und Kristallsucher verdienten plötzlich gutes Geld, indem sie Ausländer auf die Gipfel der Berge führten. Seit dem 19. Jahrhundert hat der Bergführer auch seinen festen Platz in der Literatur. Leslie Stephen erzählt in *Der Tummelplatz Europas* immer wieder von den einheimischen Führern. Einen von ihnen, einen gewissen Peter Michel, beschreibt Stephen wie folgt: *Er ist das Musterbild eines kurzen, dicken und breiten Gebirglers im Zustande ausgewitterten Eichenholzes, gelassenen, um nicht zu sagen, dickfelligen, Gemütes, und mit unbändiger Esslust begabt.* Kurz darauf kommt er zu dem Schluss: *Es wäre zu wünschen, dass Menschen ähnlichen Standes in England oder anderswo sich als ebenso selbständig, gebildet und zuverlässig erweisen, wie diese Schweizer Gebirgler.* Aber Haudegen waren sie schon damals. Als Stephen 1859 mit dem Bergführer Ulrich Lauener auf das Eigerjoch stieg, waren sie gemeinsam mit Bergführern aus Chamonix unterwegs, die sehr vorsichtig waren. *Die Chamonixer hielten die Lage jetzt schon für gefährlich und rieten zu völligem Schweigen, weil der Klang der Stimme ein unsicher fußendes Eisgebilde ins Schwanken bringen könne. Als ich Lauener diesen gut gemeinten Rat übersetzte, wählte er sogleich die gefährlichste der in nächster Nähe vorhandenen Zinnen, kletterte hinauf und ließ ein Gebrüll erschallen, das auch den Mönch hätte erschüttern müssen. Der Eisbruch blieb ungerührt.*

Etwas später beschrieb ein gewisser Christian Klucker, ein Schweizer Bergführer aus dem Fextal im Oberengadin, seine Sicht der Dinge. Kluckers *Erinnerungen eines Bergführers* rücken einiges zurecht, was seine *Herren* zuvor ein wenig anders dargestellt hatten. *Klucker war einer der ersten Bergführer, die zur Feder griffen und sich auflehnten. Er schrieb sich seinen Ärger, seine Verletzungen von der Seele, er wollte seine Leistungen ins rechte Licht rücken, wenn es schon seine literarisch gewandten Herren versäumten*, schrieb der Schweizer Schriftsteller Emil Zopfi in seinem Buch *Dichter am Berg.* Den Berliner Professor Paul Güssfeldt, der immerhin den Piz Bernina erstmals über den Biancograt bestiegen hatte, nannte Klucker einen *walfischartigen Touristen*, und das in einer Zeit, in der schon das Wort *Tourist* eine Beleidigung für einen Bergsteiger war. Und über den großen Edward Whymper, den Erstbesteiger des Matterhorns, der Klucker 1901 für eine Expedition in die Rocky Mountains buchte, schrieb Klucker: »*Wir waren ganz verblüfft, dass ein Mann, der so lange in den Bergen herumgestiegen, nicht einmal annähernd die vier Himmelsrichtungen ohne Instrument bestimmen konnte.*«

Ich hatte am Abend auf der Erzherzog-Johann-Hütte mit Toni und Engelbert über das Matterhorn und Whymper gesprochen. Sein Buch *Matterhorn* befand sich in der Hüttenbibliothek zwischen den Jahresbüchern des Alpenvereins, Georg Büchners *Lenz*, einem Ratgeber zu alpinen Sicherungstechniken und einem Buch namens *Helden* über David Bowie. Die beiden Bergführer legten mir das Buch über das Matterhorn ans Herz, aber nach kurzem Überlegen schränkte Toni ein: »Lass uns erst mal heil vom Berg runterkommen – dann kannst du es ja immer noch lesen.«

Auch das »Goldene Zeitalter« des Alpinismus wäre ohne die einheimischen Führer nicht denkbar gewesen. Es begann 1854, als gerade mal 39 unbestiegene Alpengipfel übrig geblieben waren. Eine Herausforderung, die vor allem die Engländer anstachelte, die sich legitimiert sahen, in imperialer Eroberungsmanier 31 dieser Gipfel zu bezwingen. Und als hätte jemand ein Drehbuch dafür geschrieben, lief der große Showdown auf den Berg der Berge und auf die erste große Tragödie im Alpinismus zu: Sieg und Niederlage am Matterhorn, die Geburt des Bergdramas, der Tod des »Goldenen Zeitalters«.

Die Bergführer hatten damals die Mechanismen ihres Geschäfts genau durchschaut und zahlten es ihren Kunden auf ihre Weise heim: Als der britische Rechtsanwalt Alfred Wills auf dem Gipfel des Wetterhorns stand und über die Gletscher, Eis- und Schneefelder auf das Berner Oberland blickte, beglückwünschten ihn seine Bergführer zur Eroberung des 3692 Meter hohen Berges – und verschwiegen dem Engländer, dass der Gipfel schon zehn Jahre zuvor erstbestiegen worden war. Dort oben hatten sie erkannt, wie das Geschäft funktioniert. Auch auf der Jungfrau, sickerte später durch, hatte man bei der Erstbesteigung ein Messer auf dem Gipfel gefunden.

Es ist höchste Zeit, einmal ein paar Worte über Sir Leslie Stephen zu verlieren, dessen Buch mir der Bibliothekar Hudowski in London an den Lesetisch gebracht hatte. Dieser britische Bergsteiger hat das »Goldene Zeitalter« neben Edward Whymper maßgeblich geprägt – und das nicht nur, weil er zwölf der 39 verbliebenen Gipfel bestiegen hatte. Er war ein Mann mit schütterem Haupthaar und einem selbst für eidgenössische Almöhis beeindruckenden Rauschebart. Stephen konnte bergsteigen und schreiben, eine Kombination, die damals genauso rar war wie heute. Er beweist, dass auch Texte über Bergtouren große Literatur sein können, deren Qualität die Zeit überdauert. 1858 wagte er sich zum ersten Mal in die Alpen. Ab 1865 war er Vorsitzender des Alpine Club, ab 1868 Schriftleiter des *Alpine Journal;* 1871 erschien *Der Tummelplatz Europas,* und allein sein Vorwort und die Widmung zeigen die Geisteshaltung, die Formulierungskunst und den Witz dieses Mannes: *Das Buch,* schrieb er, *bleibt ja vorwiegend den Mitverrückten gewidmet, deren Alpensucht sie geneigt macht, die Verirrungen eines in gleicher Leidenschaft Entflammten zu verzeihen.* Nachdem er das Schreckhorn in den Berner Alpen bestiegen hatte, beschrieb er den dramatischen Felsgrat als *recht anspruchsvoll für Männer mit schwachen Nerven.* Am Zinalrothorn im Wallis notierte er: *Der Felsenklotz, unter dem wir Zuflucht fanden, der brodelnde Gletscherbach, der aus dem Dunkel ins Dunkel hastet, die dräuenden Klippen, oben und unten in Schleier gehüllt, gewinnen an geheimnisvoller Würde.* Und in seinem Text *Sonnenuntergang auf dem Montblanc,* den seine Tochter Virginia Woolf als seine beste Arbeit bezeichnete, schreibt er über die Aussicht: *Man werfe einen Stein in stilles Wasser. Für jeden Wellenring denke man sich eine Bergkette in Purpurschleier getaucht bis hinaus ins Unendliche.* Stephen hatte den Gipfel gemeinsam mit dem Maler Gabriel Loppé bestiegen, dessen dort entstandenes Gemälde heute im Versammlungszimmer des Alpine Club in London zu bewundern ist.

James Bryce beschrieb nach einer gemeinsamen Tour in Chamonix Stephens vorzügliche Fähigkeiten – und seine einzige Schwäche: *Da wir ohne Führer gingen und Stephen während der halben Zeit führte, konnten wir seinen Stil gut beobachten. Er war*

bedachtsam und vorsichtig, untersuchte den Weg genau und schlug
gute Stufen. Obgleich auf der Ebene ein schneller Läufer, dem man
kaum folgen konnte, stieg er sehr langsam im altgewohnten »Führer-
schritt«. Ein hagerer Körper mit langen Armen und Beinen verliehen
ihm bedeutende Vorteile beim Klettern. Auf Felsen war er offenkund-
lich ebenso sicher wie auf Eis. Nur beim Abstieg schien ihn die Körper-
länge zu behindern. Auf Steilhängen, wo kurze Leute springen, stieg
er langsam abwärts. Er war unbedingt ein Meister in allen Zweigen
der Bergsteigerei. Nur seine Wettervorhersagen ließen zu wünschen
übrig. Hacquets Ansprüche hätte Stephen damit nicht erfüllt.

Auch der schweizerische Bergführer Melchior Anderegg
bescheinigte Stephen, ein guter Alpinist zu sein, was dieser selbst sympathischerweise stets abstritt und seinerseits
die Bergführer lobte. Zumindest einige von ihnen. Nach der
Besteigung des Bietschhorns im Wallis schrieb Stephen über
die einheimischen Führer: *Während der zehn oder zwölf Stunden,*
die wir beisammen waren, redeten sie unaufhörlich mit lauter Stimme
in unbekannten Zungen, aus denen gelegentlich deutsche Wörter wie
Misstöne sprangen. Ich sage es gleich hier, dass ich einen von ihnen,
nämlich Johann Zügler, als tüchtigen Bergsteiger schätzen lernte. Die
anderen ehrt man besser durch Schweigen.

Man lernt also bei der Lektüre viel über die Gebirgler und
kann sich des Eindrucks nicht erwehren, dass sich seither
nicht allzu viel geändert hat. Ich dachte mir: Vielleicht ist dieses Buch auch eine Anleitung, um den Alois aus dem Hornbachtal zu verstehen. Sie sprächen in einer *Geheimsprache*, und
man müsse die Schnapsflaschen vor ihnen verstecken. Einem
gewissen Peter Michel attestiert Stephen *unbändige Esslust* und
erzählt: *Eine geschlagene halbe Stunde lang hockte er auf gefrorenem*
Rasen unterm Felsendach vor mir, seelenruhig Brot mit Butter, Käse
und Fleisch kauend, als sei es die unter den gegebenen Umständen
einzig richtige Sache, als gäbe es unter diesem Himmel kein Schreck-
horn und keine ungeduldigen Gipfelstürmer. Erst vor vierzehn Tagen

hatte er auf halber Höhe des Eigers behäbig eine Nacht durchsessen,
während ihm eiskaltes Wasser über den Rücken tropfte. Sein deutscher
Herr trug schwere Erfrierungen davon, während der alte Michel nicht
einmal Frostbeulen kriegte.

Doch mit Klarsicht notierte Stephen auch, dass über die Trinkgewohnheiten der Bergführer *wohl kein Engländer mit gutem Gewissen die Nase rümpfen darf.*

Das schickt Stephen voran, um dann die Anekdote vom *jüngeren Michel* zu erzählen, wie er sich volltrunken auf einem steilen Pfad einem Geländer anvertraute und dann *notwendigerweise über die Kante* purzelte, *als die Führungsschiene ins Leere mündete. Die genaue Senkrechte bis zum harten Felsenbett ist mir unbekannt, doch darf ich dreißig Meter als Mindesthöhe ansetzen. Der Schritt von der Dachrinne des höchsten Londoner Hauses zum Straßenpflaster dünkt mich ungefährlicher. Michel schlief sich unten gründlich aus, hob sich in der Morgenfrühe vom Lager, schüttelte sich und wanderte nüchtern mit heilen Knochen heimwärts.*

Vielleicht war der deutsch-österreichische Alpinist Julius Meurer von Leslie Stephens Texten inspiriert, als er 1882 in seinem *Handbuch des Alpinen-Sport* schrieb:

Allen Touristen sei daher von Spirituosen, im engeren Sinne des Wortes, bei Hochtouren abgerathen. Wir besitzen im Weine ein unschätzbares Genussmittel für unsere Hochtouren und brauchen daher nach etwas Besserem gar nicht zu suchen, um so weniger, als wir beinahe überall im Gebirge einen verhältnismäßig guten, trinkbaren Wein finden werden. Während des Aufstieges trinke man überhaupt so wenig als möglich, ein wenig Durst leiden schadet nichts, zu viel trinken tuth niemals gut. Man nehme bei den kurzen Haltepunkten einen Becher, fülle ihn mit Rothwein, tauche dahinein Brot und esse dieses und trinke schließlich den Rest des Weines aus; dies genügt und stärkt und labt zur gleichen Zeit.

Bei längerer Rast trinke man entweder puren Wein oder, wenn der Durst gross ist, gewässerten oder mit geschmolzenem Schnee ver-

dünnten Wein. Ist man schon hoch hinangestiegen, steht man bereits im Drittel des Anstieges, dann entkorke man, wenn man sich stark angegriffen fühlt oder vielleicht gar Symptome der Bergkrankheit verspürt, den mitgenommenen Marsala oder Sherry, oder alten Ungarwein und nehme davon zwei bis drei Schluck; nach wenigen Minuten wird man die überraschende Wirkung, die aber nicht wie jene bei den Spirituosen dann alsbald in das Gegentheil umschlägt, verspüren.

Man kann von halbe zu halbe Stunde, wenn nöthig, wieder ein paar Schluck, aber nie mehr auf einmal nehmen. Nicht genug ist die Mitnahme einer Flasche schweren alten Weines auf einer Hochtour anzurathen, sie hat schon Manchem, der ohne dem ausgespannt hätte, zur Spitze gebracht.

Auf der Spitze angekommen, wird eine Flasche Champagner oder selbst ein guter Asti spumante ein Labetrunk sein, wie er köstlicher nicht gedacht werden kann.

Beim Abstiege alsdann braucht man nicht mehr so vorsichtig zu sein, man kann dann schon ungescheut etwas mehr trinken, ebenso wie man auch mit den Speisen nicht mehr gar so wählerisch vorzugehen braucht. Im Abstiege, wo die Wärme gewöhnlich empfindlich und der Durst dadurch brennend wird, ist eine Flasche Pale-Ale ein hoher culinarischer Genuss; beim Anstiege ist Pale-Ale nicht zu verwenden, weil es zu sehr in die Füsse geht; anderes Bier als Pale-Ale eignet sich überhaupt nicht, weil dasselbe den Magen zu sehr erkältet, was bei dem starken englischen Biere eben nicht der Fall ist.

Ist man nach einer angestrengten Tour in der Nachtstation angelangt, so wird ein Fläschchen Glühwein die ausserordentlichsten Wirkungen hervorbringen und in kürzester Zeit die physischen und geistigen Kräfte in erstaunlicher Weise frisch beleben. Ueberhaupt ist ein Glühwein, oder in Ermangelung desselben ein Glas heisser Grog ein trefflicher Schlaftrunk bei angestrengten Marschtouren.

Nach dieser Einführung in das alpine Trinken ist es jetzt Zeit für ein Kapitel über den Tourismus in den Bergen.

Kapitel vier: DER TOURIST IST IMMER DER ANDERE

Das Jahrhundert des Tourismus

Reinhold Messner, Bergsteiger aus Südtirol, sagte: »Alpinismus beginnt, wo Tourismus aufhört« – und meinte das topografisch. Thomas Cook, Touristikpionier aus Leicester, sagte: Tourismus beginne, wo Alpinismus aufhört – und meinte das zeitlich. Und Evelyn Waugh, snobistischer Schriftsteller aus London, schrieb: *The tourist is always the other fellow* (Der Tourist ist immer der andere) – und meinte das so und nicht anders. Egal wie, Alpinismus und Tourismus haben sich immer abgegrenzt, weil kein Bergsteiger für einen Touristen und mancher Tourist nicht für einen Bergsteiger gehalten werden will.

Im 18. Jahrhundert standen die Alpen im Zeichen der Erforschung und Entdeckung, im 19. Jahrhundert im Zeichen des Tourismus. Und in der Übergangsphase gingen sie sich gegenseitig auf die Nerven: Künstler und Gelehrte, Bergsteiger und Abenteurer, Touristen und – im wahrsten Sinne des Wortes – Emporkömmlinge zog es wie die Murmeltiere in die Berge, und während die einen von Felsenabgründen und Gipfelhöhen schwärmten und dann falsch gekleidet über Eisplatten spazierten, schüttelten die anderen angewidert den Kopf. Aber es half nichts. Die Berge, allen voran die Schweizer Alpen und die Hochsavoyen, waren *à la mode* und für alle da. Interlaken, Zermatt, Andermatt, St. Moritz und Chamonix waren *the places to be*, und bald zogen auch Zell am See und Kitzbühel in Österreich, Meran und Cortina d'Ampezzo in Italien, Berchtesgaden und Garmisch-Partenkirchen in Deutschland nach.

Der touristische Aufschwung der Berge lag auch an den aufkommenden Reiseführern, ein Genre, das sich im Schlepptau der Literatur über die Berge entwickelt hat. Den ersten über die Schweiz schrieb Johann Gottfried Ebel 1793. Seine *Anleitungen auf die nützlichste und genussvollste Art in der Schweitz zu reisen* war später das Vorbild für Baedekers *Reisehandbuch für die Schweiz*. Darin hieß es: *Alles Grosse, Erhabne, Ausserordentliche und Erstaunenswürdige, alles Schreckliche und Schauderhafte, alles Trotzige, Finstre und Melankolische, alles Romantische, Sanfte, Reitzende, Heitre, Ruhige, Süsserquickende und Idyllenliebliche der ganzen weitern Natur, scheint sich hier in einem kleinen Raum vereinigt zu haben.*

Wen wundert es da noch, dass die Schweiz zum Exportbegriff für viele andere touristische Regionen der Welt wurde? 1791 bezeichnete ein anonymer Reisender das Altmühltal als Anspachsische Schweiz, 1811 schrieb Nikolai den *Wegweiser durch die Sächsische Schweiz,* und 1812 tauchte der Begriff Fränkische Schweiz auf. Franz Sartori schrieb 1813 sogar einen Führer mit dem absurden Titel *Die österreichische Schweiz; oder mahlerische Schilderungen des Salzkammergutes in Österreich ob der Ens.* In der Romantik brachen alle Dämme: Jeder Landstrich, der auch nur die Andeutung eines Hügels aufwies, wurde kurzerhand als »Schweiz« bezeichnet. Die Liste reicht von der Amshausener Schweiz bei Gütersloh über die Holsteinische Schweiz an der Ostsee bis hin zu den Schweizen Brandenburgs, der Ruppiner Schweiz im Nordwesten und der Märkischen Schweiz im Osten Berlins. Der Schriftsteller Theodor Fontane regte sich in seiner *Wanderung durch die Mark Brandenburg* über diesen Unsinn auf und schrieb: *Die Schweize werden immer kleiner* und Brandenburg habe, wenn das so weitergehe, *bald ebenso viele Schweize, wie das alte, etwas missbräuchlich behan-*

delte Original Kantone umschließt. Heute gibt es die Schweiz genau 191-mal auf der Welt, und allein 67-mal befindet sie sich in Deutschland. Kantone gibt es 26.

Das machte die Schweiz natürlich noch populärer, und das Interesse am Original nahm weiter zu.

Es passte gut in die Zeit, dass der Unternehmer Thomas Cook die erste organisierte Reise in die Schweiz anbot und damit diesem neuen Tourismus den entsprechenden organisatorischen Rahmen gab. So kam der Pauschaltourismus in die Berge. Die ersten Cookreisenden wollten auf bequeme Art die Alpen sehen und buchten *Switzerland ›with cheap tickets to Mont Blanc‹.* Miss Jemima Morrell, eine Geschäftspartnerin von Thomas Cook, begleitete die Tour damals und führte glücklicherweise genau Tagebuch. In *Miss Jemima's Swiss Journal* listete sie sogar die Stationen samt Hotels auf, die sie zwischen dem 28. Juni und 10. Juli 1863 bereisten: von Genf nach Chamonix, dort ein Tag auf den Montenvers, weiter ins Rhonetal, nach Sion und Leukerbad, über die Gemmi nach Interlaken und dort, natürlich, zum Staubbachfall. Es war ein Abhaken jener Plätze, die Schriftsteller, Maler und Bergsteiger zuvor etabliert hatten. Von Interlaken aus ging es auf die Wengernalp und nach Grindelwald, dann über den Brünigpass und abschließend zum Sonnenaufgang auf die Rigi, ehe es über Neuchâtel und Paris zurück nach London ging. Miss Morrell beobachtete das alles sehr genau und hielt sich mit ihrer Meinung über diese sonderbare Reise durch diese sonderbare Gegend nicht zurück. Am Anfang schrieb sie über Chamonix: *Sogar das Echo verkauften sie uns.* Und am Ende fasste sie zufrieden zusammen: *Die Gefahren auf Alpenreisen können in zwei Klassen eingeteilt werden, die realen und die eingebildeten, und rückblickend lässt sich feststellen, das unsere zur letzteren gehörte.* Ganz nebenbei gründete sie auch noch den *Junior United Alpinclub,* sicherlich auch, um dem sechs Jahre zuvor gegründeten Männerbund *Alpine Club* weibliche Unabhängigkeit zu demonstrieren. Miss Morrells Vereinigung bestand aus vier Frauen und drei Männern, hatte aber leider keine große Zukunft. Der *Alpine Club* wurde weltbekannt – Frauen nahm er jedoch erst 1974 auf.

Achtung, Cooktourist!

Der *cooktourist* war geboren, und das Wort wurde schneller zum Schimpfwort, als man es aussprechen konnte. Vor allem bei denjenigen, die schon vor den Touristen in den Bergen unterwegs gewesen waren. Leslie Stephen zum Beispiel brachte die *Poststraße mit ihren Cookturisten* schon im darauffolgenden Sommer, als er das Zinalrothorn bestieg, zur Weißglut: *Mit weltanschaulichen Augen vertiefte ich mich ins Wesen des gemeinen Touristen, der wohl zu den übelsten Abarten des gehobenen Affen gehört. Aus zahllosen Beobachtungen ergab sich erstlich und hauptsächlich ein tief eingewurzelter Abscheu gegen Gebirgslandschaften, zweitens die völlige Unfähigkeit, ohne die* Times *zu leben, und drittens die felsenfeste Überzeugung, dass alle Ausländer einen Geheimbund bilden, der Geld unter falschen Vorspiegelungen erpresst. Warum er reist, blieb mir ein ungelöstes Rätsel.* Und mit folgender Passage könnten sich sämtliche Tourismusregionen heute noch ihre Gäste vom Leib halten: *Obgleich das Dasein dieser Tierart öffentliches Ärgernis erregt, wage ich doch nicht ihre Ausrottung zu befürworten. Es gäbe da ja allerlei Wege, wie beispielsweise das Auslegen von Gift, ein Mittel, das Siedler im Neuland oft erfolgreich anwenden. Oder man könnte sie auf gefährliche Stellen der Berge locken. Indes wäre ich schon ganz zufrieden, wenn man sich auf einige Strafniederlassungen in den minder schönen Tälern beschränkte. Zumindest sollte man weniger auserwählte Landschaften einer Rasse vorbehalten, die andern Menschen ebenso auf die Nerven fällt, wie diese ihnen. Mit diesen andern meine ich die wirklich Begeisterten oder Kletternarren.*

Sein Wille wurde erhört: Die Strafkolonien heißen heute Ischgl, Sölden, Kitzbühel – und Sankt Moritz: *Sankt Moritz wirkt wie eine der altmodischen Fliegenfallen*, schrieb Stephen schon damals, *die den Schwarm der Plagegeister kaum merklich vermindern, jedoch immerhin das tröstliche Bild örtlicher Anreicherung gewähren. Und sucht man nach einem Sammelbecken für das uns allseits umfließende Cockneytum, so scheint mir gerade Sankt Moritz diesen Zweck wunderbarlich zu erfüllen. … Die öde Ebene mit den eintönigen Tannenwäldern an gleichförmigen Halden gehört zu den weniger geglückten Versuchen der Gebirgsnatur, das Malerische zu schaffen. Sogar die Hochgipfel rundum zeigen einen Mangel kühner und abwechslungsreicher Gestaltung. Dieser Talabschnitt eignet sich somit prachtvoll zu einer Verbannungsinsel für Könige, Cockneys, Vornehme mit Reisemarschällen, Amerikaner, die Europa erledigen, Cookausflügler, Geschäftsreisende und vor allem auch die besondere Abart des englischen Geistlichen mit schimmernder Halsbinde, der uns in den entlegensten Dorfwirtshäusern zum Kirchendienst pressen möchte. Hier könnten sie sich dann alle miteinander gegenseitig unterhalten und ärgern.* Der Schweizer Liedermacher Endo Anaconda, auch bekannt als Stiller Has, hat ihn über 100 Jahre später mit der Songzeile *O Herr, schütt Kerosin ins Engadin* auf seine Weise bestätigt.

Der Tourismus veränderte das Geschehen in den Bergen, und die Alpenreise nahm immer exzentrischere Züge an: Um beispielsweise das Naturschauspiel *Alpenroth* angemessen empfinden zu können gab Johann Gottfried Ebel in seinem Reisehandbuch eine Gebrauchsanweisung. Über das *Glühen der Alpen* ist zu lesen: *Wenn es heller Himmel ist, und ein reiner Niedergang der Sonne sich hoffen lässt, so verlasse der Reisende Zimmer und Stadt, und suche einen günstigen Punkt zur Ansicht der Alpen. Nicht oft geschieht es, dass sich alle Umstände in der Atmosphäre vereinigen, um diese prachtvolle Erscheinung hervorzubringen; man versäume also keinen günstigen Abend, um dieses außerordentliche Schauspiel bewundern zu können.* Dem setzte Leslie Stephen 1873 in seinem Text *Sonnenuntergang auf dem Mont Blanc* den Fluch entgegen: *Der Sonnenuntergang scheint nach dem Baedeker zu riechen.*

Um das Gefühl des Erhabenen wieder zu steigern, blickten viele Alpenbesucher bald durch einen Rahmen auf die Berge, so dass sich die Landschaft wie ein Gemälde oder wie durch ein Fenster präsentierte. Das sogenannte Claude-Glas, nach dem Maler Claude Lorrain benannt, bestand aus einem geschwärzten Konvexspiegel, der die Kontraste reduzierte und die Landschaft als tonig abgestuftes Bild auf einer gerahmten Scheibe erscheinen ließ. Eine Art Vorläufer von Sepiafiltern und Hipstamatic. Nur mit dem grotesken Unterschied, dass die Benutzer dieses Spiegels mit dem Rücken zur Landschaft standen. Man muss sie sich vorstellen, wie sie sich scharenweise auf die Kleine Scheidegg drängten, die Eigernordwand und die Jungfrau im Rücken, wie sie also Richtung Flachland schauten, dabei aber diesen kleinen Spiegel fokussierten, den sie in die Luft hielten. Es ist eine sehr merkwürdige Vorstellung, und doch ist sie nicht so weit entfernt von jenen Menschen, die mit mir aus der Jungfraubahn gestiegen waren und dann die Welt ausschließlich durch den Sucher ihrer Digitalkamera wahrgenommen hatten.

Ein großer Touristenverweigerer war der Brite Albert Frederick Mummery. Mehr noch, er wandte sich auch erstmals gegen die Bergführer und ihre touristischen Kunden: *Über endlose Geröllhänge einem Führer nachtrotten, der »im Bett liegend jeden Schritt, jeden Griff und Tritt voraussagen kann«, soll denen überlassen bleiben, die in eleganten Kleidern, geölt und geschminkt mit gestärkter Hemdbrust und Lackstiefeln mit der Eisenbahn von Zermatt heraufkommen!,* schrieb er in *Meine Bergfahrten.* Mummery teilte die Welt in *wahre Alpinisten* und *Pseudo-Alpinisten* und

145

war der erste Verfechter des führerlosen Bergsteigens, was er sich erlauben konnte, weil er einer der besten Kletterer seiner Zeit war. Außerdem ging es ihm nicht mehr nur darum, auf den Gipfel zu kommen, sondern *mit allen Schweren des Bergs zu kämpfen und fertig zu werden.* Mummery prägte den Begriff *by fair means.* Als er 1880 vergeblich versuchte, auf den Gipfel des Dent du Géant am Montblanc zu steigen, notierte er: *Absolutely inaccessible by fair means.* Ohne zu wissen, dass dieser Ausspruch noch heute in der Bergsteigerszene benutzt wird, wenn ein Berg »mit fairen Mitteln« bezwungen wird. Man könnte auch sagen, dass Mummery, der 1895 am Nanga Parbat viel zu jung starb, der erste moderne Alpinist war.

Mit der Ruhe in den Bergen jedenfalls war es endgültig vorbei. Bergdörfer, die noch wenige Jahre zuvor kein Mensch gekannt hatte, platzten während der Sommersaison aus allen Nähten, und auf den Aussichtsgipfeln ging es zu wie auf den Panoramaterrassen der Grandhotels. Mark Twain schrieb 1880: *Welch eine Veränderung ist im Laufe dieses Jahrhunderts über die Schweiz, und tatsächlich ganz Europa, gekommen! Vor siebzig oder achtzig Jahren war Napoleon der einzige Mensch in Europa, den man wirklich einen Reisenden nennen konnte; er war der einzige Mensch, der dem Reisen Aufmerksamkeit widmete und starkes Interesse daran nahm, aber jetzt fährt jedermann überallhin; und die Schweiz und viele andere Gegenden, die vor hundert Jahren unbesuchte, unbekannte Fernen darstellten, sind in unseren Tagen allsommerlich ein summender Bienenstock von rastlosen Fremden.*

Die Ruhe des Winters schien für kurze Zeit eine Ausflucht zu ermöglichen. *Im Sommer wird man indes vielfach abgelenkt,* schrieb Leslie Stephen in *Die Alpen im Winter. Die Maschine des Eß-, Trink- und Beförderungsgewerbes arbeitet schwerfällig und geräuschvoll. Daher kam es mir häufig in den Sinn, daß die Stimme noch deutlicher und nachhaltiger im Winter hörbar sein müßte, wenn die Gegend zum Traumland erstarrt. … Der Puls der Berge schlägt*

146

ruhiger. Sätze von gedämpfter Schönheit, die leider schon bald wieder ihre Gültigkeit verloren.

Wetten, dass …?

Wintertourismus in den Bergen, also jene Branche, die heute zwischen November und März Millionen umsetzt, begann im Jahr 1864. Das lässt sich genau datieren, weil sich damals ein Hotelier in St. Moritz auf eine Wette einließ. Der Sommertourismus im Engadin lief gut, doch Johannes Badrutt war sich sicher, dass auch der Winter im Engadin touristisches Potenzial habe. Im Herbst 1864 wettete er gegen seine Kurgäste: Er versprach ihnen, dass sie auch im Winter, wenn sie denn kämen, hemdsärmelig auf der Terrasse seines Hotels in der Sonne sitzen könnten. Wenn er, Badrutt, nicht recht behalten sollte, dann würde er ihnen den Aufenthalt spendieren. Wer einmal einen der feuchtkalten englischen Winter erlebt hat, der kann sich gut vorstellen, dass die Engländer dagegen wetteten. Und so kamen die ersten Wintertouristen mit Pferdeschlitten über den Julierpass nach St. Moritz, staunten über die weiße Landschaft und darüber, dass tatsächlich oft die Sonne schien. Die Engländer reisten erst im Frühling wieder aus dem Grand Hôtel des Bains ab.

Schon im Winter darauf war ihnen das passive Dasein zu langweilig, und so begann der steile Aufstieg der Wintersportarten: Skifahren, Eislaufen, Curling und Schlittenfahren wurden populär. Aber im weiteren Verlauf – und das zaubert einigen Menschen bis heute ein Lächeln ins Gesicht – waren es nicht die Schweizer, sondern die Österreicher, die Skifahren zur Sportart perfektionierten. Erst war es der Niederösterreicher Mathias Zdarsky, der mit der ersten Bergabfahrt der Skigeschichte von sich reden machte. Er interessierte sich für die

Skitechniken aus Skandinavien, die unter anderem Fridtjof Nansen genutzt hatte, um Grönland zu durchqueren. Aber Zdarsky war schlau genug, um zu erkennen, dass die sogenannte Rohrbügelbindung für die Alpen nicht zu gebrauchen war. Sie gab zu wenig Halt im steilen Gelände. Und so erfand er 1890 eine stabilere Bindung und nannte sie: Lilienfelder Stahlsohlenbindung – die Grundlage einer modernen Skibindung. 1897 veröffentlichte er die *Lilienfelder Skilauf-Technik*, ein Buch, in dem er genau erklärte, wie man mit dieser Bindung auf zwei Brettern heil den Berg hinunterkommt.

Ich erinnerte mich an das, was Gerrit mir auf dem Sofa im Grandhotel in Interlaken erzählt hatte: die Geschichte von jenem Pfarrer in Warth am Arlberg, der zur gleichen Zeit seine ersten Versuche auf Skiern gewagt hatte. Gerrit hatte mir dessen Aufzeichnungen ein paar Wochen später zugeschickt. Johann Müller, so hieß der Pfarrer, hatte damals in einer Zeitschrift ein Bild von einem Paar Ski aus Schweden entdeckt. *Ich dachte mir sofort, das wäre auch für den Tannberg etwas Praktisches, wo alle Jahre wegen Schneemenge und Lawinengefahr nicht nur tage-, sondern wochenlang kein Mensch die Gemeinde verlassen und keiner in die Gemeinde kommen kann.* Der Pfarrer bestellte sich ein Paar Ski, und als es nach zwei Wochen per Post kam, notierte er: *Damals hatte ja noch kein Mensch auf Tannbergs Höhen und nur wenige im ganzen Ländle vom Schi gehört, oder gar einen solchen gesehen. … Also, wie nun, wie lernen? Ich wartete bis am Abend, um nicht gesehen und ausgelacht zu werden. Nun schnallte ich die »Schwedischen« an meine Schuhe, nahm den langen Stock und versuchte, im großen Neuschnee des Pfarrwidums mein Glück. Doch – da lag ich auch schon mit den Schiern querauf und mit dem Kopf im Schnee, und so immer wieder bis gegen Mitternacht. Müde gab ich auf mit der Überzeugung – noch kannst Du es nicht!* Das war 1894.
Johann Müller stand also früher auf Skiern als die Pioniere

in St. Anton am Arlberg nur ein Tal weiter, ein Ort, der sich schon lange als »Wiege des alpinen Skilaufs« vermarktet und sich dabei auf den »Skiclub Arlberg« bezieht, der 1901 gegründet wurde. Und auf Hannes Schneider aus Stuben – wieder ein Österreicher –, der 1903 das erste Mal auf Ski stieg, inspiriert von einem norwegischen Ingenieur, der wegen des Arlbergtunnels in der Gegend war und wiederum 1897 dort erstmals Ski fuhr. Von alldem unbeeindruckt brachte Pfarrer Müller sich die Technik selbst bei und fuhr im Winter 1895 zum Pfarrer nach Lech. *Ich kam, abgesehen von ein paar Stürzen, nach eineinhalb Stunden gut hinüber, zu einer Zeit, als mein Nachbarkollege, der Pfarrer von Lech, kaum aus den Federn gekrochen war.*

Ich wollte mehr über diesen furchtlosen Pfarrer erfahren, und seine Mitschriften führten mich in diesem Winter nach Warth: Ich fuhr also wieder hinein in die Berge, über München erst auf der Autobahn, dann auf der Landstraße nach Füssen, vorbei am märchenhaften Schloss Neuschwanstein und dann auf einer Straße, die zwischen hohen Schneewänden versank. Ich war froh, dass ich keine Schneeketten brauchte, da eine davon noch immer irgendwo an der Furka lag. Kurz vor dem Hochtannbergpass parkte ich das Auto und stapfte durch den tief verschneiten Ort, an der Kirche vorbei, dorthin, wo einst auch Pfarrer Müller wirkte: zum Pfarramt. Neben einer Klingel entdeckte ich eine kreisrunde, augenartige Kamera, in die ich hineinsprechen musste: »Ich würde gerne den Herrn Pfarrer treffen«, sagte ich vorsichtig in die Kamera, und eine Frauenstimme antwortete: »Ja, ja! Da sind Sie schon richtig. Kommen Sie nur rauf!« Es klang, als müsste ich nun die Sünden der ganzen Welt beichten.

Der Pfarrer, ein älterer Mann, saß an einem kleinen Esstisch in einem dunklen Raum und hatte sichtlich Freude daran, etwas über seinen skifahrenden Vorgänger Müller zu erzählen: »Die Barbara Pfefferkorn hat bei ihm noch das Ski-

fahren gelernt – und die habe ich wiederum noch gekannt.«
Sie sei 1895 ein junges Mädchen aus Warth gewesen und habe
ihm in den 1950er Jahren von ihrem »Skilehrer« berichtet. Sie
hätte am Morgen die Skispuren im Schnee gesehen, herausgefunden, dass sie vom Pfarrer stammten, und wollte dann
unbedingt selber Ski fahren lernen. Am Ende, so hätte sie
ihm mehrmals erzählt, habe sie besser und schneller fahren
können als der Pfarrer. »Ein Kollege aus dem Kirchenarchiv
in Feldkirch hat mir mehr Informationen zu Johann Müller
geschickt«, sagte der Pfarrer und holte einen Ordner aus dem
Nebenraum. »Die Erinnerungen des Pfarrers sind im März
1948, zwei Jahre vor dessen Tod, erstmals im *Vorarlberger Volks-*
blatt abgedruckt worden. 1989 und 1994 tauchten Teile davon
noch einmal in Jahrbüchern auf«, ergänzte der Pfarrer noch
zum Abschied. Es war das gleiche Dokument, das mir Gerrit
geschickt hatte, aber irgendwie schien es, als hätte die Bedeutung des Textes es nie über den nächsten Berg geschafft.

Am nächsten Tag stand ich morgens um neun Uhr am Kassenhäuschen der Bergbahn und löste ein Tagesticket. Ich wollte
die Skitour von Warth nach Lech unternehmen, so wie es Pfarrer Müller auf seinen Holzlatten gemacht hatte. Der Himmel
glitzerte, die Wettervorhersage war gut und die Lawinen-
warnstufe niedrig. Ein Skilehrer, der neben mir seine Gruppe
begrüßte, sagte laut: »Servus, ich bin der Hans. Und dass ihr
eines gleich wisst: Oberhalb von 1000 Metern sagen wir du!«
Wer glaubt, ein Skilehrer sei die winterliche Entsprechung
zum Bergführer, der irrt. Ein Skilehrer ist so eine Art verlot-
terter kleiner Bruder des Bergführers. Wenn ein Bergführer die
gebundene Hardcoverausgabe ist, dann ist der Skilehrer das
gebrauchte Taschenbuch. Ich habe einen Skilehrer kennengelernt, der sich darüber aufregte, Schneesportlehrer genannt
zu werden, weil das seinem Ruf schaden könnte – und dann

den »Willi« aus dem Skistock heraus trank. Ich habe einen Skilehrer kennengelernt, der es geschafft hat, seine Schülerin innerhalb von zehn Minuten mit den Namen Gabi, Susi, Moni, Heidi und Rosi anzureden – und keiner der Namen war der richtige. Ich habe einen Skilehrer kennen gelernt, der aus Prinzip immer mit freiem Oberkörper ins Tal fuhr, und einen, der mit einem alten Rennski in den Tiefschnee fuhr, weil ihm das Fahren mit dem neuen Material zu leicht war. Und ich habe einen Skilehrer kennengelernt, der einen Japaner in eine Gletscherspalte hat fallen sehen und beobachtete, wie er »ohne fremde Hilfe« nach fünf Minuten wieder herauskletterte. Es waren alles großartige Typen, aber die charismatische Ernsthaftigkeit eines Bergführers habe ich bei keinem erlebt. Der Skilehrer, der neben mir stand, sagte: »Woran merkt ein Skilehrer, dass die Saison vorbei ist? Wenn er seinen Hosenladen wieder selber zumachen muss.« Dann lachte er über seinen eigenen Witz, und es klang, als würde ein Motor kaputtgehen.

Die Tour ist heute weniger mühsam als damals, weil die Berge mit Skiliften überzogen sind. Wer aber an der Bergstation unterhalb des Warther Horns die Skier schultert und durch den Einschnitt am Karhorn aus dem Skigebiet heraussteigt, oben am Sattel die Skier wieder anschnallt, der kann auf der anderen Seite über sanft geschwungene Bergrücken an einer alten Walsersiedlung vorbei hinunter nach Lech gleiten. Zwei Stunden lang sah ich keinen einzigen Menschen und konzentrierte mich auf die Geräusche. Erst wie die Skistiefel durch die überfrorene Schneedecke krachten. Dann wie ich oben die Tiefschneeski auf den harten Schnee warf und sie mit diesem spannungsgeladenen Ton nachfederten. Dann wie ich mit dem Stiefel in die Bindung klickte und sie zuschnappte. Und schließlich wie die Ski, zischend durch den knietiefen Schnee bergab glitten.

Ich fahre seit vielen Jahren Ski und immer dann, wenn ich

fest daran glaube, dass die beiden Bretter nicht mehr länger, kürzer, schmaler oder breiter werden können, werde ich kurz darauf eines Besseren belehrt. 1990 zum Beispiel, da veränderte ein neongelber, mikadostäbchenartiger Zwei-Meter-Ski die Art, wie ich mich die Hänge hinunterbewegte, grundlegend. Und ich dachte mir: Das war's – für den Rest meines Lebens werde ich nie wieder anders Ski fahren. Dasselbe dachte ich mir 1994, 1999, 2002, und dasselbe dachte ich mir auch in Warth wieder, als ich mich einmal mehr darauf einstellte, dass nichts mehr käme. Der Tiefschneeeski sah aus wie ein Wasserski: 189 Zentimeter lang, doppelt so breit wie ein Slalomcarver und an den Enden aufgebogen wie eine zwei Wochen alte Mortadella. Auf den Spuren von Pfarrer Müller schwebte, nein, surfte, nein, flog ich damit durch den Neuschnee am Arlberg und war mir diesmal sicher: Für den Rest meines Lebens werde ich nie wieder anders Ski fahren. ... *die Knöchel aneinandergedrückt, liefen wir ganz tiefgeduckt, überließen uns der Geschwindigkeit und glitten endlos, endlos im stillen Zischen des körnigen Pulverschnees. Es war schöner als jedes Fliegen oder sonst irgend etwas.*

Diese Zeilen schrieb Ernest Hemingway, nachdem er 1925 und 1926 den Winter skifahrend im Montafon, also gar nicht weit weg von hier, verbracht hatte.

»Skiing is the best fun you can have with clothes on«, hat mir mal ein nordamerikanischer Skilehrer gesagt (»Skifahren ist der größte Spaß, den du angezogen haben kannst«), vermutlich ohne die Zeilen eines anderen Literaturnobelpreisträgers zu kennen. Hermann Hesse schrieb in der *Kunst des Müßiggangs*: *Wenn man auf Skiern über eine Berglandschaft hinunterfährt, dann spürt man die Wellen, Täler, Erhebungen und Falten der Erde durch die Skier und die Knie hindurch genauso zart und schön, wie wenn ein Liebender mit streichelnder Hand über die Glieder seiner Freundin läuft.*

Nach zweieinhalb Stunden in der Ruhe der Berge, die zu Pfarrer Müllers Zeiten ganz selbstverständlich war, reihte ich mich in Lech wieder in die skifahrenden Massen ein – und der Zauber war vorbei. Von nun an musste ich am Lift anstehen, sinnlose Gespräche mit anhören, mich auf den Pisten in Acht nehmen und war froh, als ich am Nachmittag wieder in Warth ankam. Als Pfarrer Müller wegzog, notierte er noch: *Beim Abschied von Warth im Sommer 1896 habe ich die »Schwedischen« meinem Nachfolger Peter Paul Matt hinterlassen.* Und dann endet sein Bericht, über ein halbes Jahrhundert bevor in den Alpen der Massenwintersporttourismus begann, mit dem ahnungslosen Satz: *Über das weitere Schicksal meiner Bretter ist mir nichts bekannt.*

Ich verließ den Ort noch am gleichen Tag und fuhr durch das Lechtal hinaus in die Ebene. Ich folgte dem Flusslauf, und die Landschaft wirkte noch wilder und abweisender als im Sommer. Auf den schmalen Ortsdurchfahrtsstraßen staute sich immer wieder der Verkehr, weil die großen Reisebusse zu wenig Platz hatten. Ich überlegte bis kurz vor dem Abzweig ins Hornbachtal, ob ich hinauf zur Maria fahren und sie nach dem Alois fragen sollte. Noch bevor ich mir eine Antwort auf diese Frage geben konnte, kam das Schild, und ich bog wie von einer Fernsteuerung kontrolliert links ab Richtung Hornbachtal. Ich kam genau zwei Kilometer weit, dann war die Straße gesperrt. Eine Lawine hatte sie verschüttet, und der Weg nach Hinterhornbach würde erst morgen wieder befahrbar sein. Es waren drei Jahre vergangen, seit ich den Alois kennengelernt hatte. Aber es schien so, als sollte ich ihn noch nicht so schnell wiedersehen.

Die Alpenländer

Ich fuhr erst Ende April wieder zurück Richtung Berge und verbrachte zwei Wochen am Alpenrand, in meiner Heimatstadt Augsburg. Ich konnte von hier aus die Zugspitze sehen, und mit jedem schönen Tag, an dem sich dieses Massiv am Horizont abzeichnete, wurde mein Wunsch größer, auch diesen Berg einmal zu besteigen, nicht mit der Bahn hinaufzufahren, sondern aus eigener Kraft von ganz unten bis ganz oben. Ich war schon viele Male dort oben, im Skigebiet auf dem Zugspitzplatt, und sowohl der Gipfel als auch der Jubiläumsgrat, der sich bis hinüber zur Alpspitze zieht, faszinierte mich. »Eigentlich müsste man sich auch das mal ansehen« – Gerrits Worte kamen mir wieder in den Sinn.

Ich wartete auf den Sommer, auf die Schneeschmelze, auf eine eisfreie Ostwand und hatte genug Zeit, um über die verschiedenen Mentalitäten in den Alpen nachzudenken. Sechs große Staaten teilen sich diese Berge (und mit Liechtenstein und Monaco noch zwei kleine), und jeder hat eine ganz andere Art, mit der im Grunde gleichen Landschaft umzugehen.

Bei Slowenien zum Beispiel, dem Land mit dem flächenmäßig kleinsten Anteil der Alpen (6800 Quadratkilometer), war mir lange überhaupt nicht klar, dass es ein Alpenland ist. Dabei ist Slowenien das einzige Land, das einen Berg in der Landesflagge hat. Die Gipfelzacken des Triglav symbolisieren Weiß auf Blau den ganzen alpinen Stolz der Nation. Dabei ist der Triglav gerade mal 2864 Meter hoch, und Slowenien hat somit keinen Dreitausender – ein Schicksal, das sich die Slowenen mit Deutschland teilen. Jeder Slowene sollte mindestens einmal im Leben dort oben stehen, und dieser Vorsatz brachte natürlich auch eine ambitionierte Alpinistenszene hervor, die, das sollte man dazu sagen, mehr auf ihr Talent hofft als auf solide Bergführerausbildung und Sicherungstechnik. Ich habe am Großglockner zwei Slowenen kennengelernt, die sich noch in der Nacht vor dem Gipfelgang bei einem Bergführer ein Seil ausgeliehen haben und ihn fragten, wie man damit sichere. Zu sagen, Slowenen seien Hasardeure, wäre aber ungerecht und würde sich zu sehr an osteuropäischen Klischees ausrichten. Denn die beiden Kletterer waren am Großglockner so sicher unterwegs, dass sie das Seil gar nicht brauchten. Ich hatte das Buch des Amerikaners Steve House, das mir der Restaurant-besitzer am Fuße des Triglav geschenkt hatte, mittlerweile gelesen. House war als 18-jähriger Bursche, bevor er zu einem der besten Bergsteiger der Welt wurde, nach Slowenien gegan-gen, und in der Nähe von Maribor hat ihn der Einheimische Ljubos an eine Felswand im Wald von Pohorje mitgenommen. House, der zudem ein ausgezeichneter Autor ist, schrieb spä-ter: *Nachdem er mir erlaubt hat, schnell hochzuklettern, damit ich zeigen kann, was ich beherrsche, lässt er mich wieder ab. »Štef, noch mal. Und jetzt langsamer und sicherer.« Ich habe eine neue Schule gefunden: eine Schule, deren Sprache ich sehr gut verstehe. Die Schule des slowenischen Alpinismus.*

Deutschlands Anteil an den Alpen ist zwar doppelt so groß wie der Sloweniens (11 100 Quadratkilometer), aber das ist immer noch nur ein Fünftel dessen, was Österreich hat. Apro-pos Österreich: »Die gleiche Sprache ist es, die den Österrei-cher von den Deutschen unterscheidet«, hat Karl Kraus einmal gesagt, und so könnte man auch sagen: Die gleichen Berge sind es, die den Österreicher von den Deutschen unterscheiden. Die Zugspitze, den einzigen Beinahe-Dreitausender, teilen die Deutschen sich mit den Österreichern, und daher fährt sowohl von Garmisch als auch von Ehrwald aus eine Gondel auf den Gipfel. Ich war in jenem Winter auch einmal von dort aus nach oben gefahren, hatte das Münchner Haus von Österreich aus durch einen Gang erreicht, und ehe ich »Baba« sagen konnte, war ich schon im »höchsten Biergarten Deutschlands«. Und trotz derlei Abgrenzungen muss man sagen, dass der deutsche Umgang mit den Alpen auf das gesamte Land gesehen dann doch ziemlich österreichisch ist. Das soll heißen: Für einen Norddeutschen dürfte es schwer sein, einen Oberbayern von einem Tiroler oder Salzburger zu unterscheiden. Und wenn man aus Bayern kommt, ist man den Österreichern ja nicht nur geografisch näher als jenen Regionen, in denen ordentliches Deutsch gesprochen wird. Fredl Fesl, ein bayerischer Liedermacher, hat den deutschen Zugang zu den Alpen in der entsprechenden Mundart in *Und ewig dauert der Berg* verewigt:

Weiter geht's, jetz kriag i Kreuzweh, so vom Kraxeln, kurz vor'm Gipfekreiz. Grad a paar Meter noch, glei is das Ziel erreicht, und i muaß ehrlich sag'n, mi g'freit's!

Rundrum nix wia lauter rauhe Felsriesen, rote Rucksäck' renna drauf herum. I drah' mi links rum, i drah mi rechts rum, i draam vom Tal drunt, dann drah' i um!

Und dann setzt er an zum Refrain:
Ausgerüstet war ma sehr enorm: a rot-weiß karierte Uniform, Gipfekreizpantoffen, Steilwandhuat. Ja, ausgerüstet war ma guat! Teebeitelpackerl-Tempotaschentücher-Sonnenschutz-Fünfschachtelschubandelresterl-Milkyway-und-Nuts-und-Treets-und-Bounty-Mars, ja, i glaub, des war's!

Diese Art Humor sucht man in der Schweiz vergebens. Überhaupt ist dort vieles anders – und höher: Während wir Deutschen uns einen Beinahe-Dreitausender mit Österreich teilen müssen, hat die Schweiz 48 Viertausender. Und als wollten sie den Österreichern gar nichts gönnen, steht sogar der höchste Berg der Ostalpen, der Piz Bernina, in der Schweiz. Dabei ist der Alpenanteil der Schweizer gar nicht mal so groß (24 850 Quadratkilometer) – er liegt nur sehr zentral.

Und so ähnlich wie ihr Umgang mit den Bergen ist auch die Mentalität der Schweizer. Sie ist geprägt von Perfektionismus, und ihre Geschichte besteht aus Abschottung und Transit. Ihre Bewohner sind korrekt bis pedantisch, neutral bis langweilig, distanziert bis isoliert – »speziell«, wie die deutschsprachigen Bewohner gerne sagen. Denn in der Schweiz ist Deutsch ja nur eine von vier Möglichkeiten und Schriftdeutsch eigentlich die fünfte. So viele, dass die Schweiz sich einen lateinischen Namen gab: Confoederatio Helvetica ist noch heute auf dem Autokennzeichen CH verewigt. Der Schweizer Schriftsteller Christian Kracht beschrieb das Wesen seiner Landsleute einmal als bescheiden, störrisch und unbeweglich, unbestechlich, geradlinig und gerecht.

Die Herzlichkeit, wie man sie aus Österreich kennt, bleibt da gerne mal auf der Strecke. Vor vielen Jahren habe ich mich mit einem Schweizer über die Charaktereigenschaften von Hunden und Katzen unterhalten. Ich sagte: »Mir ist ein devoter Hund lieber als eine eigensinnige Katze.« Der Schweizer sagte: »Ja, aber der Hund ist doch der Opportunist.« Erst Jahre später wurde mir klar, dass er damit das Verhältnis zwischen Österreich und der Schweiz beschrieben hatte.

Den höchsten Berg und den drittgrößten Anteil der Alpen (40 800 Quadratkilometer) haben die Franzosen. Aber sie haben nicht nur den Montblanc, sondern noch 25 weitere Viertausender. Ihr Umgang damit ist aber eher südländisch. Auf dem »grand balcon«, dem Höhenweg oberhalb von Chamonix, habe ich einmal eine junge Französin beobachtet, die den Blick nicht mehr von den Gletschern des Montblanc wenden konnte und immer wieder »Ah, comme c'est beau, la haute!« sagte und dabei den Abzweig zum Cornu-See verpasste. Sie sind ein bisschen wie die Italiener und stellen auf der Piste das Skifahren um zwei Uhr ein, um dann auf der Hütte eine oder auch zwei Flaschen Wein zu trinken. Und doch darf man sich von der Gemütlichkeit nicht blenden lassen. Die Franzosen haben einige der besten Bergsteiger, sie haben Chamonix, die Hauptstadt des Alpinismus, und sie haben die größten Skigebiete der Welt. Der Amerikaner Mark Twight schrieb in *Steig oder stirb*: 1987 war *der Standard im Wasserfallklettern in Frankreich erbärmlich, verglichen mit Nordamerika. ... Die Franzosen benötigten vier Jahre, um aufzuholen. 1996 waren in Frankreich mehr Grad-VII-Wasserfälle erstiegen worden als im Rest der Welt zusammen.* Encore des questions?

Und die Italiener? *Es ist fast unmöglich,* hat Leslie Stephen geschrieben, als er in den italienischen Alpen unterwegs war, *der Gegensätzlichkeit von Engländern und Italienern gerecht zu werden. Der Brite gerät unversehens zwischen diese Badegäste und betrachtet sie mit staunender Verachtung. Vermutlich ist er Mitglied des Alpine Club. Saussure und Balmat sind seine Schutzheiligen. Seine Lust ist es, den ganzen Tag über Schnee und Fels zu wandern und mit dem Tode zu spielen, soweit das Gewissen es zuläßt. Dann genießt er ein homerisches Mahl, raucht die Abendpfeife und zieht sich zu kurzem Schlafe zurück, aus dem er sich zu neuen Unternehmungen wecken läßt.* Der Italiener jedoch *verbringt den Tag mit planvoll ausgeklügeltem Nichtstun. Er geht eine halbe Meile bis dorthin, wo das Gelände ansteigt, legt sich nieder und läßt sich von der Sonne bescheinen. Seine gewaltsamste Kraftleistung besteht in einem kurzen Kegelspiel nach dem Essen. Den Abend verbringt er bei Tanz und Musik oder harmlosem Glücksspiel.*

Der einzige Unterschied ist heute, könnte man nun sagen, dass die Italiener nicht *gehen,* sondern mit dem Fiat in die Berge fahren, auf irgendeine Alm, bepackt bis unters Dach, mit Kindern, Essen und Rotwein, um dort liegend den Tag in den Bergen zu verbringen und dann, eine Trunkenheitsfahrt in Kauf nehmend, wieder ins Tal abzufahren. Aber natürlich griffe auch dieses Bild viel zu kurz. Italien hat den zweitgrößten Anteil (52 000 Quadratkilometer) und den zweithöchsten Berg der Alpen, den Monte Rosa. Italien hat Teile des Matterhorns, das dort Cervino heißt, 34 weitere Viertausender und die Berge Südtirols, in deren deutsch-österreichischem Einfluss Knödel wichtiger als Spaghetti sind. Und wenn sich die Italiener einmal einen Berg vornehmen, dann tun sie das mit einem Fanatismus, der dem Scheitern kaum eine Chance lässt. Das haben Männer namens Walter Bonatti, Cesare Maestri und Reinhold Messner nicht nur in den Alpen, sondern auch im Himalaya und in Patagonien unter Beweis gestellt.

Österreich hat zwar keinen Viertausender – dem Großglockner fehlen dazu genau 202 Meter –, aber dafür den größten Flächenanteil der Alpen (54 600 Quadratkilometer). Und ganz im Gegensatz zu den Eidgenossen blicken die Österreicher auf eine höfische k.u.k. Tradition zurück, die das servile Denken, also das touristische Dienstleistungsdenken, jahrhundertelang kultiviert hat. Sie sind vom Katholizismus mit seinem Sündenstolz geprägt und haben ihren Charme zum Weltkulturerbe erhoben. Sie sind jovial bis ranschmeißerisch, gut gelaunt bis schmierig, und dabei ist der gewisse Schmäh und die Einladung zu einem Schnapserl immer in Reichweite.

Wenn also die Schweiz die eigensinnige Katze ist, dann ist der österreichische Ausspruch »Mia san scho Hund« nur schlüssig, und es kann sich wiederum nur um ein Missverständnis handeln, dass Hubert von Goiserns Musikformation *Original Alpinkatzen* aus Österreich kommt. Apropos »Mia san scho Hund«: Dass es »die gleiche Sprache ist …, die den Österreicher von den Deutschen unterscheidet«, trifft naturgemäß auch auf die Österreicher zu. »Gemeinsames Ausrasten« zum

Beispiel bezeichnet in Österreich das, was wir Deutschen unter kollektivem Ruhen verstehen. Also: gemeinsam eine Rast einlegen. Das deutsche »ausrasten« ist etymologisch wiederum als das Gegenteil von »einrasten« zu erklären. Der psychische Grundzustand des Menschen wäre für einen Deutschen also zunächst »eingerastet« – und erst wenn er aus diesem Zustand wie aus einer Skibindung »ausrastet«, wird es problematisch.

Außerdem wird in Österreich das Du gepflegt wie kaum sonst wo. »Wenn man einen Kaunertaler siezt, dann riskiert man eine Schellen«, erklärte mir einmal ein Kaunertaler gerade noch rechtzeitig, und als ich später mit einer Frau im Tiroler Pillertal telefonierte, da sagte sie zu mir: »Ja, servus, Andi, wann kimmstn vorbei?« Weil sie sich auch im weiteren Verlauf des Gesprächs benahm, als seien wir gute alte Freunde, überlegte ich sehr lange, woher wir uns kannten. Aber tatsächlich hatten wir uns noch nie zuvor gehört oder gesehen.

Veni, vidi, Rigi

Der Winter zog sich nur langsam aus den Bergen zurück, und im Mai hing die Schneegrenze immer noch auf 1500 Meter. Die Zugspitze musste also noch warten, und daher beschloss ich, wieder in die Schweiz zu fahren, um auf den Spuren des amerikanischen Touristen Mark Twain auf die Rigi zu steigen. Was er darüber geschrieben hat, ist in seinem 1880 erschienenen Buch *A Tramp Abroad* nachzulesen, das Buch, auf das ich im *Rifugio Torino* gestoßen war. Neben Tartarin, der auch auf der Rigi war, gibt keine bessere und klügere Parodie auf das, was in dieser Zeit in den Alpen geschah. In *Bummel durch Europa*, wie das Buch auf Deutsch heißt, will Twain gemeinsam mit seinem Agenten Harris *Europa erledigen*, wie Stephen es nannte. Er war einerseits der prototypische amerikanische

Tourist, der ahnungslos durch die Berge stolpert. Andererseits war Twain – der Autor der *Abenteuer des Tom Sawyer* – ein berühmter Schriftsteller und genauer Beobachter mit einem feinen Sinn für Humor.

Ich fuhr also bis nach Luzern und von dort aus mit dem Schiff nach Weggis. Die *Uri*, der blitzend saubere alte Schaufelraddampfer, fuhr quer über diesen verwirrend verzweigten See, von dem manche Schweizer sagen, er symbolisiere das Kreuz in der Nationalflagge – das erinnerte mich an das Schattenkreuz in der Jungfrauwand. Tatsächlich hat die Geschichte der Schweiz viel mit dieser Gegend zu tun. Der legendäre Rütlischwur ereignete sich auf einer Wiese oberhalb des Sees. Die Vertreter von Uri, Schwyz und Unterwalden schlossen sich per Eid gegen die bösen Habsburger zusammen. Noch heute sind die Schweizer die »Eidgenossen«, und die Geschichte gerät dank Friedrich Schillers *Tell* auch in Deutschland nicht in Vergessenheit: *Es hebt die Freiheit siegend ihre Fahne.*

Die *Uri* legte mit einem lang gezogenen Ton aus dem Schiffshorn in Weggis an, und auf einem der gelben Wanderwegweiser am Ufer stand: »Rigi-Kulm 4 Std. 20 Min.«.

Twain war im Sommer 1878 ebenfalls von Luzern aus über den Vierwaldstätter See gefahren und will zusammen mit Harris *zu Fuß einen Sturm auf die Rigi* unternehmen, ein *imposantes, sechstausend Fuß hohes Alpenmassiv, das für sich steht und eine herrliche Aussicht auf blaue Seen, grüne Täler und schneebedeckte Berge bietet.* Dort oben wollen sie *zum ersten Mal dieses wunderbare Schauspiel, einen Sonnenaufgang in den Alpen, genießen.* Denn der Sonnenaufgang hatte sich schnell als Cook-Standardprogrammpunkt etabliert.

Aber das alles gestaltet sich gar nicht so einfach. Zunächst dauert die Wanderung keineswegs nur *dreieinviertel Stunden.* Sie sind den ganzen Tag unterwegs und noch lange nicht am

Ziel. Sie übernachten in einem Gasthaus am Wegesrand und verschlafen morgens die erste Möglichkeit, den Sonnenaufgang zu beobachten. Als sie dann endlich am Gipfel ankommen, schreibt Twain *ein paar Zeilen an Herrn Baedeker, da er alle Touristen bittet, ihn auf Irrtümer aufmerksam zu machen, die sie in seinen Reisehandbüchern finden mögen,* und teilte ihm mit, daß er bei seiner Angabe, die Wanderung von Wäggis bis zum Gipfel dauere nur dreieinviertel Stunden, *um ziemlich genau drei Tage danebengetroffen hätte.*

Ich ging die Strecke schnellen Schrittes; erst durch bunte Blumenwiesen, dann durch den Wald, an großen Nagelfluh-Felsbrocken vorbei bis zum »Felsentor«, wo ich tatsächlich durch ein riesiges natürliches Portal wanderte. Nach zwei Stunden erreichte ich Rigi-Kaltbad und ging weiter, nun entlang der Zahnradbahntrasse bis nach Rigi-Staffel und zum höchsten Punkt: Rigi-Kulm. Oben warf ich meinen Rucksack von den Schultern, setzte mich auf die Terrasse und spürte meinen Pulsschlag in den Schläfen. Bergdohlen saßen auf dem Geländer neben den fest verankerten Ferngläsern und blickten hinunter auf den See oder auf die schneebedeckten Berge.

Außer mir saß nur ein Mensch auf der Terrasse. Er lehnte auf einem Stuhl etwa zwei Meter entfernt, sah sehr blass aus und las in einem Buch. An dem braunen Einband und der darauf abgedruckten Landkarte konnte ich erkennen, dass es sich um Christian Krachts neuen Roman handelte: *Ich werde hier sein im Sonnenschein und im Schatten.* Ich grüßte den Mann in der Hoffnung, mit ihm ins Gespräch zu kommen. Doch er sah nur erschrocken auf, blickte mich aus rot geränderten Augen an, wurde noch blasser als zuvor und nickte mir eingeschüchtert zu. Dann stand er auf und ging langsam über die Terrasse Richtung Hoteleingang. Ich hatte den Eindruck, dass ich durch ihn hindurchsehen konnte, dass das Bergpanorama hinter ihm durch ihn hindurchschimmerte. Er verschwand, ohne sich noch einmal umzudrehen, im Hotel.

»Kulm« bedeutet Gipfel, und seit fast 200 Jahren kulminiert das Massiv zum Rigi-Kulm, einem besonderen Haus auf der Spitze der Rigi. 1816 erbaut, zog es schnell die damals sehr modernen Landschaftsmaler an, die die Aussicht samt Sonnenuntergang verewigten und den Ort bekannt machten. Das Spezielle war und ist: Die Rigi ist kein Berg in den Bergen, sondern eher vor den Bergen. Sie erhebt sich auf einer Halbinsel des Sees und ist leicht zu besteigen, und wer es bis zum Gipfel geschafft hat, der sieht, wie fast alle hohen Berge der Schweiz sich dahinter aufreihen. Das wollte sich niemand entgehen lassen, und daher ist die Gästeliste des Rigi-Kulm noch imposanter als die des Schwarenbach auf der Gemmi: Goethe und Joseph von Eichendorff waren hier, Carl Maria von Weber und Alexandre Dumas, Victor Hugo, Adalbert Stifter, Felix Mendelssohn Bartholdy und Richard Wagner, König Ludwig II. von Bayern und Queen Victoria, Karl May und Mark Twain. Die Direktorin des Hauses ließ mich einen Blick in die sehr gut erhaltenen Gästebücher werfen, wo die Besucher alle gut lesbar vermerkt sind. Am 2. August 1862 waren Besucher aus Rio de Janeiro da, und am 9. Juli 1863 sind alle 27 Teilnehmer der ersten Thomas-Cook-Reise durch die Alpen fein säuberlich aufgelistet.

Im Gegensatz zum Schwarenbach war das Rigi-Kulm immer schon mehr Hotel als Berghütte, und der Concierge gab die Bücher nur beim Empfang kurz heraus – diese Ordnung sieht man ihnen noch heute an.

Twain und Harris starteten am nächsten Morgen einen zweiten Versuch, den viel gepriesenen Sonnenaufgang zu sehen. *Wir konnten nicht sprechen. Wir konnten kaum atmen. Wir konnten nur in trunkenem Entzücken hinstarren und alles in uns einsaugen.*

163

Plötzlich rief Harris aus: »Nanu, verdammt, sie geht ja unter!« Sie hatten nachmittags geschlafen und waren dann um halb acht Uhr abends aufgestanden, um die Sonne aufgehen zu sehen.

Auch am dritten Morgen versuchen sie es wieder, aber schon etwas entmutigt schreibt Twain: *Ich dachte daran, wie viele glückliche Leute es in Europa, Asien, Amerika und überall gab, die friedlich in ihren Betten schliefen und nicht aufstehen und sich den Sonnenaufgang auf dem Rigi ansehen mußten.* Als Harris die Gardine zurückzieht, erkennen sie, dass sie das Geschehen auch ganz gut durch ihr Zimmerfenster beobachten können. *Man sah die gewaltigen Alpenmassen undeutlich gegen das schwarze Firmament abgezeichnet, und ein oder zwei matte Sterne blinkten in der Nacht.* Doch nach einiger Zeit werden sie skeptisch:

»Dieser Sonnenaufgang muß irgendwo einen Haken haben. Er scheint nicht zu gehen. Was meinst du wohl, was damit los ist?«

»Ich weiß nicht. Er scheint irgendwo steckengeblieben zu sein. Ich habe noch nie erlebt, daß ein Sonnenaufgang sich so benommen hätte. Ob uns etwa das Hotel einen Streich spielt?«

Dann springt Harris auf und schreit: *»Ich hab's! Ich weiß, was damit los ist! Wir haben uns die Stelle angesehen, wo die Sonne gestern abend* untergegangen *ist!«*

Schnell verlassen sie das Zimmer – aber sie sind natürlich wieder zu spät dran. Die Sonne ist bereits aufgegangen, und die zurückkehrende Menge – *Männer und Frauen in seltsamen Trachten aller Art, und sie zeigten in Gang und Miene alle Abstufungen des Frierens und Jammers* – kommt ihnen bereits entgegen. *Als wir auf dem Platz ankamen, stand noch ein Dutzend da, um das Gerüst zusammengedrängt, dem bitteren Wind den Rücken zugekehrt. Sie hatten ihre roten Reisehandbücher bei der Panoramakarte geöffnet, pickten sich mühsam die verschiedenen Berge heraus und versuchten, sich ihre Namen und ihre Lage einzuprägen. Es war einer der traurigsten Anblicke, den ich je gesehen habe.* Es war ganz gut, dass sie das Schauspiel verpasst haben.

Die Rigi, das hat schon Twain erkannt, ist auch ein trauriges Beispiel dafür, dass man es mit dem Tourismus schnell übertreiben kann. Im späten 19. Jahrhundert befanden sich hier neun Grandhotels mit 3000 Gästebetten, und von fast jeder Seite des Massivs konnte man mit einer Bahn hinauffahren, um oben auf einer Art Marktplatz Souvenirs zu kaufen. Bevor die Bahn gebaut wurde, belagerten Scharen von Trägern mit Pferden die Touristen und nervten mit ihrer Aufdringlichkeit. Miss Morrell, die Reiseleiterin der Thomas-Cook-Gruppe, konnte sie nur abwimmeln, indem sie kühn behauptete: *Wir waren auf dem Montblanc.* Das sollte als alpinistische Referenz genügen.

Auch wenn man dem schelmischen Mark Twain und seinem *Bummel durch Europa* nicht immer trauen kann, zeigt das Buch, dass sich die Geschichten über die Alpen immer mehr verselbständigten, sich überhöhten und parodierten. Schriftsteller machten sich über das Geschehen in den Bergen lustig, und Künstler nutzten die romantische *mise-en-scène* und garnierten ihre Bilder mit abenteuerlich unrealistisch in den Himmel ragenden Bergen, schäumenden Gletscherbächen und pyramidenförmigen Eisspitzen. Es tobten Wirbelstürme oder Vulkanausbrüche. Und wenn nicht, dann saß fast immer ein Lämmergeier auf einem Felszacken, und Menschen machten auf einer Wiese ein Lagerfeuer. Die Realität war einfach zu fade geworden. Auch den Touristen waren Berge und Natur allein nicht mehr genug. Je organisierter die Touren und ausgetrampelter die Pfade waren, desto mehr verflogen die Schauer und die Schrecken, derentwegen die Touristen gekommen waren. Daher übersteigerten sie einfach die Fantasie so sehr, bis der Nervenkitzel wieder da war.

Ich verbrachte die Nacht im Rigi-Kulm, und als ich am Abend in die Lobby ging, fiel mir der blasse Mann sofort wieder auf. Diesmal saß er auf einem barock gemusterten Sessel, und es wirkte, als wäre er selbst barock gemustert. Er trug ein bis zum Hals zugeknöpftes weißes Hemd und las wieder im Christian-Kracht-Buch.

»Was halten Sie von diesem Buch?«, fragte ich ihn.

»Es ist ganz erstaunlich«, sagte er, und ich hörte, dass er Schweizer war. Es schien fast so, als hätte er die Frage erwartet.

»Kracht beschreibt das Schreckhorn als Eingang zum Réduit. Es liegt oberhalb von Meiringen im Berner Oberland, gar nicht weit weg von hier«, sagte er.

»Ja. Mich hat vor drei Jahren Sherlock Holmes dorthin geführt.«

»An die Reichenbachfälle?«

»Genau.«

»Bei Kracht ist der Zugang zum Réduit genau dort. Das Réduit ist ein reales Element des Romans«, sagte er. »Der afrikanische Held steigt hinauf zu den Reichenbachfällen und steht dort, wo Sherlock Holmes in die Tiefe fiel«, erzählte er und blätterte im Buch: »Ein alter Mann begleitet den Erzähler und wäre auf dem Rückweg fast selbst hinuntergefallen.« Und dann sagte er bestimmt: »Aber natürlich ist die Zentrale des Réduit in Andermatt und nicht in Meiringen.«

»Worum geht es denn in dem Buch?«, fragte ich ihn, und dann hörte ich zum ersten Mal diese absurde Geschichte: Die Schweiz ist eine Sowjetrepublik, seit 100 Jahren tobt ein Krieg, und die Alpen sind von einem verästelten Tunnelsystem durchzogen. Lenin ging 1917 nicht nach Russland, sondern begründete im Schweizer Exil den totalitären Sowjetstaat SSR. Dieser befindet sich seither im Krieg mit einer Umwelt, die sich ungefähr so zusammensetzt: Im Norden droht ein deutsch-englisches Faschistenbündnis, im Süden der italienische Faschismus, im Osten, jenseits von »Schweizerisch-Salzburg«, verlaufen die Grenzen eines Koreanisch-Minsker Reiches. Im Westen schottet sich Amerika ab. Der

Ich-Erzähler ist ein dunkelhäutiger Politkommissar, der einen Verhaftungsbefehl auszuführen hat und dafür von Bern aus ins Alpeninnere reisen muss, wo ein in die Berge geschlagenes Tunnelsystem das uneinnehmbare Réduit der SSR bildet. Und am Ende besteigt der Romanheld noch den Kilimandscharo.

»Interessant«, sagte ich, den Kopf erst schüttelnd, dann nickend.

»Speziell«, sagte er und fügte hinzu: »In Andermatt und am Gotthardpass kann man heute noch eine Menge vom Réduit sehen: Felsen aus Plastik, die Geschütze verbergen, und als Almhütten und Bauernhäuser getarnte Zugänge. *Falsche Chalets* nennt man sie in der Schweiz. Heute stehen sie alle leer, und keiner weiß so recht, was man damit anfangen soll. Unten in Vitznau am Vierwaldstätter See gibt es mittlerweile sogar ein Festungshotel.«

Er wirkte nun entspannt, nicht mehr so blass, und gerade als ich mir überlegte, vielleicht mit ihm zu Abend zu essen, stand er auf, verabschiedete sich und ging. Ich kannte nicht einmal seinen Namen und habe ihn nie wieder gesehen.

Dafür stieß ich an diesem Abend auf ein anderes Buch. Es stand in der Hotelbibliothek in einem Jugendstilschrank neben dem Empfangstresen. Es hieß *Kästner im Schnee*, eine Sammlung von Erich Kästners Texten, und lehrte mich, dass nicht nur Thomas Mann über Davos geschrieben hat, sondern auch Kästner. Ihn faszinierte aber auch die Zugspitze, und Touristen wünschte er nichts Gutes. In *Maskenball im Hochgebirge* dichtete er:

Das Gebirge machte böse Miene.
Das Gebirge wollte seine Ruh.
Und mit einer mittleren Lawine
deckte es die blöde Bande zu.

Dieser Vorgang ist ganz leicht erklärlich.
Der Natur riß einfach die Geduld.
Andre Gründe gibt es hierfür schwerlich.
Den Verkehrsverein trifft keine Schuld.

Man begrub die kalten Herrn und Damen.
Und auch etwas Gutes war dabei:
Für die Gäste, die am Mittwoch kamen,
wurden endlich ein paar Zimmer frei.

Bahn frei!

Kästners Schriftstellerkollege Mark Twain hatte beim Weg
hinauf noch auf die neue Zahnradbahn verzichtet, aber nach
dem dreitägigen Aufstieg und drei verpassten Sonnenaufgän-
gen wollte er mit der Bahn möglichst schnell von diesem vermaledeiten Berg herunterkommen. Die Zahnradbahn war
1871 die erste Bergbahn Europas, was bei Cooktouristen sehr
gut ankam. Die erste »Gebirgsbahn« fuhr bereits 1854 auf
den Semmeringpass in Österreich, überwand dabei 459 Meter
Höhe und brachte die Gäste hinauf in den Luftkurort. Doch
die Rigi-Bahn brachte nun Touristen aus dem Flachland bis
auf 1797 Meter auf die Rigi-Kulm. Um das Gefühl der Abfahrt
zu beschreiben, zitiert Twain den *Reklameprospekt der Eisen-*
bahngesellschaft: »*Auf der ganzen Strecke, besonders beim Abwärts-*
fahren, unterliegen wir einer optischen Täuschung, die oft unglaub-
lich erscheint. Alle Sträucher, Tannen, Ställe, Häuser und so weiter
scheinen schräg geneigt zu sein, wie unter einem ungeheuren Luftdruck.
Sie stehen alle schief, so sehr schief, daß die Sennhütten und Bauern-
häuser hinabzustürzen scheinen. … Sie (die Insassen des Wagens)
betrachten ihren Wagen und seine horizontalen Linien fälschlich als
geeignete Bezugsgröße für die Normalebene, und daher müssen alle

Gegenstände draußen, die sich wirklich in horizontaler Lage befinden,
gegenüber dem Berg das Mißverhältnis eines Gefälles von zwanzig bis
fünfundzwanzig Grad aufweisen.« Der Blickwinkel der Reisenden ist gekippt worden, genau so, wie ich es in der Montenvers-Bahn in Chamonix erlebt hatte.

1882 fuhr dann der erste Zug durch den Gotthardtunnel,
und Anfang des 20. Jahrhunderts erschlossen sogenannte Luft-
seilbahnen die Berggipfel. Die erste öffentliche Personenluft-
seilbahn brachte 1908 Gäste von Bozen auf den Kohlern. Als
zwei Jahre später auch eine Luftseilbahn von Lana bei Meran
zum Vigiljoch fuhr, soll ein Bauer, der diese schrägen Holz-
kabinen hinaufschweben sah, gesagt haben: »Wenn ich zwei
Leben hätte, ja, dann könnte ich mir vorstellen, mit dieser
Bahn zu fahren. Aber mit einem lieber nicht.« Meran hatte
damals eine Million Übernachtungen im Jahr, und die Bahn
war eine Art logische Erweiterung für die Kurgäste – hinauf
in die Sommerfrische. Seit 1896 baute man außerdem an der
Jungfraubahn, ein Projekt, das nicht nur die Berner Alpen, sondern auch die Vorstellungskraft der Zeit sprengte. Es sollte 16
Jahre dauern, ehe am 1. August 1912 die erste Bahn auf 3454
Meter Höhe fahren konnte. Sieben Kilometer quer durch das
Innere der Eigernordwand.

Auch der Straßenbau schritt voran. Schon 1801 wurde auf
Napoleons Befehl hin die Simplon-Passstraße ausgebaut. 100
Jahre später setzte sich der Südtiroler Fremdenverkehrspio-
nier Theodor Christomannos für den Bau der »Großen Dolomitenstraße« ein. 1909 wurde sie eröffnet und führt seither von
Bozen bis nach Cortina. Ein Graubündener Ingenieur wollte
sogar einen Wasserweg über die Alpen bauen. Pietro Cami-
nada hieß er, und 1907 präsentierte er seine Idee der Öffentlichkeit: In einem Kanal wollte er Lastschiffe über den 2113
Meter hohen Splügenpass vom Mittelmeer in den Bodensee
schleusen. Sein Projekt stieß auf Begeisterung, und sogar die

New York Times berichtete darüber. Doch bevor alles real werden konnte, begrub der Erste Weltkrieg Caminadas Vision.

Das 19. Jahrhundert muss sich angefühlt haben, als hätte jemand auf den Vorspul-Knopf gedrückt. Am Anfang schaukelte man in der Postkutsche über die Pässe und musste eine Menge Zeit einplanen, um die Alpen zu überqueren. Am Ende setzte man sich in eine Bahn und fuhr hinauf auf den Gipfel, den zu besteigen man zu Beginn des Jahrhunderts noch für völlig ausgeschlossen gehalten hatte. Ein Problem war allerdings die Reisegeschwindigkeit. Schon in der Kutsche stellte mancher Reisende fest, dass seine Augen und sein Verstand beim Blick aus dem Fenster und den schnell wechselnden Eindrücken nicht mehr hinterherkamen. Und nun ging alles noch viel schneller. *Vergessen wir nicht*, schrieb Christoph Ransmayr 1984 in *Die Schrecken des Eises und der Finsternis, daß eine Luftlinie eben nur eine Linie und kein Weg ist und: daß wir, physiognomisch gesehen, Fußgänger und Läufer sind.*

Es gibt ein Gemälde, das jedes Schweizer Kind kennt und das den Gotthard noch bekannter gemacht hat, als er ohnehin schon war. Rudolf Koller malte es 1873. Es heißt »Die Gotthardpost« und zeigt den dramatischen Augenblick, als die Postkutsche vom Pass herabrast und ein panisches Kälbchen von dem fünfspännigen Gefährt zermalmt zu werden droht. Jeder kleine Schweizer, der zum ersten Mal dieses Bild sieht, fragt seine Eltern: Wird das Kalb davonkommen? »Das Kalb vor der Gotthardpost« heißt ein Essay des Züricher Literaturwissenschaftlers Peter von Matt, der im Kalb die für sein Land symptomatische Inszenierung von Geschwindigkeitsdifferenzen sieht. Die Rosse stürmen voran, die Kuhherde am Wegesrand steht still, und dazwischen zittert – schnell und langsam zugleich – das Kälbchen.

Vielleicht ging den Menschen in dieser Zeit einfach alles viel zu schnell. Sie schlitterten durch die Dekaden, und alles wurden immer schneller, größer, edler und besser. Aufgeblasen, überzogen, trügerisch könnte man auch sagen. Spätestens mit der »Belle Époque« war die touristische Ausschlachtung in den Alpen nicht mehr zu überbieten. Kaum ein Berg, auf den nicht eine Bahn fuhr, kaum ein Tal, in dem nicht ein Grandhotel stand, kaum ein Ort, der nicht in irgendeiner Art vom Tourismus vereinnahmt wurde. Die Belle Époque war nichts für die Ewigkeit, und es war nur eine Frage der Zeit, bis die Kurve nach unten weisen und dieses pralle Leben ein Ende nehmen würde. Erst zelebrierten die Décadence und das Fin de Siècle den Untergang. Und dann kippte die Stimmung: In Sarajewo wurde der Thronfolger Österreich-Ungarns erschossen, und 1914/15 legte sich das Unheil auch über die Berge. Abgesehen von dem kurzen Aufflackern in der Zwischenkriegszeit sollte die Auszeit über drei Jahrzehnte andauern. Orte, die für Erholung und Sommerfrische standen, wurden zu Kriegsschauplätzen, Wanderwege zu Schützengräben. Österreich und Südtirol wurden von Nazideutschland geschluckt, in den italienischen Bergen wurde erbittert gekämpft, und die Schweizer wollten sich im Réduit verstecken.

In dieser Zeit hätte wohl kaum jemand gedacht, dass schon bald nach 1945 die Zeit des Alpentourismus erst richtig beginnen würde. Dass bald Gletscher für Skifahrer erschlossen und ungezählte Sessellifte, Gondeln, Bergrestaurants und Aussichtsplattformen gebaut würden. Dass im Sommer Wanderwege, Fahrradpfade, Hängebrücken und Klettersteige Touristen an immer absurdere Plätze bringen würden. Dass alle großen Autoren – ob sie wollten oder nicht –, die sich den Alpen auch nur genähert hatten, früher oder später von irgendeinem Tourismusverein mit einem eigenen Wanderweg geehrt würden: Thomas Bernhard, Agatha Christie und Sigmund Freud,

Ludwig Ganghofer, Goethe und Hermann Hesse, Heinrich Heine, Sherlock Holmes (stellvertretend für seinen Erfinder), Karl May, Thomas Mann, Robert Louis Stevenson und Adalbert Stifter, Mark Twain, Carl Zuckmayer, und Johanna Spyri hat gleich eine ganze Tourismusregion samt Autobahnraststätte bekommen: Heidiland. Dass die Alpen bald mit Tausenden von Liften überzogen, es Rolltreppen auf Gipfel und Tunnel, die Züge 57 Kilometer lang unter den Bergen hindurchrauschen lassen, geben würde. Dass Seilbahnen auf Höhen, wo normalerweise Kleinflugzeuge verkehren, fahren würden wie im Tiroler Piztal, wo eine Bahn auf 3440 Meter zu einem Café auf den Gipfel des Hinteren Brunnenkogel schwebt. Dort befindet sich die höchste Seilbahn Österreichs, das höchste Café Österreichs, das höchste WLAN Österreichs. Das rechtfertigt den Slogan »Der neue Höhepunkt Tirols«. Sölden, im Tal nebenan, wirbt mit »Der Höhepunkt Tirols«. Und selbst die Erzherzog-Johann-Hütte am Großglockner konnte ihren Rang als »höchste bewirtete Hütte Österreichs« nur um 14 Meter gegen das Café 3440 behaupten. Die Wildspitze, Tirols höchster und nach dem Großglockner Österreichs zweithöchster Berg ist nur 320 Meter höher und wirkt vom Café aus wie ein Hügel. Die Sicht reicht vom Großglockner zur Marmolada, von den Dolomiten zum Ortler, von der Piz Bernina zur Zugspitze. Und auf den Langstreckenfliegern, die über den klaren Himmel ziehen, kann man die Logos auf den Maschinen erkennen, weil man dem Himmel drei Kilometer näher ist. Es gibt nicht viele Bahnen, die dem Himmel noch näher kommen.

Von Chamonix aus war ich auf die Aiguille du Midi bis auf 3777 Meter gefahren, und auf das Kleinmatterhorn oberhalb von Zermatt fährt die höchste Bahn der Alpen auf 3820 Meter. Außerhalb Europas führt das vorläufige Ende der Bergbahn-Entwicklung im chinesischen Sichuan auf 4843 Meter auf den Dagu-Gletscher, höher als der Gipfel des Montblanc, und die

Insassen werden bei Bedarf mit künstlichem Sauerstoff versorgt.

Naturgemäß gibt es auch Menschen, die diese Entwicklung beklagen, das Echte in den Alpen vermissen, weil es heute kaum noch unerschlossene, passive Plätze gibt. Aktivitäten wie Canyoning, Highlining und Basejumping erinnern an das, was der bayerische Parodist Gerhard Polt in einem Sketch als Bürgermeister des Voralpendorfs Bad Hausen als neue touristische Errungenschaften preist: Mushroom-Searching, Candel-light-Brotzeiting und Fresh-Air-Snapping.

»Die Alpen sind kein Kletterpark« und »Ein Berg ohne Gefahr wird zur Attrappe«, sagt Reinhold Messner schon lange und hat dabei vielleicht sogar Polt oder Tartarin im Sinn. In den 1980er Jahren jedenfalls kam Kurt Felix, der Moderator von *Verstehen Sie Spaß?*, auf eine Idee. Er ließ per Helikopter einen Kiosk auf einen Fels auf 4000 Meter am Matterhorn fliegen und dort morgens um halb sechs vom Hotelier Art Furrer in den Felsen Zeitschriften und Süßigkeiten verkaufen. Felix wusste, dass Reinhold Messner an diesem Tag auf den Berg steigen würde. Und er wusste, wie Messner reagieren würde, wenn er den »Matterhorn Kiosk Service« sehen würde. Furrer begrüßte Messner mit den Worten: »Sie sind ein bisschen spät dran am Berg heute.« Und erklärte dann: »Wir wollen das jetzt auf jedem Berg bauen – so eine Kette wie McDonald's.« Kaum hatte er ausgesprochen, begann Messner zu schimpfen: »Das gehört am Matterhorn nicht her! Und Sie gehören auch nicht da rauf.« Furrer, der Frack und Fliege trug, entgegnete ruhig: »Den Japanern, denen verkaufe ich die Kuckucksuhren.« Messner tobte: »Ich werde mich beim Bürgermeister in Zermatt beschweren. Der kann doch nicht eine Baugenehmigung für so eine Hütte geben. Dann ist das Matterhorn kaputt, ein für alle Mal!« Furrer erwiderte provokant: »Ein Artikel der

hervorragend geht, sind die Bücher von Reinhold Messner«
und holte eines seiner Bücher aus dem Regal hinter sich. »Das
ist für mich eine Beleidigung. Jetzt schreibe ich keine Bücher
mehr«, polterte Messner, und dann flog – endlich – Kurt Felix
mit dem Helikopter ein und löste den Spaß auf. Die Szene
ist zum YouTube-Klassiker geworden; sie zeigt, was Alpinisten von Touristen halten und was geschähe, wenn die letzten unberührten Fleckchen auf den Bergen vom Tourismus
besetzt würden.

Auf *in* die Berge

Von Luzern ist es nur eine Stunde Fahrt nach Andermatt
und zum Réduit, zu den Schauplätzen von Christian Krachts
Roman, den ich mir in einer Buchhandlung in Luzern gekauft
hatte. Ich fuhr also nicht wie geplant zur Zugspitze, sondern
folgte einem Buch weiter nach Süden, Richtung Gotthard. Ich
fuhr über das Reustal hinauf, passierte den Teufelsstein und
fuhr hinein in die Schöllenenschlucht, kam an den Fundamen-
ten der Teufelsbrücke vorbei, und während ich mich im Zwielicht durch die engen Kurven unter spektakulären Felswänden dem Ort näherte, bekamen all die Geschichten, die ich in
London gelesen hatte, einen realen Rahmen. In der Dämmerung stellte ich in Andermatt den Motor ab.

Als ich vor drei Jahren von Interlaken aus durch den Schnee
über die Furka gefahren und von Westen nach Andermatt
gekommen war, war ich zum ersten Mal mit dem touristischen Aufstieg, dem traurigen Niedergang und der vielver-
sprechenden Zukunft dieses Ortes konfrontiert gewesen. Von
seiner Lage hat Andermatt immer profitiert, und dass der geo-
grafische Ort etwas Besonderes ist, das spürt man auch heute
noch. Hier stoßen vier Sprachen aneinander. Hier kreuzen

sich vier große Passrouten, und die Flüsse fließen von hier aus in vier verschiedene Meere. Hier wollten sich die Schweizer vor ihren Feinden in den Bergen verstecken, und würde man die Nationalflagge über das Land legen, dann befände sich Andermatt unter dem weißen Kreuzpunkt. Als Goethe 1779 erschöpft in Andermatt ankam, notierte er: *Aus einer kleinen geographischen Beschreibung werden Sie sehen, wie merkwürdig der Punkt ist, auf dem wir uns befinden. Der Gotthard ist zwar nicht das höchste Gebirg der Schweiz, und in Savoyen übertrifft ihn der Montblanc an Höhe um sehr vieles; doch behauptet er den Rang eines königlichen Gebirges über alle andere, weil die größten Gebirgsketten bei ihm zusammenlaufen und sich an ihn lehnen.*

Es ist ein wenig in Vergessenheit geraten, dass im 19. Jahrhundert, als sich die Schweiz in ein Tourismusland verwandelte, die Touristen nicht nur nach St. Moritz und Zermatt, sondern auch nach Andermatt reisten. Zwischen 1818 und 1830 wurde der Gotthardpass fahrbar gemacht, später folgten der Oberalp- und der Furkapass. Andermatt war nun, zumindest im Sommer, gut erreichbar und blühte als Ferienort auf. 1872 eröffnete das Grandhotel Bellevue, auf dessen Sonnenterrasse internationale Gäste Champagner tranken. Das Dorf war auf dem besten Weg, die dritte große Destination in den Schweizer Bergen zu werden.

Doch dann kam alles ganz anders. Der Niedergang Andermatts begann 1882, also nur zehn Jahre nach der Eröffnung des Hotels und mitten in der Blütezeit des Ortes. Der Gotthardtunnel wurde eröffnet, und die Bahn fuhr plötzlich nicht mehr *durch* Andermatt, sondern *unter* dem Ort hindurch. Zudem kam zur gleichen Zeit die Schweizer Armee auf die Idee des »Réduit«: Bei einem Angriff auf das Land wollte man sich in eine Alpenfestung zurückziehen – und dafür gab es keinen besseren Platz als das Zentrum des Landes, das Gotthardmassiv und die Gegend um Andermatt. Erst bauten die Militärs nur einige Tunnel und Bunker, wurden im Ersten Weltkrieg bestätigt, in der Zwischenkriegszeit in Frage gestellt und als dann die Bedrohung von Nazideutschland ausging, mehr bestätigt als jemals zuvor. Am Gotthard entstand eine riesige in den Fels geschlagene Festung von einem Ausmaß, das dem Zwergenkönig Laurin die Tränen in die Augen getrieben hätte: ein System aus versteckten Munitionslagern, labyrinthischen Tunnelsystemen und aberwitzigen Bunkeranlagen. Auch nach dem Krieg vereinnahmte das Militär alles. Bis zu 12 000 Soldaten trieben sich noch bis in die 1990er Jahre irgendwo unter den schönen Bergen herum. Der Schneehüenerstock, ein stattlicher Berg östlich von Andermatt, galt lange als die wichtigste Flugabwehr der Schweiz. Viele seiner Felsen sind aus Plastik und verdecken Geschütze, eine Seilbahn fährt direkt in den Berg, dessen Felswand sich kurz öffnet und die Bahn passieren lässt. Für Tourismus war da kein Platz mehr.

Ich wollte etwas von den alten Bunkeranlagen sehen, und im Ort sagte man mir, dass ich hinauf zur Gotthardpasshöhe müsse. Dort oben befinde sich ein zu einem Hotel und Tagungsraum umfunktionierter Bunker, den man besichtigen könne. Ich traf den Betreiber in einem rustikalen kleinen Fondue-Restaurant, ein Mann mit langen grauen Haare, randloser Brille und weißem Hemd, der oberste Knopf offen. Er stellte sich als »Künstler« vor, der seit über 20 Jahren am »Gotthard-Kunstprojekt« arbeite. In einem alten Land Rover fuhren wir über die kopfsteingepflasterten Serpentinen hinauf bis zur Passhöhe – auch hier lag noch eine Menge Schnee, aber die Straße war bereits freigegeben. Oben stiegen wir aus und marschierten etwa zehn Minuten durch dunkelgraue Felsen, die hier wie Doppelhaushälften in der Landschaft lagen. Dann kamen wir zu einer grauen Steinmauer. Wenn ich nur ein

kleines Stück weiter oben oder unten daran vorbeigewandert
wäre, hätte ich ihr keinerlei Bedeutung beigemessen. Doch in
dieser Mauer war ein unscheinbares Tor, der Eingang zu einem
Bunker. Der Künstler zog das Tor mit einem Ruck auf. Dahinter befand sich noch eine Stahltür, und als auch sie hinter uns
ins Schloss donnerte, fielen die Sonnenstrahlen wie abschnit-
tene Grashalme in die Dunkelheit. Allein das Krachen hielt
sich noch eine Weile in der Tiefe des Stollens. Dann vereinten
sich Stille und Finsternis. Zögernde Schritte, ein Meter, dann
fünf, hinein in den Berg, in den Gotthard. Der Ausspruch »in
die Berge gehen« bekommt hier eine ganz neue Bedeutung.
Weiter. 20, 30, 50 Meter, nach 100 Metern, öffnete sich eine
weitere schwere Stahltür. Früher hatte dieser Ort »Artillerie-
fort San Carlo« geheißen.

Es tröpfelte, es plätscherte, es roch nach Stein. Das war
der erste Sinneseindruck in dem 4000 Quadratmeter großen
unterirdischen Areal, dessen Empfangsbereich ein in den Berg
gesprengter Raum war, mit dunklen, bemoosten Felswänden.
Wasser rann herab. Doch der erste Blick täuschte, der zweite
zeigte eine stilvolle Sitzgruppe vor einem garagengroßen Con-
tainer – das Restaurant mit aus Ulmenholz und Schieferplat-
ten gefertigten Tischen. An der Bar dahinter standen Voll-
spektrumlampen, die das Tageslicht imitierten. »Die Auflage
der Armee war, die bestehende Infrastruktur beizubehalten«,
erzählte der Künstler. Dort, wo nun das Restaurant ist, sei einstmals die Essensausgabe und hinten, wo der Wellnessbereich
ist, seien die Badewanne und die Toiletten für die Offiziere
gewesen. »Wir haben das alles etwas großzügig interpretiert.«
Dann sagte er – mitten im Bergmassiv auf 2044 Meter Höhe:
»Gute Geschichten haben immer etwas Vertikales.«

Im »Festungswachtraum Nummer 61« hatte sich früher die
Telefonzentrale befunden. Nun war es ein kleiner, herunter-
gekommener Raum mit gelben Wänden und Stahlschränken.

Bei Christian Kracht klingt es ein bisschen so, als wäre er auch hier tief im Gestein gewesen. Sein Held wandelt durch große Räume und 25 Meter hohe Gewölbe. Das Wasser tropft von der Decke.

Der einzige Unterschied ist, dass es im Roman noch viel tiefer hinein in den Berg geht – und draußen der Krieg tobt.

Feindliche Luftschiffe ziehen vorbei und bombardieren das Réduit. Die labyrinthische Bergfestung bleibt davon unberührt.

Ein bisschen Ernst Jüngers *In Stahlgewittern* schwingt hier mit, ein bisschen Dino Buzattis *Tatarenwüste*. Aber im Kern ist es schlichtweg Christian Kracht und ein an Irrsinn und Schönheit nicht zu überbietendes Buch über die Berge.

In der Realität sah die Schweizer Armee in den 1990er Jahren ein, dass sich die Bedrohungssituation verändert hatte, und zog sich aus der von ihr verursachten Öde zurück. »Festung Sasso da Pigna« heißt ein anderer Stollen am Gotthard, der lange als einer der geheimsten Orte der Schweiz galt. Auch für diese Felskavernen gibt es nun angeblich touristische Pläne. »Der Russe« kommt nun nicht als Soldat, sondern als Tourist. »Manchmal sind hier oben auch verwunderte russische Touristen«, sagte der Künstler. »Denen sag ich dann: Euretwegen haben wir das hier alles gebaut.«

Abends war ich wieder in Adermatt und schaute lange auf die umliegenden Berge. Obwohl sie so massiv aussehen, sind es nur Fassaden, die ganz erstaunliche Dinge verbergen. Ich klopfte an eines der wetterabweisenden Steinhäuser, weil ich mir plötzlich nicht mehr sicher war, was hier echt ist und was Attrappe.

Am nächsten Morgen rauschte das Schmelzwasser unter der Reussbrücke, und die Seile der Gemsstock-Seilbahn verschwanden gespenstisch in den Wolken. Nur kurz blitzten dazwischen Felsformationen auf – an Stellen weit oben, wo man gar keine Berge vermuten würde. Felsattrappen wie gestern, Luftschiffe wie bei Kracht oder *fliegende Berge* wie bei Ransmayr? In einem Internetcafé traf ich einen Andermatter, der mir von den großen Plänen des Ortes erzählte: Ein Ägypter habe die 1,44 Millionen Quadratmeter, die sich vom Ort aus durch das Urserntal ziehen, für 19 Millionen Schweizer Franken vom Militär erworben. Es habe ein Treffen in der Gemeindehalle gegeben und da hätten 96 Prozent der Anwesenden den Plänen, die dieser Ägypter habe, zugestimmt. Diese Pläne brächten Andermatt bald das größte Tourismusprojekt, das es in der Schweiz jemals gegeben habe. Dort, wo einstmals das Grandhotel Bellevue gestanden habe, werde bald ein arabisches Luxushotel entstehen. Weiter unten werde das Tourismusdorf Neu Andermatt gebaut, mit einer Villenzone, einem Kongresszentrum, einem Konzertsaal und einer Einkaufsallee. Wenn er das alles verwirkliche, sagte der Mann und lächelte schief, dann würde sich die Bettenkapazität Andermatts versiebenfachen. Und einen Teil der Energie, die dafür gebraucht würde, stelle das Militär zur Verfügung. In einem sogenannten »Hochsicherheitsrechenzentrum«, das sich hier oben noch irgendwo unter den Felsen befinde, liefen so viele Computerserver heiß, dass mit deren Abwärme mehr als ein Drittel des Energiebedarfs des Touristendorfes gedeckt werden könne. Das passiert also, wenn Größenwahn auf Wahnvorstellungen trifft.

Aber ich war aus einem anderen Grund in das Café gekommen: Ich wollte endlich zur Zugspitze, aber die Schneelage in den Bergen machte mich skeptisch. Ich setzte mich also an einen der Rechner und versuchte, im Netz etwas über die Situation im Wettersteinmassiv herauszubekommen. Über

179

den Suchbegriff »Kleinkanada«, wie ein Teil des Zugspitz-platts genannt wird, kam ich versehentlich auf die Seite eines nordamerikanischen Anbieters für sogenanntes Cat-Skiing, bei dem statt des Lifts Pistenraupen die Skifahrer in die Berge bringen. Ich wollte die Seite wieder schließen, aber die großen Lettern zogen mich in ihren skurrilen Bann: *Willkommen zum Katzepuderskiing – pulverisieren Sie Frühlingsfamilie der Firmen!* Die Seite war offenbar automatisch ins Deutsche übersetzt worden: *Ob Sie ein Skier sind, sind Snowmobiler oder gerade, einer guten Mahlzeit oder nach einer Anpassung suchend – wir haben, nach was Sie suchen. Wir wünschen Sie bequem fühlen und verwöhnten ein wenig. Unser freundlicher Stab der erfahrenen Führer nimmt Sie in breathtaking Wildnis, um Schnee-Katzeskiing im Winter und im Fischen zu erfahren.* Und, als gelte es, letzte Zweifler zu über-zeugen, dass es sich hier um ein postmodernes Kunstwerk handelte: *Die ausdrückliche Ananas ist nicht mehr Teil unserer Wet-tervorhersage. Tatsächlich haben wir sogar die Wortananas von unse-rem dinning Raummenü entfernt, da wir Kranker des Betrachtens dieses Wortes sind.*

Ich atmete tief durch; es war mir vollkommen schleierhaft, was die ursprüngliche Bedeutung dieser Sätze sein sollte. An anderer Stelle fand ich schließlich die richtigen Informationen zur Zugspitze: Es lag noch immer zu viel Schnee in der Ost-wand, und der Steig war noch nicht begehbar. Es half nichts, ich musste noch warten – auch wenn mich das Werbevideo der Zugspitze, überraschenderweise ein lyrisches Kunstwerk, vom Gegenteil überzeugen wollte. Unterlegt mit Violinenklängen sprach die deutsche Synchronstimme Robert de Niros fol-gende Zeilen:

Der Held – von Furcht frei, von Kraft strotzend,
So stürzt sich dieser in die Hänge im Garten des Himmels,
Das Leben, das weiß halt nur einen Sinn: der Moment.

Im Hier und im Jetzt hoch oben scheinbar fliegend,
Frei von Gedanken, frei von sich selbst.
Wenn Götterfunken sprühen und der eigene Geist sich selbst
*   verliert,*
Wenn er am Abgrund steht und doch weitergeht,
Wenn mit der Sonne im Rücken das Leben zum Tage wird,
*   dann weiß er, dass er wahre Unvergänglichkeit atmet.*
Denn alles ist eins, und alles ist Sein.
Aber nur ganz oben, ganz nah:
Die Zugspitze.

Die Piefke-Saga

Ich verließ Andermatt am nächsten Morgen und fuhr über den
Oberalppass nach Chur, von Chur über Feldkirch und Bludenz
ins Inntal und weiter bis nach Imst, wo ich eigentlich über den
Fernpass zur Zugspitze wollte, nun aber geradeaus nach Zell
am See fuhr. Ich wollte mir das Wirtshaus ansehen, von dem
man mir auf der Terrasse der Erzherzog-Johann-Hütte erzählt
hatte. Der Weg dorthin führte mich durchs Zillertal.

Hier wurde in den 1990er Jahren die *Piefke-Saga* gedreht,
nach dem Buch des österreichischen Schriftstellers und Dra-
matikers Felix Mitterer. In dieser vierteiligen Fernsehserie
wurden die Berge zur absurden Kunstwelt, die sehr an Daudets
Schweiz erinnert – nur deutlich radikaler. In der letzten Folge
toben Aufstände in Europa; Tirol scheint der letzte friedliche
Zufluchtsort zu sein. Zumindest oberflächlich. Alles, wirklich
alles ist auf den Tourismus ausgerichtet: Mitterers Österreicher sind so ausstaffiert und sogar chirurgisch verändert, dass
sie auf die Touristen wie ursprüngliche Tiroler wirken. Die
Kühe auf den Almen sind mechanisch, und nicht die Bergbauern, sondern japanische Techniker kümmern sich um sie.

Die Hotels reichen 13 Stockwerke *unter* die Erde, schließlich dürfen die Ortsbilder nicht zerstört werden. Und die Berge selbst, so zeigt sich bald, sind riesige Müllhalden, die wie eine Modelleisenbahnlandschaft mit künstlichen Wiesen und Bäumen überspannt sind. In den Wäldern verschanzen sich die letzten nicht »umgebauten« Menschen und werden zu Guerillakämpfern. In diesem vierten Teil der *Piefke-Saga*, die in den ersten drei Teilen den Prototyp des deutschen Touristen parodiert, parodieren die Österreicher sich selbst. Es hat gute Gründe, warum das österreichische Fernsehen den letzten Teil bei Wiederholungen meistens nicht ausstrahlt.

Dort, wo sich das Zillertal teilt und es nach rechts zum Hintertuxer Gletscher geht, fuhr ich nach links auf den Gerlospass. An der Mautstation gab man mir fünf hässliche Aufkleber für die Heckklappe und empfahl mir, an den Krimmler Wasserfällen zu stoppen. Als ich durch den Pinzgau fuhr und kurz vor Zell am See war, sah ich im Süden den Großglockner aufragen und dachte an den Toni und den jungen Mann, der mir dort oben andeutungsvoll von Zell am See, dem Gasthaus und dem »Kultur-Wirt« erzählt hatte.

Es Wirt schon

Kultur und Tourismus vertragen sich in den Bergen auch heute noch nicht besonders gut. Im Tourismus wird viel Geld verdient; eine Bergbahn zum Beispiel oder eine Après-Ski-Bar legen aus nachvollziehbaren Gründen keinen besonderen Wert auf ihr kulturelles Image. Eigentlich ist es noch wie damals, im 19. Jahrhundert, als der aufkommende Tourismus das Schöngeistige aus den Alpen verdrängte. Ich fuhr nach Zell am See, weil ich hoffte, dort eine Ausnahme zu finden.

Das Gasthaus Steinerwirt steht direkt an der Ortsdurchfahrts-
straße zwischen Sportgeschäft und Kirche, Kongresscenter
und Tankstelle. Es ist ein für Pinzgauer Verhältnisse einen
Tick zu modern wirkendes Haus mit grauer Fassade. Doch die
Gaststube ist ganz traditionell gehalten. Wer allerdings glaubt,
abends zwischen holzvertäfelten Wänden, Ölgemälden und
Kruzifixen in Ruhe eine Halbe Bier trinken und ein Schnitzel
essen zu können, der hat, wie man so schön sagt, die Rechnung
ohne den Wirt gemacht.

An jenem Abend, an dem ich Johannes Schwaninger, den
Steinerwirt, kennenlernte, brannte auf der Anrichte eine Kerze
vor einer alten Uhr, deren Zeiger auf halb acht standen. Die
Gaststube war gut gefüllt, und bis auf den größten Tisch in der
Mitte des Raumes waren alle Tische mit gleichermaßen nichts
ahnenden Einheimischen und Touristen besetzt. Dass sich
der leere Tisch von den anderen unterschied, weil er mit acht
Suppentellern gedeckt war und neben dem Salz- und Pfeffer-
streuer eine Flasche Maggi stand, fiel niemandem auf. Auch
nicht, dass an dem Deckenbalken darüber vier auf den Tisch
gerichtete Strahler befestigt waren. Die Bedienungen nahmen die Bestellungen auf, ein Schnitzel da, einen Schweins-
braten dort, und servierten die ersten Getränke. Und dann,
um kurz nach acht, wurde den Gästen auch Kultur serviert,
ob sie wollten oder nicht: Fünf Frauen mit Hüten und zwei
Männer in Anzügen kamen in den Raum, setzten sich zielsi-
cher an den leeren Tisch und redeten so laut, dass sich alle
nach ihnen umdrehten. Die Strahler gingen an, und mit einem
Mal herrschte Ruhe, eine bedrückende und irritierende Ruhe.
Soeben hatte das Dramolett *Der deutsche Mittagstisch* begonnen.
Mitten in einer Gaststube in Zell. Die Worte *Nazisuppe, Nazisuppe* schnitten durch die Stubenluft.

Die Irritation in der Gaststube hätte vermutlich auch Thomas Bernhard gefallen. Und dann war nach nur zwölf Minuten alles vorbei.

Natürlich ist auch Zell am See ein Tourismusort, ein Ort also, der zur gleichen Zeit mondän und idyllisch, traditionell und unecht wirkt. Seit 1875 gibt es dort eine Eisenbahn, und wenig später wurde ein Grandhotel gebaut – weil der Kaiser den See gern hatte und die Kaiserin Elisabeth, besser bekannt als Sisi, die Berge mochte. 1885 ist sie, in Rigi-Manier, auf die Schmittenhöhe gestiegen, um den Sonnenaufgang zu beobachten. Heute heißen die Schilder an den Cafés ihre Gäste erst auf Kyrillisch und dann auf Deutsch »Herzlich willkommen«. Es gibt eine Seilbahn, die die Gäste direkt aus dem Ort nach oben in die Berge bringt. Und es gibt Taxifahrer, die gut davon leben, verschleierte Touristen aus den Arabischen Emiraten zu den Krimmler Wasserfällen oder zur Gletscherbahn zu fahren. Die führt hinauf zum Kitzsteinhorn, wo es auch im Sommer Gletschereis gibt und die erstaunten Scheichs sich beim Schneeballkneten die Finger abfrieren. Und was es sonst noch über Zell am See zu sagen gibt, hat der Schriftsteller Wolf Haas, der im benachbarten Maria Alm aufgewachsen ist, in *Auferstehung der Toten* so formuliert: *Von Amerika aus betrachtet, ist Zell ein winziger Punkt. Irgendwo mitten in Europa. Aber vom Pinzgau aus gesehen, ist Zell die Hauptstadt des Pinzgaus. Zehntausend Einwohner, dreißig Dreitausender, achtundfünfzig Lifte, ein See.* Im Buch erfrieren dann die Touristen im Lift, und die Tankstelle fliegt in die Luft.

Nach dem Spontan-Theaterstück saß ich mit dem Wirt am Tresen, und er erzählte mir, warum er das alles macht. Johannes Schwaninger hat Augenbrauen, die imstande sind, ganz unterschiedliche Formen zu bilden: Striche, Trichter, Wellen und manchmal auch Berge. Das hängt immer davon ab, worüber man redet. Wenn wir über Zell sprachen, waren diese Augenbrauen unglückselige Trichter. Aber sobald das Gespräch auf Literatur, Theater, Kunst kam, verformten sie sich zu so fröhlich geschwungenen Wellen, wie sie nur der Dampfer auf dem See verursachen kann. Das lag daran, dass man den Wirt als, und das ist für ein Gasthaus in den Alpen eher ungewöhnlich, Intellektuellen bezeichnen kann. Er sei nach dem Internat in Salzburg, erzählte er, erst nach Rom, um Philosophie, dann nach New York, um Psychologie zu studieren. Von dort aus gesehen wurde Zell am See immer mehr zum *winzigen Punkt*, wie ihn Wolf Haas beschreibt. Doch es kam alles anders, und der winzige Punkt kehrte plötzlich mit einer Macht, wie sie nur sehr tragische Geschichten erzeugen können, in das Leben des Wirts zurück. Sein Vater, damals der Steinerwirt, sein Bruder, damals designierter Nachfolger, und seine jüngere Schwester kamen bei einem Flugzeugabsturz ums Leben. Der Vater, ein erfahrener Pilot, war selbst geflogen und hatte sich im Sichtflug Richtung Graz am Verlauf einer Straße orientiert. Als das Wetter plötzlich umschlug und sie nichts mehr sahen, zerschellte die Maschine an einem Berg. Nach tagelanger Schockstarre und monatelanger Trauer machte sich Johannes Schwaninger notgedrungen Gedanken über die Zukunft. Wie sollte es weitergehen in Zell am See? Was wird aus dem Wirtshaus?

Schließlich kam er gemeinsam mit seiner Frau zurück. Sie ließen den Südflügel des Hauses umbauen und die Fassade modern gestalten. Im Treppenhaus wurde Kunst ausgestellt, und im Kastaniengarten lasen bekannte Gegenwartsautoren. Die Gaststube allerdings ließen sie so, wie sie schon immer war. Aus einer gewöhnlichen Wirtschaft wurde ein Fixpunkt der österreichischen Gegenwartsliteratur. Und auf eine ironische Weise passt das ganz gut: Denn vor allem Kaprun, der

Ort, der zur Tourismusregion Zell am See gehört, war immer wieder Gegenstand der österreichischen Literatur. »In den 1930ern ließen die Nationalsozialisten Zwangsarbeiter im Talschluss das Tauernkraftwerk bauen, bei dem 78 Arbeiter durch Unfälle und Lawinenabgänge ums Leben kamen«, erzählte Johannes. »Thomas Bernhard hat bei seiner Kraftwerksbaustelle in *Frost* auf Kaprun angespielt.« Und Christoph Ransmayr habe in einem Text über die Staumauer geschrieben. Er zitierte: »*Noch vor der Anzettelung des Zweiten Weltkrieges habe also in Kaprun der Krieg gegen das Gebirge begonnen.* Hast du mal *Der fliegende Berg* gelesen?«, fragte er mich. »Sehr interessantes Buch.« Ich dachte kurz an Meiringen und den kleinen Buchladen, in dem ich den Roman gekauft, aber tatsächlich noch nicht gelesen hatte. »Und dann ist da natürlich noch Elfriede Jelineks *In den Alpen*«, fuhr der Wirt fort, und seine Augenbrauen wurden beinahe zu Ausrufezeichen. »Das ist 2002, also anderthalb Jahre nach dem Gletscherbahnunglück, erschienen, und sie vermischt die beiden Katastrophen, indem sie die Toten sprechen lässt.« Im November 2000 waren bei einem Brand in der Gletscherbahn 155 Menschen ums Leben gekommen. Es war die größte Katastrophe, die sich in Österreich nach dem Zweiten Weltkrieg ereignet hat. Vieles in Zell am See ist also auch Aufarbeitung und Vergangenheitsbewältigung.

Dann – ich weiß noch genau, dass es 22:35 Uhr war – geschah etwas ganz und gar Unerwartetes: Gerrit kam durch die Türe! Gerrit, den ich vor drei Jahren in Interlaken im Backpacker-Grandhotel getroffen hatte, Gerrit, den es von St. Anton am Arlberg in die Schweiz verschlagen hatte, kam nun hier in Zell am See durch die Tür dieses Wirtshauses. Er sah mich an, klopfte mir auf die Schulter und sagte, das »r« verschluckend: »Seavas!« Der Wirt fragte erstaunt: »Ihr kennt euch?«

Und nun erzählte Gerrit mir seine Geschichte. Als wir uns damals in Interlaken verabschiedet hatten, war auch er nur noch drei Wochen geblieben. Er hatte einen Job für einen Location-Scouter angenommen und war seither – auf der Suche nach Drehorten für Filmproduktionen – kreuz und quer durch die Alpen gereist. Vor zwei Wochen hätte ihn ein neues Projekt nach Zell am See gebracht. »Ich brauchte eine Kombination aus Staumauer, Grandhotel, Gletscher und Hochalpenstraße«, sagte er und grinste.

»Erzähl von James Bond!«, sagte der Wirt, und da wurde mir klar, dass sich die beiden ganz gut kannten.

»Ach, schon wieder?«

Ich nickte.

»Also, kurz nachdem du abgereist warst, habe ich in Interlaken einen alten Skilehrer kennengelernt, der damals beim Dreh von *Im Geheimdienst Ihrer Majestät* einen der Bond-Gegner gespielt hat. Du weißt schon, die Skiverfolgung vom Schilthorn, der Berg, der im Film Piz Gloria heißt. 1969 war das. Auf jeden Fall ist dieser ehemalige Stuntman heute der Chef der Location-Scout-Agentur, für die ich nun arbeite. Es hat ja eine lange Tradition, dass Bond-Filme in den Alpen spielen: Andermatt, Interlaken, Cortina, Kärnten, St. Moritz …«

»Jetzt komm schon zur Sache«, drängte ihn Johannes.

»Jaja – also: Wir waren am Gardasee, für die Anfangssequenz des neuen Bond-Films. Eine Verfolgungsjagd an der Küstenstraße zwischen Torbole und Malcesine. Und, glaub es oder nicht, einer der Aston Martins ist dabei in den See gefallen.«

»Hat es sich gelohnt?«, fragte ich.

Sie nickten beide.

Dann erzählte ich Gerrit, dass ich in London in der Bibliothek, am Montblanc und auf dem Großglockner, wegen des Skifahrpfarrers in Warth und auf der Rigi gewesen war. Und dass ich nun auf die Zugspitze steigen wolle. »Eine interessante Parallele«, sagte der Wirt und sah mich an. »Dich führen Bücher«, er wandte sich zu Gerrit, »und dich Filme durch die Alpen.« Gerrit dagegen schien nicht zuzuhören und sah mich eine Weile lang an, und ich erinnerte mich daran, dass ich diesen heiteren und selbstbewussten Blick schon in Interlaken bemerkenswert gefunden hatte. Dann sagte er mit einer Bestimmtheit, die keinen Zweifel zuließ: »Ich komme mit auf die Zugspitze.«

Am nächsten Morgen fuhren wir gemeinsam von Zell am See Richtung Garmisch. Zunächst nach Saalfelden, durch einen Ort namens Lofer und dann in jenen Teil Deutschlands, der auf der Landkarte aussieht, als würde aus einem Fass ein großer Tropfen austreten: Wir fuhren ins Berchtesgadener Land, und am Obersalzberg kam uns unsere Fahrt vor, als verliefe sie auf den Spuren des Krieges. Hier stand Adolf Hitlers *Berghof*, auf dem Kehlstein sein *Eagle's Nest*, und in den Bunkeranlagen unter der Erde verschanzten sich die Nazis noch, als alles zu Ende ging. Manche Häuser und Mauern sehen noch heute aus, als würde gleich die SS vorbeimarschieren. Aber ganz oben, dort, wo der Berghof stand, hat heute der Tourismus gesiegt – ein riesiges Luxushotel dominiert den Hügel, der sich in den 1920er Jahren schon einmal aufschwang, eine große Touristendestination zu sein – bis Hitler ihm seinen Stempel aufdrückte.

»Eignet sich das nicht als Nazifilmkulisse?«, fragte ich Gerrit, und er antwortete nur: »Ja. Vorzüglich. Das kannst du in *Indiana Jones und der letzte Kreuzzug* sehen.«

Am Nachmittag saßen wir in Berchtesgaden am Ufer des Königssees und blickten Richtung St. Bartholomä und Watzmann. Die vergangenen Tage waren warm gewesen, und der Schnee in den Bergen schmolz dahin. Das Schiff legte gerade ab, und eine Blasmusikkapelle probte den Landler, dessen

Echo über den See sprang. Auf der Terrasse eines Restaurants polierten die Bedienungen das Besteck für die Abendgäste. Es war ein zauberhafter Moment, und beinahe hätte ich meinen Plan wieder aufgegeben. Aber Gerrit sagte: »Wir müssen los. Die Zugspitze.«

Ich blickte aufs Wasser und sagte: »Ja.«

Kapitel fünf: ABWÄRTS

Auf dem Jubiläumsgrat

Um es gleich zu sagen: Dies ist das dunkelste, grimmigste und traurigste Kapitel dieses Buches. Es ist seine Nordwand, der Punkt, an dem sich alles entscheidet, sich die Frage über Leben und Tod stellt und die Berge zu etwas durch und durch Existenziellem werden. Und doch sind hier auch die schönsten, anmutigsten, ergreifendsten und, wer hätte es gedacht, komischsten Dokumente über die Berge zu finden, die niemand je besser in einem Satz zusammengefasst hat als der österreichische Schriftsteller Jan Rys: *Das Bergsteigen wird durch die Existenz von Bergen sehr erschwert.*

Gemeinsam mit Gerrit wollte ich durchs Höllental auf die Zugspitze steigen, oben übernachten, dann auf dem Jubiläumsgrat von der Zugspitze zur Alpspitze klettern und dort wieder absteigen. Der Schnee in der Ostwand war geschmolzen, und die Tour, die größtenteils als Klettersteig gesichert ist, war nun endlich begehbar. Ein Klettersteig, das heißt, es führen Drahtseile am Fels entlang, in die man sich mit einer Karabinersicherung einfach einklinkt. Oben am Grat allerdings gäbe es an einigen Passagen keine Sicherung, hieß es in einer Beschreibung.

Wir fuhren also durch Garmisch-Partenkirchen, nein, wir rollten im Schritttempo durch Garmisch, denn auf der Hauptdurchfahrtsstraße trotteten die Kühe von den Ställen im Ort

Richtung Alm. Wir waren nicht die Einzigen, die es nach diesem langen Winter in die Berge zog. An der Talstation der Alpspitzbahn, auf 700 Meter Höhe, parkten wir das Auto und wanderten an der Trasse der Zugspitzbahn entlang bis zum Eingang der Höllentalklamm. Der Waxenstein erhob sich vor uns als spitzes Dreieck. Die Bahn überholte uns, die Touristen winkten heraus, und für einen kurzen Moment spürten wir, dass sie uns wegen der an den Rucksäcken hängenden Kletterhelme und Karabiner für etwas Besonderes hielten. In einer Stunde würden sie auf dem Gipfel ankommen. Wir würden etwas länger brauchen.

In der Höllentalklamm blieben wir mit den Rucksäcken immer wieder an den überhängenden Felsen hängen. Das Schmelzwasser rauschte durch die Schlucht und tropfte von den moosigen Wänden auf die glitschigen Holzstege. Die Tagesausflügler, die sich in rote und grüne Regenkleidung gehüllt hatten, kehrten alle am Ausgang der Klamm um, wo sich das Tal öffnet. Plötzlich waren wir allein und liefen eine Weile auf dem Forstweg bis zur Höllentalangerhütte. Andere Wanderer saßen vor den dunklen Schindeln der Hütte auf den Bierbänken in der Sonne und genossen den Tag. Von hier aus konnten wir unseren weiteren Weg, der uns heute noch mal über anderthalb Kilometer himmelwärts führen würde, ganz gut einsehen: erst über das Kiesbett des Flusses bis zum Talschluss, dann durch die Wand auf das grüne Plateau darüber und auf den Gletscher. Weiter über die Randspalte, vor der schon ein Aushang an der Hütte warnte, in die Ostwand und schließlich über den Riffelgrat zum Gipfel. Was wir von der Hütte aus nicht sahen, waren die ausgesetzten Leitern und die in den Fels getriebenen Stahlstifte, über die wir uns später durch die Wand bewegten, die Risse in den traurigen Überresten des Höllentalferners, das Geröllfeld an seinen Flanken und den tatsächlich furchteinflößenden Spalt, der sich zwischen Gletscher und Felswand auftut. Das Drahtseil, das den Beginn des Klettersteigs darstellt, hängt auf der anderen Seite. Um es zu greifen, muss man einen Sprung über die Spalte machen. Ein nicht gerade als klug zu bezeichnendes Vorhaben. Als ich vor der Spalte stand, dachte ich kurz darüber nach, was geschähe, wenn man hier abrutschte und etwa fünf Meter in die Tiefe fiel. Ich sah eine Weile hinab, sagte mir dann, dass ich diesen Sturz wohl überleben würde – und sprang.

Der Steig selbst ist bis auf ein paar Passagen nicht besonders anspruchsvoll. Wir erreichten bald den Riffelgrat und sahen nun fast senkrecht auf den mattgrünen Eibsee. *Als ob der liebe Gott bloß mal so hingespuckt hätte*, heißt es im *Doppelten Lottchen* von Erich Kästner, als Luise, Lotte und Frau Körner um die silberweiß glänzende Zugspitze wandern. Um 16 Uhr waren wir oben. Nach links wies ein Schild zum Jubiläumsgrat und warnte: »Hochalpine Route, nicht durchgehend versichert«. Wir wandten uns nach rechts und gingen die letzten Meter bis zum gelbgoldenen Gipfelkreuz, dem höchsten Punkt Deutschlands auf 2962 Meter.

Wenn man den ganzen Weg heraufgeklettert ist, fühlt es sich merkwürdig an, auf der anderen Seite nur fünf Minuten absteigen zu müssen, um dann auf der Panoramaterrasse eines riesigen Gebäudes – das Münchner Haus – ein Weißbier zu bestellen. Unter uns lag das Platt, ein weitläufiger Kessel, auf dem sich im Winter das Skigebiet erstreckt. Wir sahen auf die Bergstation der Zahnradbahn im Schneefernerhaus, die seit 1930 unter dem Gipfel hindurchfährt, und die Seilbahn, die die Touristen von dort aus auf den Gipfel bringt. Wahlweise kann man aber auch vom Eibsee oder von Ehrwald, der österreichischen Seite aus, direkt mit einer Gondel auf den Gipfel fahren. Es gibt in den Alpen keinen zweiten Gipfel dieser

Höhe, der so gut erschlossen ist wie die Zugspitze. Und um die vielen Touristen, die sich hier oben tummeln, nicht ins Verderben zu stürzen, steht an der Treppe, über die wir die Terrasse erreicht hatten, in großen roten Lettern:

ACHTUNG!
Alpines Gelände.
Absturzgefahr!

Die Erstbesteiger, Leutnant Josef Naus, sein Offiziersbursche Maier und der Bergführer Johann Georg Tauschl, waren am 27. August 1820 vom Reintal aus auf den Gipfel gekommen. Sie waren frühmorgens in der Angerhütte aufgebrochen, marschierten aufs Platt und zum Schneeferner und kletterten dann über den Westgrat zum Gipfel. Ein Gewitter mit Schneefall zwang sie schnell wieder zum Abstieg. Naus galt lange als Erstbesteiger. Doch vor einigen Jahren verkündete der Deutsche Alpenverein: »Die Besteigungsgeschichte der Zugspitze muss neu geschrieben werden.« Man habe im Archiv eine historische Karte aus der Zeit um 1770 wiederentdeckt, eine »alpinhistorische Sensation«. Sie beweise eindeutig, »dass bereits sehr viel früher Menschen auf dem Gipfel der Zugspitze gestanden haben müssen«. Auf der Karte war der Steig zum Gipfel bereits eingezeichnet.

Als die Bedienung unsere Weißbiere brachte, fuhren die Bahnen mit den letzten Touristen in drei verschiedene Richtungen wieder hinunter in die Ebene – und wir blieben mit fünf anderen Bergsteigern und dem Personal des Münchner Hauses zurück. Es ist eine wunderbare Sache, dass Familien und Senioren auf den Gipfel der Zugspitze fahren können, um diese Aussicht zu genießen. Und doch spürte ich, als der Trubel auf der Terrasse sich gelegt hatte, zum ersten Mal, dass sich jener Unterschied zwischen Tourist und Alpinist, den Johann Wolfgang von Goethe, Leslie Stephen, Evelyn Waugh und Reinhold Messner immer wieder betonten, tatsächlich sehr gut anfühlen kann. Wir saßen noch lange auf der Terrasse und unterhielten uns, während die Sonne sich den Bergen näherte und die Farben allmählich aus der Landschaft wichen. Als die Sonne untergegangen war, tauchte der Himmel die Welt erst in Rosa, dann in Rot, dann in Dunkelblau und Lila, das schließlich in ein konturverschlingendes Schwarz überging.

Am nächsten Morgen klingelte der Wecker uns um vier Uhr aus einem kurzen und schlechten Schlaf. Wir zogen uns an, schnürten die Stiefel, setzten die Helme auf, legten die Klettersteigsets an und stiegen hinaus in die hochalpine Welt. »Der Jubi«, wie die Einheimischen den Jubiläumsgrat nennen, »zieht sich«, hatte man uns an der Höllentalangerhütte gesagt und uns geraten, früh aufzubrechen. Um 5:02 Uhr ging die Sonne auf, und wir waren schon eine halbe Stunde unterwegs, und um sechs Uhr war das Gipfelkreuz nur noch ein kleines Etwas, das in der Distanz auf dem Gipfel stand. Der graubraune Fels war brüchig, und plötzlich gab es kein Drahtseil mehr, an dem wir uns hätten einhängen können. Auf den ersten Metern fühlte ich mich nicht besonders wohl und musste die Vorstellung davon verdrängen, was geschähe, wenn ich hier abrutschte. Ich hoffte auf Sicherungen im Fels. Aber da waren keine. Um halb sieben war ich vor lauter Adrenalin schon völlig außer Atem, erschöpft und zittrig.

Der Weg führt nicht immer direkt am Grat entlang, sondern verläuft zum Teil ein Stück unterhalb davon, und es war nicht immer leicht, ihn zu finden. An einem Punkt diskutierten wir eine Weile, ob wir uns links oder rechts halten sollten – und stiegen dann nach rechts. Es war an einem kleinen Zwischengipfel, den man über eine Kletterpassage, die auf der linken Seite mit Seilen versichert ist, umgehen muss. Wir hatten uns also für die falsche Richtung entschieden, und was nun geschah, werde ich wohl nie vergessen.

Ich sah Gerrit voranklettern, sah ihn den Grat verlassen und ohne Sicherung in den obersten Teil einer Wand einsteigen, die nach unten rund 800 Meter abfiel. »Das gefällt mir gar nicht«, hörte ich mich sagen, da war er schon in die etwa fünf Meter lange Passage hineingeklettert. Ich sah ihn unsicher Halt suchen, einen großen Schritt nach dem anderen quer durch die Wand setzen und schließlich auf der anderen Seite ankommen. Gerrit drehte sich um und rief: »Also: Da musst du aufpassen.« In meinem Kopf spulte sich in diesem Moment die Zukunft im Schnelldurchgang ab: Wie ich sagte: »Nein, das mache ich nicht«, wie ich mich entschied umzudrehen, wie Gerrit sagte, er wolle diese Passage nicht zurückklettern, wie wir über die Wand hinweg verabredeten, uns im Tal wiederzutreffen, wie wir uns trennten, wie ich allein zurück zum Gipfel stieg, wie ich ein Ticket für die Bahn löste und hinabfuhr.

Dann kletterte ich los – nicht zurück, sondern hinein in die Wand. Meine Hände waren schweißnass, meine Beine zitterten, und langsam setzte ich die Stiefel auf die kleinen Tritte im Fels und suchte mit den Händen die Wand nach möglichen Griffen ab. Ich hatte plötzlich das Gefühl, dass mein Rucksack schwerer wurde und mich nach unten zog. Ich hatte vielleicht fünf oder sechs Schritte gesetzt, da wurde es knifflig. Mein rechter Fuß fand keinen Tritt mehr, und Gerrit sagte, ich solle ein Stück nach unten klettern. Und das war genau der Moment, in dem in meinem Gehirn eine Lawine abging. Es dauerte nur wenige Sekunden, doch die Intensität dieses Moments werde ich niemals vergessen. Vermutlich war es der existenziellste Gedanke, den ich je gedacht hatte. Jedenfalls war er gegen meinen Willen plötzlich da: Was wäre, wenn ich einen falschen Schritt machte? Ich hatte Angst. Todesangst. Das Wort *Todesangst* setzte sich in meinem Kopf fest – *Todes-*

angst, Todesangst, Todesangst –, und zugleich war mir bewusst, dass dieser Gedanke, ungesichert in einer brüchigen Felswand, nicht sein durfte. Ich wusste, dass dieser Gedanke erst die Gefahr auslösen würde, dass Unglücke erst passieren, nachdem man über sie nachgedacht hat. Und dann vertrieb ich den Gedanken mit einer Energie, wie ich sie nie zuvor in meinem Leben aufgebracht habe. Ich atmete einmal kurz durch, sah nach unten, entdeckte den Tritt, streckte das rechte Bein durch – und kletterte mit drei großen Schritten aus der Wand.

Wir brauchten noch sehr lange, bis wir am Osterfelderkopf ankamen, wo die Alpspitzbahn uns wieder ins Tal bringen sollte. Wir mussten über die drei Höllentalspitzen, den Hochblassen, die Vollkarspitze und viele namenlose Zwischengipfel klettern und den Grat hinauf zur Alpspitze überwinden. Wir gingen zum Teil auf dem bierbankbreiten Grat – links fiel die Wand tief ins Höllental, rechts noch tiefer ins Reintal ab. Es waren etliche Kletterpassagen dabei, aber sie waren alle gesichert und ungefährlich. Um 13 Uhr standen wir auf dem Gipfel der Alpspitze und legten uns erschöpft neben dem Gipfelkreuz auf den Boden. Eine Frau kam von der anderen Seite herauf und fragte uns, ob wir auf dem Grat jemanden überholt hätten. Sie stellte sich als Gudrun vor, sie sei von der Bergwacht. »Erst gestern ist jemand abgestürzt«, erzählte sie uns und blickte in die grauen Wolken, die sich am Grat aufstauten. »Das ist heute eigentlich kein Tag für den Jubi.« Das Wetter hatte sich innerhalb der vergangenen zwei Stunden grundlegend geändert, und von jenem wolkenlosen Morgen, an dem wir vor achteinhalb Stunden losgegangen waren, war nichts geblieben. »Dieser Grat ist echt gefährlich«, sagte sie. »Den unterschätzen viele, und vor allem bei schlechtem Wetter plumpsen da viele, runter.« Sie sagte wirklich »plumpsen«. Wir sagten nichts.

Über den Klettersteig, der von der Alpspitze hinunter zum Osterfelderkopf führt, stiegen wir ab. Er war durchgehend mit Drahtseil versichert, aber wir hängten uns kein einziges Mal daran ein, weil sogar die einfachen ungesicherten Stellen auf dem Jubiläumsgrat deutlich schwerer waren. Um drei Uhr kamen wir an der Bergstation an, tranken zusammen vier Liter Cola-Mix und fuhren mit der Gondel ins Tal, erschöpft und mit einem müden Lächeln im Gesicht.

Eine Gefahrensituation in den Bergen hat vermutlich jeder halbwegs ambitionierte Bergsportler schon einmal erlebt. Ein Wettersturz mit plötzlichen Temperaturunterschieden von 20 Grad; ein Blitzschlag auf einer Wanderung, ein Steinschlag in einem Klettersteig; ein Schneefeld, das aus einem harmlosen Pfad eine unerwartet gefährliche Kletterpassage macht; eine Lawine, die bis auf die Piste oder ins Dorf rutscht. Wenn man diese Situation gut überstanden hat, denkt man sich: Nie wieder! Und trotzdem ist man nach einer Woche schon wieder unterwegs und begeht die gleichen Torheiten. *So weit im Leben, ist zu nah am Tod!*, dichtete Friedrich Hebbel im *Sommerbild*. Der Alpenwanderer und Philosoph Friedrich Nietzsche schrieb: *Wer sich im Gebirge verklettert, muss sich vor allem hüten, die Gefahr seiner Lage nicht für größer zu halten als sie ist.* Der Bergsteiger Thomas Hrovat sagte: *Der einzige Grund, Berge zu besteigen, bestand darin, nicht abzustürzen.* Und der Schriftsteller Emil Zopfi schrieb: *Die Grenze zwischen Leben und Tod zeigt sich nirgends so deutlich wie in den Bergen, Sterben und Überleben zur Unsterblichkeit scheint nirgends so vom Zufall bestimmt (oder von höheren Mächten vorbestimmt, wie viele glauben) wie am Berg. Sekunden, Minuten, intuitive Entscheide über Route, Aufbruch oder Umkehr bestimmen unser Schicksal.* Auch Reinhold Messner wusste natürlich sehr genau, wovon er sprach, als er sagte: *Die große Kunst beim Bergsteigen ist es, die Grenze zwischen Feigheit und*

Wahnsinn zu erkennen, so schwierig wie jede Selbsteinschätzung. Mit anderen Worten: den größtmöglichen Schwierigkeiten mit größtmöglicher Vorsicht zu begegnen. Ein Schritt weiter, und du stürzt ab, ein Schritt zurück bedeutet Unzufriedenheit in der Sicherheit.

Manche haben über die Gefahr nicht nur geschrieben, sie sind auch darin umgekommen. Große Talente wie Albert Mummery, Leo Maduschka oder Reinhard Karl, die vielleicht nicht nur große Bergsteiger, sondern auch große Schriftsteller geworden wären, wären sie nicht mit 40, 24 und 35 Jahren in den Bergen gestorben. Zumindest hat jeder von ihnen ein eindrucksvolles Buch hinterlassen:

> A. F. Mummery: *Meine Bergfahrten in den Alpen und im Kaukasus*
> Leo Maduschka: *Bergsteiger, Schriftsteller, Wissenschaftler*
> Reinhard Karl: *Erlebnis Berg: Zeit zum Atmen*

Mummerys Buch erschien kurz vor seinem Tod 1895. Und es scheint fast, als habe der Brite gewusst, dass er nicht vom Nanga Parbat zurückkommen würde: *Es ist zum Beispiel ganz unmöglich, die fürchterlichen Abstürze der Kleinen Dru hinabzublicken, ohne nicht in jedem Nerv die vollständige Auflösung alles Menschlichen, die ein Sturz zur Folge haben müßte, zu verspüren. … Gewiß fordern die grimmigen Grate von Zeit zu Zeit ihre Opfer, aber der wahre Alpinist würde wohl kaum zurückschrecken und seine Liebe zu den Bergen verleugnen, auch wenn er wüßte, daß er dereinst das Opfer wäre!* Das ist auch bei Reinhard Karl so. In *Unterwegs nach Hause* schrieb der Automechaniker aus Heidelberg und erste Deutsche, der den Mount Everest bestieg, über Angst, Identität, das Erwachsenwerden; und der Text liest sich Zeile für Zeile, als hätte er seinen bevorstehenden Tod am Cho Oyu im Himalaya erahnt. Andere haben den Tod imaginiert: *Angenommen, ich zer-*

schnitte plötzlich das Seil und stieße Compagnoni über die Kante? *Den weiteren Verlauf konnte ich mir leicht und lebhaft vorstellen: den edlen Schwung des Luftsprunges, die atemraubende Beschleunigung, die schmetternden Püffe gegen die Eisrippen des Berges.* Das dachte sich Leslie Stephen, als er gemeinsam mit seinem Führer Pietro Compagnoni im dichten Nebel von der Königsspitze nahe dem Ortler abstieg.

Und manche sind ihm gerade so von der Schippe gesprungen: Der Brite Joe Simpson war in eine Gletscherspalte gefallen und halb tot. Dann hörte er den Boney-M-Song *Brown Girl in the Ring* und dachte sich: So darf es nicht zu Ende gehen. Auch der östereichische Höhenbergsteiger Christian Stangl lag halb tot im Schnee, hörte das Beatles-Lied *Octopus's Garden* und überlebte.

Es wundert mich nicht, wenn Alpinisten erzählen, dass sie viele ihrer Freunde verloren haben, und von Zeit zu Zeit werde auch ich mit dem Tod konfrontiert. Nur einen Monat vor dem Erlebnis am Jubiläumsgrat hatte ich eine Mail von einem Bekannten bekommen: »Uns hat am Samstag eine sehr traurige Nachricht erreicht. Ein Freund von uns aus der Schweiz ist bei einer Skitour im Monte-Rosa-Gebiet in eine Gletscherspalte gestürzt und gestorben ... Er war mit noch zwei anderen unterwegs, die Jungs waren angeseilt, aber das hat alles nichts geholfen. Eine Woche vorher saß er noch bei uns am Küchentisch und hat für die Kinder Osterhasen-Bilder gemalt. Die Berge können so grausam sein ...«

Drei Wochen zuvor hatte ich in einem Skigebiet zufällig einen 20-jährigen Burschen getroffen, mit dem ich einen halben Tag lang gemeinsam gefahren war. Er hatte mir von seinen Studienplänen erzählt und lebensfroh, glücklich und motiviert gewirkt. Zwei Wochen später erfuhr ich, dass er in einer Lawine ums Leben gekommen war. Das alles ist hart, traurig, grausam. Aber es wäre falsch zu ignorieren, dass die Berge genau das sind. Das Unglück gehört ebenso dazu wie das Glück, das zum Beispiel die Umarmung auf einem Gipfel auslöst. Alois und Lionel, Olivier und Toni, Gudrun und Gerrit würden das genauso sehen.

Auch ich habe in den Bergen schon einige gefährliche Situationen erlebt, aber nie vor und nie nach dem Jubiläumsgrat war mir diese Grenze zwischen Feigheit und Wahnsinn so intensiv bewusst geworden. Das Leben kann schnell enden in den Bergen, weil man im Bruchteil von Sekunden falsche Entscheidungen trifft. Ich habe bislang immer die richtigen getroffen – oder hatte einfach nur Glück.

Als der Berg rief

Der Alpenunfall ist beinahe so alt wie der Alpinismus selbst. 34 Jahre nach der Erstbesteigung des Montblanc ereignete sich dort das erste große Unglück. Unter der Leitung des Engländers Dr. Joseph Hamel kam eine Expedition im August 1820 in schlechtes Wetter und wurde von einem Schneebrett in die Tiefe gerissen. Drei der Führer kamen ums Leben, und das sensationslüsterne Interesse am »Hamel-Desaster« war groß: Zwischen 1820 und 1825 erschienen acht Berichte über den Unfall. Lawinen wurden als ernsthafte Gefahr akzeptiert. Leslie Stephen differenzierte später mit gehörigem Respekt: *Plötzlich vernahm ich leises Fauchen und sah beim Umdrehen eine weiße Schneeschlange herunterschießen. Das war die stille Lawine, der verschlagenste aller Feinde. Sie donnert nicht, wie in der Jungfrauenwand, mit dem Zerschlagen aller Knochen drohend. Sie pürscht sich heimlich an, reißt dir die Füße unterm Leibe weg, wickelt dich in ein Schneelaken und begräbt dich für einige Jahrhunderte in einer Spalte, ohne Aufhebens davon zu machen.*

Aber das Bergunglück mit seiner Dramaturgie und all den Facetten, die ein Drama ausmachen, wurde 1865 am Matterhorn geboren – und zugleich wurde das »Goldene Zeitalter« begraben. Dieses Drama hat die alpine Literatur geprägt, ging ins Kollektivgedächtnis ein und ist der Ursprung der Worte: »Der Berg ruft«.

Vermutlich war es der Schreckmoment am Jubiläumsgrat, der mich an Whympers *Matterhorn* erinnerte, das Buch, das mir Toni am Großglockner empfohlen hatte. Als ich in Garmisch zu lesen anfing, wollte ich schon nach wenigen Seiten alles über den Unfall, der sich dort ereignet hatte, erfahren. Und ich wollte diesen eindrucksvollsten aller Berge sehen. Ich wollte zum Matterhorn nach Zermatt ins Wallis. Der Berg rief mich. Gerrit musste zurück in den Pinzgau, an seine *locations*, und riet mir, mit dem Zug nach Zermatt zu reisen. »Das ist echt ein Erlebnis«, sagte er. Ich ließ also mein Auto in Garmisch und reiste mit dem Zug durch die Alpen, was den großen Vorteil hatte, dass ich während der Reise lesen konnte. Im Regionalexpress nach Innsbruck beendete ich zunächst Christoph Ransmayrs *Der fliegende Berg*, dieses irritierende, im Flattersatz gesetzte Buch, auf dessen Cover zwei durch dunkelblaues Wasser schwimmende Quallen abgebildet sind; das Buch, an das mich der Wirt in Zell am See erinnert hatte. Ich hatte nur noch 38 Seiten, und als es hinunter ins Inntal ging, las ich die letzten Sätze und klappte das Buch zu.

In Innsbruck stieg ich um, ging an den im Hauptbahnhof herumlungernden Junkies vorbei und sah auf einem Plakat die Aufschrift *Berge, eine unverständliche Leidenschaft*, mit der für eine Ausstellung geworben wurde. Meine unverständliche Leidenschaft trieb mich weiter auf Gleis 4, zum Railjet, der nach Sargans fuhr. Eine halbe Stunde lang beobachtete ich die vorbeiziehenden Berge, die Nordkette mit der Seegrube auf der einen Seite, die Stubaier Berge auf der anderen. Links sah ich das Skigymnasium in Stams, die Olympiasieger-Schmiede der Österreicher, und rechts die Ausläufer des Mieminger Plateaus. In Landeck holte ich Edward Whympers *Matterhorn* aus meinem Rucksack – schließlich war ich auf dem Weg zu diesem Berg – und vertiefte mich in seine Geschichte. Whymper kannte das Wallis und seine Berge sehr gut und hatte innerhalb von fünf Jahren neunmal versucht, den Berg zu besteigen. Er war vom Matterhorn besessen, hatte sich aber auch in die faszinierende Landschaft verliebt. *Keine Aussichten*, schrieb Whymper, *haften fester im Gedächtnis als die, welche man nur einen Augenblick lang sieht, wenn zum Beispiel ein Nebelschleier zerreißt und ein einzelner Turm oder Dom sich zeigt. Die Gipfel, die man in solchen Fällen wahrnimmt, sind vielleicht nicht die größten und edelsten, aber man erinnert sich ihrer länger als aller Panoramaaussichten, weil das vom Auge fotografierte Bild Zeit zum Trocknen hat, statt in noch nassem Zustand durch die Berührung mit anderen Eindrücken verwischt zu werden.*

Bei einer Erkundungstour im Sommer 1861 zum Liongletscher stürzte Whymper und gab seinen Lesern erstmals eine Vorstellung davon, wie gefährlich diese steilen Berge sein können: *Das Schneefeld, auf dem dies geschah, war steil und lag am Beginn einer Rinne, die zwischen zwei Felsvorsprüngen zum Liongletscher hinablief, den ich 300 Meter unter mir sah. … Wegen meines Tornisters fiel ich mit dem Kopf voran und geriet 4 Meter weiter unten zwischen einige Felsblöcke. An diesen verfing ich mich und stürzte vom Schneerand hinweg in die Rinne. Mein Stock wurde mir aus den Händen gerissen, und ich wirbelte in einer Reihe von Sprüngen, die immer länger wurden, abwärts, bald über Eis und bald über Felsen, wobei ich vier- bis fünfmal mit dem Kopf aufschlug, und zwar jedesmal stärker. Endlich wurde ich mit einem Sprung von 15 bis 20 Metern von einer Seite der Rinne auf die andere geschleudert und schlug, zum Glück mit meiner ganzen linken Seite, auf die Felsen. … Noch 3 Meter weiter, und ich wäre in einem riesigen Satz von 250 Metern auf den Gletscher hinuntergestürzt.*

Das alles muss man sich mit der Ausrüstung von damals vorstellen. Also ohne Helm und mit Wollklamotten, die keinerlei
Schutz boten. *Ich konnte die Felsen nicht einen Augenblick loslassen,
und mein Blut floss aus mehr als zwanzig Wunden. Die schlimmsten Verletzungen hatte ich am Kopf und suchte sie vergebens mit der
einen Hand zu schließen, während ich mich mit der anderen festhielt.
Es war nutzlos, das Blut spritzte bei jedem Pulsschlag hervor und
blendete mich fast.*
Whymper fiel in Ohnmacht und erwachte erst wieder, als
die Sonne unterging. Er stand auf, stieg die 1500 Höhenmeter
nach Breuil in einem Stück ab und schlich sich unten, *aus
Scham über den Zustand, in den ich mich durch meine Dummheit
versetzt hatte,* in sein Hotelzimmer. Er hätte ohne weiteres sterben können. Für dieses Jahr hatte er genug vom Matterhorn.
Auch seine Versuche 1862 und 1863 blieben erfolglos. Dann
kam das Jahr 1865.

Ich war so vertieft in die Geschichte, dass ich es beinahe ver-
säumt hätte, in Sargans in den Intercity nach Chur zu steigen,
eine Stadt, die sich einmal mit dem Slogan »Keep Chur« vermarktet hat. Nun wirbt sie mit »Die Alpenstadt«, was gut zur
Brambrüeschbahn passt, die aus dem Zentrum direkt in die
Berge fährt, und zu den Passstraßen, die in jede Himmelsrich-
tung zu einer anderen Bergregion führen: Laax, Lenzerheide,
Arosa, Davos. Chur ist außerdem eine Station des Glacier
Express, der von St. Moritz kommt und nach Zermatt fährt.
Mit einem dieser feuerroten, edelweißbedruckten Züge fuhr
ich am nächsten Mittag weiter nach Zermatt, auf der Strecke,
die ich vor kurzer Zeit mit dem Auto in die andere Richtung
gefahren war. Nun aber nahm ich die Landschaft ganz anders
wahr. Durch die großen Panoramafenster bewunderte ich den
Einschnitt, den der Rhein in der Surselva hinterlassen hat und
durch den sich die Bahn spektakulär hindurchzwängt. Der

Waggon hat auch im Dach Fensterscheiben, weil die Attraktionen, die es hier zu sehen gibt, so weit oben sind. Ich trank einen Kaffee, als sich der Zug auf den Oberalppass kämpfte und an den Hängen des Schneehüenerstocks vorbeifuhr. Und ich lehnte mich entspannt zurück, als er in vier langen Kurven hinunter nach Andermatt fuhr.

Kurz nach Andermatt verschwand der Zug in Realp (wo einstmals Goethes Abenteuer endete) im Furka-Basistunnel und kam 20 Minuten später wieder in Oberwald (wo Goethes Abenteuer begann) ans Tageslicht. So leicht geht das heute. Wir fuhren hinab in Rhonetal, um dann in Visp ins Mattertal abzubiegen. In den schwarzen Blenden des Bahnhofsgebäudes spiegelten sich die Berge. Dann ging es wieder hinauf, der Zug fuhr auf dem Zahnrad durch Tunnel und über abenteuerliche Brücken, und in den Dachfenstern erschienen bald Seilbahnstützen, Gipfelkreuze, Felsgrate und Gletscherkanten. An jeder Station stieg der Schaffner aus und führte undurchschaubare Spezialaufträge aus. Einmal gab er ein großes Paket ab, einmal nahm er einen Briefumschlag mit, und einmal verhandelte er mit einem anderen Bahnangestellten so heimlich, als würde er Drogen verkaufen.

Um fünf Uhr nachmittags hielt der Zug mit einem Ruck an. Ich war in Zermatt. Leider hatte sich das Wetter seit der Furka komplett verändert. Die Wolken zogen dicht über die Häuser hinweg und wirkten in den Abendstunden bedrohlich. Die Armani- und Rolex-Boutiquen schlossen gerade, und die Menschen verschwanden in ihren Hotels. Es begann zu nieseln. Ich ging auf den Campingplatz, der sich auf einer kleinen Wiese mitten in der Zermatter Luxuswelt befindet und wie ein Fremdkörper wirkt. Er ist die Antithese des Ortes, und die Bergsteiger, die dort in ihren Zelten wohnen, erinnern daran, dass sich hinter diesen Regenwolken die Viertausender gruppieren. Das Matterhorn wirft an einem sonnigen Tag seinen Schatten bis hierher. Karabiner liegen neben Kletterseilen, Steigeisen neben Rucksäcken. Ob Bergsteiger, Kletterer oder Wanderer, wer in Zermatt auf dem Campingplatz wohnt, der verweigert sich gemeinschaftlich der Glamourwelt. Wer auf dem Campingplatz wohnt, dem geht es um die Natur, um die Berge und den Wunsch, sie zu umrunden oder zu besteigen. Die ganzen teuren Hotels, die saubere Einkaufsstraße, die glitzernden Schaufenster, die Geschäftsleute und Millionärsfrauen – nichts von alldem hat auf dem Campingplatz eine Bedeutung.

Die Regenwolken vermengten sich mit der Dunkelheit, und man wusste nicht genau, ob es bald regnen oder bald Nacht werden würde. Ich baute mein Zelt auf und beobachtete die vier jungen Männer, die in Goretex-Jacken gehüllt auf dem Platz neben mir an einem Klapptisch saßen. Vor ihnen brodelten Dosenravioli auf einem Gaskocher. Als sie das Abendessen in vier Aluminiumteller aufteilten, begann es zu regnen. Ich spannte gerade mein Zelt ab, als ein paar schwere große Tropfen vom Himmel fielen, die die Vorboten eines Sturzbaches waren, der laut und kühl auf die Welt niederging. Die Menschen flohen in ihre Zelte und zogen von innen die Reißverschlüsse zu. Nur die vier Bergsteiger ließen sich nicht stören. Synchron klappten sie die Kapuzen der Jacken über ihre Köpfe. Weiter nichts. Sie gingen nicht ins Zelt, sie spannten kein Regendach auf, sie standen nicht einmal auf, um irgendetwas vor dem Wasser zu schützen. Keine hektische Bewegung. Nichts. Sie saßen im strömenden Regen, löffelten Ravioli und unterhielten sich weiter über den morgigen Tag und die geplante Besteigung eines hohen Berges. Ich kroch ins Zelt, machte die Stirnlampe an und las weiter in Edward Whympers *Matterhorn*.

Whymper wollte eigentlich Jean-Antoine Carrel, einen Berg-führer aus dem italienischen Breuil, in seiner Mannschaft haben. Carrel war der beste Kenner des Berges und einer der begabtesten Kletterer der Zeit. Aber in Italien machte der eben gegründete *Club Alpino Italiano* das Matterhorn zur natio-nalen Angelegenheit. Carrel sagte Whymper ab unter dem Vorwand, von einer *Familie hohen Standes* engagiert worden zu sein, und verschwieg, dass er eine Besteigung des Cervino, wie das Matterhorn in Italien heißt, von Breuil aus plante. Whym-per suchte sich andere, weniger erfahrene Leute und bereitete die Besteigung von Zermatt aus vor. Die Geschichte hatte nun ihre zwei Helden, die aufeinander zusteuerten, also die besten Anlagen für eine Tragödie.

Am 13. Juli 1865 brachen sie morgens um halb sechs zu acht in Zermatt auf: Whymper, Lord Francis Douglas, Robert Hadow und Charles Hudson, die beiden erfahrenen Berg-führer Michel Croz und Peter Taugwalder sowie dessen zwei Söhne, die als Träger eingesetzt wurden. Sie kamen gut voran und bauten mittags auf 3350 Meter ein Zelt auf. Das Zelt, das heute in einer Holzkiste im Keller des Londoner Alpine Club liegt. Am nächsten Morgen, dem Gipfeltag, starteten sie, als *es zum Gehen hell genug war*. Auch an diesem Tag lief alles nach Plan. Um zehn Uhr hatten sie eine Höhe von 4260 Metern erreicht. Sie mussten die Ostseite verlassen, da sich die Felswände im oberen Verlauf wie Hochhäuser auftürmen, und kletterten in die Nordseite. Am Ende war der Aufstieg auf den »unbesteigbaren Berg« überraschend einfach: *Dieser einzig schwierige Teil war von keiner großen Ausdehnung*, schrieb Whym-per. *Um Viertel vor 2 Uhr lag die Welt zu unseren Füßen, und das Matterhorn war besiegt. Hurra! Nicht ein Fußstapfen unserer italie-nischen Nebenbuhler war zu sehen.*

Die Mannschaft um Carrel war bereits am 11. Juli von Breuil aus aufgebrochen, um den Berg von Süden aus zu besteigen.

Als Whymper und seine Leute vom Gipfel aus auf den süd-westlichen Grat blickten, erkannten sie die Italiener und riefen lauthals spöttisch hinunter. »Der Berg ruft« – der Ursprung dieses geflügelten Wortes. Aber Whymper blieb fair: *Ich hätte gewünscht, dass der Führer jener Gesellschaft in diesem Augenblick neben uns gestanden hätte, denn unser Siegesgeschrei sagte ihm, dass er sein höchstes Lebensziel verfehlt hatte. Von allen, die das Matterhorn zu ersteigen versuchten, verdiente er am meisten, den Gipfel zuerst zu erreichen. Er war der Erste, der seine Unersteigbarkeit bezweifelte, und der Einzige, der an dem Glauben festhielt, dass die Ersteigung gelingen werde.*

Carrel und seine Männer kehrten um, als sie das Geschrei auf dem Gipfel vernahmen. Schon zwei Tage später brachen sie wieder auf und befanden sich am folgenden Morgen wieder an der Stelle, wo sie vor drei Tagen umgekehrt waren. Nun begann die *schlimmste Kletterpartie, von der man weiß*, erzählte Carrel später, ein Auf und Ab durch die Vertikale, bis sie schließlich um drei Uhr nachmittags auf dem Gipfel standen – drei Tage zu spät.

Als sich nach einem zermürbenden Dauerregentag endlich wieder ein paar Fetzen blauen Himmels über Zermatt zeigten, zog ich los, um an den Fuß des Matterhorns zu wandern. Man muss das Matterhorn einmal gesehen haben, um sich seine Dimension vorstellen zu können und zu verstehen, warum es etwas Besonderes ist, eine Ikone, ein Wahrzeichen, das es als Schokolade gibt und das auf Mineralwasserflaschen, Zigaretten- und Käseverpackungen in der Welt bekannt ist; warum jedes Gebirge sein eigenes Matterhorn hat und warum es, in drei Strichen auf ein Papier gezeichnet, auch die meisten Menschen, die sich nicht für Berge interessieren, erkennen. Schon bald baute es sich erhaben vor mir auf, eine Felspyramide, die sich oben ein wenig nach links einzudrehen scheint, so dass sich die Nordwand abenteuerlich überhängend nach außen neigt. Es sieht aus, als wäre hier ein riesiges Stück des Berges einfach weggebrochen und hätte den Rest in einem labilen Gleichgewicht zurückgelassen. Zwischen der weißen Linie des Matterhorngletschers unten und den Wolkenbändern oben wirkte die Landschaft, als wäre sie in einen Rahmen gestellt worden. Whymper hatte es 1861, bei seinem ersten Besuch in Zermatt, ähnlich wahrgenommen: Er biegt um eine Felsenecke, und da ist das Matterhorn, aber nicht da, wo er es erwartete, denn er muss den Blick in die Höhe richten, um es zu sehen, da es über seinem Kopf zu schweben scheint. Und Mark Twain schrieb über den Berg: *Er ragt in den Himmel wie ein kolossaler Keil, dessen Blatt im obersten Drittel ein wenig nach links gebogen ist. Die breite Basis dieses Riesenkeils ruht auf einer gewaltigen, mit Gletschern gepflasterten Alpenplattform. ... Seine seltsame Gestalt, seine fürstliche Isolierung und seine majestätische Unähnlichkeit mit den eigenen Artgenossen machen es sozusagen zum Napoleon der Gebirgswelt.*

Ich war etwa zwei Stunden unterwegs, und die Sicht auf den Berg änderte sich von Minute zu Minute. Die Wolken brandeten erst von Süden heran und klatschten wie Wasser auf einen spitzen Felsen. Dann zog die Sonne auf, und die Wolken wichen einem knallblauen Himmel. Der Hörnligrat, jener Grat, der Whymper zum Gipfel führte, zeigte sich immer deutlicher. Ich erkannte die Hörnlihütte am Fuße des Grats, und meine Augen folgten ihm bis zum Gipfel auf 4478 Metern, der neunthöchste Berg der Alpen. Es ist überhaupt nicht nachvollziehbar, dass Whymper zunächst über das Furggen Couloir aufsteigen wollte und den Hörnligrat nicht als leichteste Route erkannt hatte. Heute ist der Hörnligrat der sogenannte Normalweg, auf dem sich an schönen Tagen Hunderte von Bergsteigern hinaufschieben und den Steinschlag zur größten aller Gefahren machen. Das Furggen Couloir ist dagegen erst 2011 durchstiegen worden.

Whymper und seine Mannschaft machten sich nach der Erstbesteigung auf den Weg nach unten. Vorsichtig und aneinander angeseilt stiegen sie Schritt für Schritt ab. Whymper ging hinten und bekam nicht genau mit, was vorne passierte. *Ich hörte von Croz einen Ausruf des Schreckens und sah ihn und Hadow abwärts fliegen. Im nächsten Moment wurden Hudson und unmittelbar darauf auch Lord Douglas die Füße unter dem Leib weggerissen.* Dann riss zwischen Taugwalder vor ihm und Lord Douglas das Seil. *Einige Sekunden lang sahen wir unsere unglücklichen Gefährten auf den Rücken niedergleiten und mit ausgestreckten Händen nach einem Halt suchen. Noch unverletzt kamen sie uns aus dem Gesicht, verschwanden einer nach dem anderen und stürtzten von Felswand zu Felswand auf den Matterhorngletscher, in eine Tiefe von beinahe 1200 Metern hinunter.*

Ich saß jetzt auf einem Felsen unter dem Gabelhorn etwa zwei Kilometer von jener Stelle entfernt, wo drei der Bergsteiger später gefunden worden waren, und konnte genau erkennen, wo sich das Unglück damals ereignet hatte, wo die Bergsteiger gefallen und wo sie auf dem Gletscher aufgeschlagen sein mussten. Lord Douglas, von dem bis heute jede Spur fehlt, war in eine tiefe Gletscherspalte gefallen – irgendwann wird das Eis ihn wieder freigeben.

Whymper stieg am Tag nach dem Unglück auf den Gletscher, um die Leichen seiner Kameraden zu bergen. Was er damals sah, beschrieb er erst im Alter von 71 Jahren in einem Brief an den Hotelier Auguste Tairraz: *Es hatte ihm* (Groz) *den oberen Teil des Schädels abgerissen. Wie die anderen Mitglieder der Gruppe war er gänzlich nackt. Ihre Bergschuhe und all ihre Kleider waren weggerissen worden. Es war ein schreckliches Schauspiel, Herr Tairraz, und ich möchte niemals wieder dergleichen ansehen müssen.*

Whympers Buch endet mit einer Warnung: *Ersteigt die Hochalpen, wenn ihr wollt, aber vergesst nie, dass Mut und Kraft ohne Klugheit nichts sind und dass eine augenblickliche Nachlässigkeit das*

Glück eines ganzen Lebens zerstören kann. Übereilt euch nie, achtet genau auf jeden Schritt und bedenkt am Anfang, wie das Ende sein kann! Zeilen, die mich an die Zugspitze und den Jubliäums-grat erinnerten.

Sechs Jahre lang hat Edward Whymper an *Scrambles amongst the Alps*, wie sein Buch im Original heißt, geschrieben. Als es 1871 in England, und 1872 auch in Deutschland, erschien, wurde es schnell zum Bestseller, völlig zu Recht, denn der Text ist eine moderne Reportage mit literarischer Qualität. Er ist spannend, hat eine Dramaturgie, die man nicht besser hätte erfinden kön-nen, und endet in einer Tragödie.

Es ist interessant: All das, was sich am Matterhorn zugetra-gen hat, weist einen ganz ähnlichen Spannungsbogen wie die klassische Dramatik auf.

  1. Akt: Aufbruch – die handelnden Personen, Whymper
      und Carrel, werden eingeführt.
  2. Akt: Aufstieg – Steigerung der Handlung, die Situation
      verschärft sich.
  3. Akt: Höhepunkt – die handelnden, kletternden
      Personen erreichen den Gipfel.
  4. Akt: Retardierendes Moment – die handelnden
      Personen geraten in Schwierigkeiten, höchste
      Spannung, die Handlung verlangsamt sich.
  5. Akt: Katastrophe – die Helden stürzen in die Tiefe.

In einem Nachtrag schrieb Whymper später: *Neulinge sollten fernbleiben, und wird das Matterhorn Mode, wie zum Beispiel der Mont Blanc, so lassen sich die schrecklichsten Folgen voraussehen.* Seine Befürchtung bewahrheitete sich recht schnell, und das lag paradoxerweise auch an seinem Text und dem gewaltigen Medienecho, das seine Matterhorn-Geschichte hatte. Allein

die *Times* veröffentlichte 43 Artikel über die Tragödie. Bergsteigen war europaweit in aller Munde und wurde, kaum war
die Sportart erfunden, schon wieder in Frage gestellt. Doch
der unmögliche Berg wurde nach dem Unglück für viele noch
interessanter. Das Matterhorn-Unglück hatte keineswegs
dafür gesorgt, dass fortan weniger in den Bergen passierte.
Tatsächlich ereigneten sich nach der Matterhorn-Tragödie
mehr Unfälle in den Alpen als je zuvor. Bis 1865 war es relativ selten zu tödlichen Unfällen gekommen. Zwischen 1866
und 1876 jedoch gab es jährlich mindestens einen Todesfall in
den Alpen. »Alpenunfälle« wurden sogar zur festen Rubrik im
Alpine Journal. Heute verzeichnen verschiedene Matterhorn-
Statistiken zwischen 500 und 800 Tote seit der Erstbesteigung.
Nur am Montblanc sind es noch mehr. Allein zwischen 1890
und 1901 kamen dort laut Schweizer Alpenverein 303 Bergsteiger ums Leben. Heute sterben rund 40 Menschen pro Jahr
bei dem Versuch, den Gipfel zu erreichen – das klingt viel, aber
gemessen an den 20 000, die es schaffen, ist es weniger als ein
halbes Prozent. Es gibt keine seriöse Gesamt-Todeszahl seit
der Erstbesteigung, aber die kursierenden Schätzungen von
rund 6000 sind durchaus realistisch. Im Vergleich dazu sind
der Mount Everest, der K2 und der Nanga Parbat mit etwas
über 200, 80 und 70 Toten nicht die »Killerberge«, als die sie
die Medien oft bezeichnen – auch wenn dort natürlich auch
deutlich weniger Bergsteiger unterwegs sind.

Doch die meisten Todesfälle in den Bergen, das belegt die
Unfallstatistik des Deutschen Alpenvereins, ereignen sich
nicht etwa, weil Extremkletterer aus steilen Wänden fallen
oder Bergsteiger von Lawinen erfasst werden, sondern weil
überambitionierte und unerfahrene Wanderer in der Mittags-
hitze einen Herzschlag erleiden und tot umkippen.

Ich stieg wieder ab nach Zermatt, das Matterhorn im
Rücken, was mich bei jedem dritten Schritt dazu veranlasste,

mich umzudrehen, um mich zu vergewissern, ob es noch da war. Und dann, nachdem der Weg eine leichte Kurve nach links beschrieb, war es tatsächlich verschwunden.

Zum Trenker mit ihnen!

Am nächsten Vormittag stauten sich schlierige, dunkelgraue Wolken im Tal, und das Thermometer war auf acht Grad gefallen. Ich ging durch das Zentrum und war überrascht, ein Kino zu finden. Ein Plakat kündigte den Heimatfilm *Whympers Weg aufs Matterhorn* an. Die perfekte Beschäftigung für diesen grauen Tag.

Es waren die Deutschen, die mit ihrem ausgeprägten Sinn für die Tragödie den Bergfilm erfanden. Die Freiburger Arnold Fanck und Sepp Allgeier drehten 1920/21 *Das Wunder des Schneeschuhs*, den ersten Dokumentarfilm aus dem Hochgebirge, und um den Zuschauern diese Welt nahezubringen, setzte Fanck die »entfesselte Kamera« ein: Das heißt, er trug die Kamera selbst und fuhr damit den Berg hinunter. Aber ähnlich wie in der Literatur war es bald nicht mehr genug, nur zu dokumentieren und die Schönheit der Berge zu zeigen. Eine Handlung musste her: ein Drama mit Helden und Katastrophe. Arnold Fanck traf 1923 in der Nähe des Sellastocks in Südtirol zum ersten Mal auf den Grödner Bergführer Luis Trenker und kurz darauf auf die junge Leni Riefenstahl, die wiederum in den Dolomiten angeblich Luis Trenker schöne Augen gemacht hatte. Und nur drei Jahre später wurde im UFA-Palast am Berliner Zoo der Film *Der heilige Berg. Eine dramatische Dichtung in Bildern aus der Natur* aufgeführt. Regie: Arnold Fanck. Darsteller: Leni Riefenstahl und Luis Trenker. Im Vorspann verkündete Fanck: »Die in dem Film *Der heilige Berg* mitwirkenden bekannten Sportsleute bitten das

Publikum, ihre Leistungen nicht für photographische Tricks zu halten, für die sie sich nicht hergeben würden. Sämtliche Freiaufnahmen wurden wirklich in den Bergen, und zwar in den schönsten Gegenden der Alpen, in 1½-jähriger Arbeit gemacht.«

Es folgten *Die weiße Hölle vom Piz Palü* und *Stürme über dem Mont Blanc*. Der Piz Palü kam später sogar als popkulturelles Zitat in Quentin Tarantinos *Inglorious Basterds* vor. In einer Kellerbar in Frankreich erzählt ein Lieutenant, der sich für einen Deutschen ausgibt, er stamme »aus einem kleinen Dorf im Schatten des Piz Palü« – *und keinem, nicht dem deutschen Gegenüber und auch nicht dem Drehbuch, ist anscheinend aufgefallen, dass am Fuß des Piz Palü vielleicht Pontresina liegt, aber bestimmt kein deutsches Dorf*, bemerkte die *Frankfurter Allgemeine Zeitung*.

Riefenstahl und Trenker überwarfen sich schließlich mit Fanck und drehten ihre eigenen Filme: Riefenstahl *Das blaue Licht – Eine Berglegende* und später *Tiefland*, Trenker insgesamt sogar 24 Spielfilme. Der bekannteste davon inszenierte 1938 das Drama der Matterhorn-Erstbesteigung und hieß: *Der Berg ruft*. Die Tragödie prägt das Genre bis heute, und alle großen Bergfilme basieren auf Unglücksfällen: *Sturz ins Leere* (nach dem Buch von Joe Simpson*), K2 – Das letzte Abenteuer, Vertical Limit, In eisige Höhen – Sterben am Mount Everest* (nach dem Buch von John Krakauer), *Nordwand* und *Nanga Parbat*.

Es war also schon etwas enttäuschend, dass in Zermatt nicht *Der Berg ruft*, sondern nur der Abklatsch *Whympers Weg aufs Matterhorn* gezeigt wurde – aber das lag daran, dass ein Zermatter den Film produziert hatte. Als ich das Kino wieder verlassen hatte, hielt ich mich links und spazierte im Nieselregen über die Bahnhofsstraße, wo nebeneinander ein Laden Uhren für Kleinwagenpreise, ein Shop Surfermoden und ein McDonald's Big-Mac-Menüs anpries. Ich ging weiter zur Kirche und dem Bergsteigerfriedhof, wo, ähnlich wie in Chamonix, auffallend junge Menschen liegen und mit einem Denkmal der Zermatter Bergführer gedacht wird.

Der Bergdoktor

Zermatt war trostlos. Es begann wieder zu regnen, und ich wollte nicht zurück ins klamme Zelt. Also ging ich ins Luxushotel Mont Cervin Palace und trank einen Kaffee. Am Nebentisch saß ein alter, ausgezehrter Mann mit schlohweißem Haar und femininen Gesichtszügen. Er erinnerte mich an den unbekannten Blassen auf der Rigi, nur 40 Jahre älter. Aber dieser Herr hier strahlte eine Fröhlichkeit und Würde aus, die sein hohes Alter in den Hintergrund rückten. Er wirkte gelehrt, und tatsächlich redete er viel und unterhielt die beiden älteren Damen, die an seinem Tisch saßen, aufs Beste. Ich konnte nicht alles verstehen, aber die Wortfetzen, die zu mir herüberdrangen, beinhalteten »Seilschaft«, »Thomas Mann«, »Gletscher« und »Büchner«. Ich wechselte möglichst unauffällig den Tisch, um mehr verstehen zu können. Die Bedienung warf mir einen misstrauischen Blick zu. Aber ich konnte nun fast alles klar und deutlich verstehen, und tatsächlich drehte sich das Gespräch, oder vielmehr der Monolog, den der alte Mann hielt, um Literatur und Berge. Es ging um den *Zauberberg* und Davos, um Goethes *Werther*, um Lenzens Wahnsinn. Und dann verstand ich wirklich den Satz: »Hegel war der Überzeugung, dass die Geschichte der Philosophie ausschließlich aus dem Zillertal kommt.« Ich weiß bis heute nicht, was mich mehr beschäftigt: diese Aussage oder die Unsicherheit darüber, was der alte Mann in diesem Moment wirklich gesagt hatte.

Jedenfalls packte mich meine Neugier. Ich stand auf und ging geradezu auf den Tisch zu und sagte. »Entschuldigen Sie, aber ich habe zufällig etwas von Ihrem Gespräch mitbekommen und interessiere mich ebenfalls für dieses Thema.« Schweigen. Sechs Augen schauten mich an, musterten mich ganz langsam von oben nach unten und dann wieder nach oben. Erst jetzt fiel mir auf, dass ich noch immer klobige Wanderstiefel, eine schwarze Hose mit Schlammspuren und einen abgenutzten blauen Fleece-Pullover trug. Für einen kurzen Moment rechnete ich mit einer eisigen Abfuhr, doch dann sagte der Mann höflich: »Das ist ja interessant. Setzen Sie sich doch bitte.«

Der Herr war emeritierter Germanistikprofessor und seit vielen Jahren ein begeisterter Berggänger. Er hatte, so erzählte er, Seminare in den Schweizer Alpen gehalten und war mit den Studenten durch die Berge gewandert. Ich merkte schnell, dass ich hier auf einen ganz außergewöhnlichen Gesprächspartner gestoßen war. Ich erzählte ihm von meiner Reise und wohin sie mich bisher geführt hatte, erzählte vom Montblanc, vom Triglav, vom Großglockner, von der Furka und der Rigi und von meinem Erlebnis an der Zugspitze. Er sagte nur: »*Ein falscher Tritt, und es ist aus*, hat Max Frisch 1979 in *Der Mensch erscheint im Holozän* geschrieben, als er um zwei Uhr morgens in einen Grat gestiegen ist.«

Natürlich sprachen wir am Fuße des Matterhorns auch eine Weile über Whymper und das Bergdrama, und ich fragte ihn, einer unbestimmten Eingebung folgend, ob er denke, dass man eine Linie von Whymper zu Ransmayrs *Der fliegende Berg* ziehen könnte. Da sagte er, und wischte sich dabei eine lange schneeweiße Haarsträhne aus dem Gesicht: »Wissen Sie was? Wir sollten gemeinsam abendessen.« Ich wohnte also in einem Zelt in Zermatt und war mit einem Germanistikprofessor zum Abendessen in einem Grandhotel verabredet.

Wir trafen uns um acht Uhr. Die beiden Damen waren verschwunden, dafür stand eine Flasche wallisischer Chardonnay

auf dem Tisch neben einem dünnen weißen Buch: Ludwig
Hohls *Bergfahrt*. Der Speisesaal füllte sich allmählich, und die
Menschen sprachen Deutsch, Englisch, Französisch, Russisch
und noch ein paar andere Sprachen, die ich nicht zuordnen
konnte. Der Professor sagte: »Ist Ihnen klar, wie sehr das Bergdrama am Matterhorn die deutsche Literatur beeinflusst hat?«
Und ehe ich »ja« oder »nein« sagen konnte, begann er seine
eigene Frage zu beantworten, und eine Flut an Informationen schwappte über mich. »Das Existenzielle. Das Tragische.
Das Heroische. Ich habe das nie geschafft, aber man müsste
mal einen Essay darüber schreiben, was alles eine Abwandlung
des Matterhorn-Dramas ist. Der Schweizer Schriftsteller Ludwig Hohl etwa«, er nahm das Buch und schlug es auf, »hat in
Bergfahrt das Motiv aufgegriffen, eine der schönsten und tra-
gischsten Geschichten, die jemals über die Berge geschrieben
worden sind.« Er schaute mich schief an und fragte: »Haben
Sie das gelesen?« – und wartete die Antwort wieder nicht ab.
»Das hat er 1975 geschrieben, eine kurze Erzählung, die davon
handelt, wie zwei Freunde auf einen nicht näher benannten
hohen Berg in der Schweiz gehen und dabei beide ums Leben
kommen. *Im Frühsommer, zu frühester Morgenstunde, tief in den
Alpen, am Vereinigungspunkt zweier Täler, auf grünen Eisenstühlen
vor einem noch schlafenden Café sitzen zwei Gestalten ...*«, zitierte
er, ohne ins Buch zu sehen, und tat so, als sei es selbstverständlich, diese Stelle auswendig zu können.

Hohl, so erfuhr ich, war ein eigenwilliger Mensch gewesen:
1904 geboren, 1980 gestorben – dazwischen war er Alpinist
und Alkoholiker, fünfmal verheiratet und meistens pleite und
krank. »Kurzum: eine Schriftstellerbiografie«, sagte der Professor und erzählte mir, nun im Buch blätternd, von den beiden
unterschiedlichen Bergsteigerfreunden Ull und Johann: »Der
eine geht *mit geschmeidigeren, fast etwas nachlässigen Bewegungen:
er ist ein guter Berggänger; der zweite dagegen hat nichts Geschmei-*

*diges, er arbeitet mit Kraft, als ob er dem Berg harte Stöße verset-
zen müsse: ein schlechter Gänger.* Der eine, Ull, ist spannungs-
geladen und selbstsicher, er benimmt sich wie ein Bergführer.
Der andere, Johann, ist melancholisch und unsicher, benimmt
sich wie sein Kunde. Ull gibt ihm während des Aufstiegs Rat-
schläge, kocht ihm ein heißes Getränk und ermuntert ihn zum
Essen. Ull verweigert sich. *Kein Hauch inneren Lebens ging mehr
von ihm aus.* Am Morgen vor dem Gipfelgang ist sein erstes
Wort *Ratten.*«

Der Professor schlug das rechte Bein über das linke, und ein
gelber Socken blitzte auf. Er war nun völlig in die Geschichte
von Ludwig Hohl vertieft. »In der Nacht gehen sie los«,
erzählte er weiter und blätterte zu einer markierten Textstelle
im Buch: »*Der Wind war eisig, und das Wetter, nein, man konnte es
nicht gut nennen! Dicke Wolken, die mehr und mehr grau und blau-
schwarz wurden, hingen bis tief herab; die kalten Hänge ringsum,
deren Einzelheiten zusehends schärfer hervorzutreten begannen, massiv und ehern in der Nähe, nach beiden Seiten hin ins Unglaubliche
der Schluchten und der Ferne sich verlierend, entschwanden hinauf
in finstere, rauchige, hartgraue Nebel; nirgends war der Blick frei
in große Höhe: und doch wartete alles da droben, Felsen und Gletscher und Abstürze, finstere Kamine, schreckliche Stürme, unsägliche
Anstrengungen …*«

Es war, als würde er das Wetter in Zermatt beschreiben.

»Welchen Berg könnte Hohl denn gemeint haben?«, fragte
ich.

»Hohl war einmal gemeinsam mit seiner Frau Gertrud im
Écrins-Massiv in Frankreich, wo sich der südlichste Viertausender der Alpen erhebt, unterwegs. Dort wollen sie auf den
Gipfel des Les Bans, sind aber zu spät dran und steigen nach
Süden ab, ohne zu wissen, ob der Felshang passierbar ist. Sie
müssen sogar eine Nacht biwakieren. Das taucht alles in *Bergfahrt* auf. Ull ist beim Abstieg auf der Höhe des Jungfraujochs,

heißt es, also auf rund 3500 Meter. Da ist er aber schon 200 Meter abgestiegen. Das passt alles gut zum Gipfel des Les Bans. Der ist knapp 3700 Meter hoch und hat eine markante Südwand.«

Ich überlegte eine Weile: »Das ist südlich von Alpe d'Huez, richtig?« – aber er blätterte schon wieder im Buch und fuhr fort:

»Sie erreichen den Gletscher und seine Eisgebilde, *schauerlich und grotesk zugleich; ein Getümmel von Figuren oder Gestalten, wie Matterhörner oder Vampirzähne, aufgestellte Löwen oder Bären, Karikaturen eines Bäckers oder Müllerburschen mit dem Sack auf dem Rücken, eines Ratsherren mit schwarzem Hut, eines Trauerweibs, mit Tüchern verhängt von oben bis unten, von Krokodilen und Drachen.*

– Ull wies hinauf nach dem Felsen, über dem die Séracs erschienen waren.

›Schrecklich!‹ gab Johann von sich.

Der beste Schauspieler der Welt hätte das Wort nicht mit mehr Ausdruckskraft aussprechen können.«

Der Professor gestikulierte und akzentuierte; er machte das wirklich gut, und ich beneidete seine Studenten. Es war wie eine szenische Lesung, und ich fühlte mich, als wäre ich selbst auf dem Gletscher: »*So drang der kleine Zug vor durch den Schneesturm, langsam zwar, aber noch ungeschlagen, wenn auch mit geringer Hoffnung – durch die Wildnis dieser weißen Nacht, die sie umgab mit Tosen, Dröhnen und Klirren.* Sie drehen um und kommen wieder an der Hütte an: *Man meint, daß die Zeit, während der die Augen kein grün mehr sahen, viel länger gewesen sei, als ob man tagelang nichts als Schnee, Eis, Felsen um sich gesehen habe.* Ull und Johann verbringen noch eine Nacht in der Hütte, und am nächsten Morgen hat sich der Sturm gelegt, es ist sternenklar, und Ull drängt zum Aufbruch. Aber Johann kann nicht mehr, er klagt über Schmerzen und dass ihm die Kraft für diesen hohen Berg fehle. Sie trennen sich also, im Zorn, der eine, Ull, steigt allein über den Gletscher auf – ein unvernünftiges Wagnis. Der andere, Johann, geht gemütlich bergab.«

Ich glaube, er hätte ewig weitersprechen können – wenn nicht die Bedienung das Essen serviert hätte und er das Buch zur Seite legen musste. Die letzten Sätze des Professors erinnerten mich an den Moment auf dem Jubiläumsgrat, als die Wand Gerrit und mich trennte und ich kurz überlegt hatte umzudrehen – nein, man sollte sich nicht trennen im Gebirge.

Während des Essens unterhielten wir uns über die Geschichte des Bergdramas in der Literatur. »Was ist mit Goethes Furka-Überschreitung?«, fragte ich ihn: »Hat er nicht schon Züge des Bergdramas vorweggenommen?«

»Das stimmt, aber der entscheidende Unterschied zur Matterhorn-Erzählung ist: Es ist nichts passiert.«

»Und was ist mit dem *Lenz*?«, fragte ich, weil ich am Nachmittag gehört hatte, dass er den beiden Damen von Büchner erzählte. Da lächelte er, weil ihm die Frage offenbar gefiel, korrigierte mich aber, als sei ich einer seiner Studenten, in einem liebevoll-väterlichen Tonfall: »Mein Junge, diese Erzählung hat Büchner doch 30 Jahre *vor* dem Matterhorn-Unglück geschrieben.«

Mit einer beiläufigen Weltgewandtheit winkte er die Bedienung heran und gab ihr zu verstehen, dass sie noch eine Flasche Chardonnay bringen solle. »Wussten Sie eigentlich«, sagte er dann, »dass Theodor Adorno hier in der Gegend gestorben ist?«

Ich schüttelte der Kopf.

»Er war im Juli 1969 mit seiner Frau im Hotel Bristol in Zermatt angekommen – er war auf der Flucht vor dem ganzen Trubel und den Prozessen in Frankfurt. Sie fuhren mit der Bahn auf über 3000 Meter, obwohl Adornos Hausarzt und Herzspezialist ihm das verboten hatte. Auf dem Gipfel setzten Herzbeschwerden ein, und noch am selben Tag fuhr das

Paar ins Krankenhaus nach Visp, wo er am nächsten Tag einem Herzinfarkt erlag.«

»Warum ist er denn ausgerechnet nach Zermatt gefahren?«, fragte ich.

»Ähnlich wie Rilke, der in Saas-Fee gelebt hat, sah Adorno im Wallis den Inbegriff des Naturschönen. In der *Ästhetischen Theorie* kommt das Matterhorn vor: Der Berg sei das *Kinderbild des absoluten Berges, wie wenn er der einzige Berg auf der ganzen Welt wäre.* Auf dem Weg zu diesem Berg, so könnte man sagen, ist Adorno gestorben.«

»Und die Verbindung zwischen Adornos und Whympers Tragödie«, fragte ich etwas unsicher und hob die Stimme am Ende des Satzes, »ist Thomas Mann?«

Zum ersten Mal schwieg er für ein paar Sekunden: »Doktor Faustus als Vorwegnahme von Adornos Tod, ja, vielleicht. Das Schneekapitel des *Zauberberges*«, sagte er nachdenklich und zitierte: »*... allein finde ich nie und nimmermehr den Weg ins Flachland zurück.* Das Existenzielle dieser Situation. Die Todesnähe. Die Bergtour entgegen dem ärztlichen Rat. Ja, Manns Protagonist Hans Castorp könnte ein Wiedergänger Edward Whympers sein – und eine Präfiguration Adornos. Aber wir Germanisten«, sagte er dann mit einer wegwerfenden Handbewegung, als wolle er den Gedanken vertreiben, »wir hören ja das Gras wachsen.«

Die Bedienung brachte den Wein, entkorkte ihn, schenkte uns nach und räumte die Teller ab. Der Professor griff wieder zu *Bergfahrt.* »Hohls Geschichte hat nun zwei Erzählstränge: Ull steigt durch das Chaos des Gletschers«, fuhr der Professor fort, nahm einen großen Schluck Wein und las: »*Es ist, als ob die Unendlichkeit da einen Schaufelstich versetzt und alles durcheinandergeworfen hätte und es dann liegengelassen. ... Ull hatte die Besteigung begonnen in einer maßlosen Wut. Und diese Wut begleitete ihn noch immer; sie leitete ihn – mehr als die alpinistische Klugheit. ...*

Die eine Wut, die über Johann, war in eine andere Wut übergegangen, die über den Gletscher.«

Genau!, dachte ich mir. Dieses Gefühl kannte ich: wütend auf die Natur sein, weil sie sich einem mit aller Macht entgegenstellt. Ich nahm einen Schluck Wein und fragte mich, ob jemals eine Berggeschichte so nah an realen Empfindungen erzählt worden war.

»Als er den Gletscher endlich überwunden hat und auf dem Grat ankommt, übermannt ihn die Ermattung. Er legt sich auf den Boden aus trockenem Gestein«, erzählte der Professor. »Die Sonne kam heraus, der Schnee wurde weich, und Ull erkannte, dass er in eine Falle geraten war. *Denn den Gletscher abwärts zu begehen, einen Gletscher von dieser Beschaffenheit bei nun völlig weichem Schnee und allein, konnte heute nicht mehr in Frage kommen, es hätte den fast sicheren Tod bedeutet.«*

»Beginnt nun das Drama?«, fragte ich vorsichtig.

»Noch nicht ganz. Er überlegt, ob er über die Südwand absteigen solle, die ihm aber nicht bekannt ist. *Was blieb, war nur die Südwand. Sie sah grauenhaft aus. … Eine gerade Linie, durch Luft und Felsen hindurchgezogen, nur acht Kilometer lang, hätte geendet inmitten eines fetten und lebendigen Dorfs von etwa tausend Einwohnern! Hier undenkbar; weil im Hochgebirge die Distanzen ganz andere Werte haben.«*

Er las weiter: »*Wäre ein sehr einsichtiger und weitblickender Geist erschienen …, so hätte er ihm folgenden Rat gegeben: ›Bleibe hier und grabe dich am Abend tief in Schnee ein. Laß dich nicht, so spät am Tag, auf den Abstieg durch eine Felswand ein, von deren Begehbarkeit du keine Kunde hast. Morgen zu frühester Stunde wirst du – wenn das Wetter sich nicht ändert, aber ich kann dir meine Überzeugung ausdrücken, daß es gut bleibt – mit Leichtigkeit in deinen noch vorhandenen Spuren im nun harten Schnee den Abstieg über den Gletscher ausführen.‹ Aber der Geist trat nicht aus der Felsenspalte.«*

Er schaute mich an und sagte: »Jetzt beginnt das Drama.

Ull klettert allein durch die Südwand ab, vorsichtig und die schwersten Stellen umgehend. Er verliert seinen Eispickel, und die Hoffnung schwindet immer mehr. An einer Schlüsselstelle schließlich verlässt er sich auf einen großen, klingenförmigen Griff. *Da, als der Arm schon beinahe ausgestreckt war, gab dieser Griff – dem wahrlich niemand etwas Böses hätte ansehen können – gab dieser Griff nach, zerbröckelte in seiner Hand.*

Und das war das Ende, er stürzte ab, – wie jeder hätte annehmen müssen, dem die Beschreibung des Felsens eine einigermaßen deutliche Vorstellung vermittelt hat. Doch im letzten Moment kann Ull sich halten, und es gelingt ihm, das Steilstück zu überwinden. Er übernachtet, auf 3500 Meter Höhe, ohne Schlafsack in Eiseskälte. Am nächsten Morgen steigt er über ein Firnfeld weiter ab. Erst am doppelten Seil, das er schließlich zu sich herunterziehen muss: *Während er so hantierte, spürte er auf einmal in einem Fuß, dem des Standbeines, ein Säuseln, ein ganz leises, aber unheimliches Gefühl … wie daß etwas nachgab. Instinktiv griff er blitzschnell nach seinem Pickel; der war aber … nicht da. Da krallte er sich mit den Händen in den Schnee, was sollte er anderes tun? Dadurch geriet jedoch der Körper in eine schiefe, dem Schneehang parallele Lage und der Grund wich vollends unter den Füßen. Er rutschte, Hände und Arme konnten das nicht verhindern; das Rutschen wurde rasch schneller; er sauste dem Bergschrund entgegen, der weiter und tiefer war, als angenommen werden konnte«,* der Professor klappte das Buch zu und sagte langsam im Und-wenn-sie-nicht-gestorben-sind-Stil eines Märchenerzählers: *»und ward nicht mehr gesehn.«*

Wir schwiegen eine Weile. Dann fragte ich: »Und was ist mit Johann?«, und sofort war er wieder bei der Sache. »Ach ja, der ist der mittlerweile fast wieder im Tal. Er will den Weg ein wenig abkürzen und geht durch einen Wald, um einen Bach zu überqueren.« Er schlug das Buch wieder auf: *»Johann gerät plötzlich ins Gleiten; kein Baum ist mehr erreichbar; er faßt nach den Pflanzen, die in seinen Händen bleiben und mit ihm in die Tiefe fah-*

ren; so saust er in den Bach hinein und schlägt mit dem Kopf gegen
einen Felsen. … schon ist Johann im Gezische weitergeschleudert, Kopf
unten, Kopf oben, gegen einen Felsen schlagend, dann sich erwehrend
gegen einen andern Felsen schlagend, im wieder tieferen Wasser gur-
gelnd und ächzend …; so – ohne daß man sagen könnte, in welchem
Maße die Schläge an den Kopf und das Wasser daran Anteil hatten –
verendete er, rasch.«

Das war das Ende. Das Ende von Johann, das Ende der
Professor-Performance und das Ende dieser eindrucksvollen
Erzählung über die Berge.

Ungleiche Brüder

Mit perfektionierter Beiläufigkeit bestellte der Professor noch
eine Flasche Chardonnay. Es war nur eine Art Blinzeln Richtung Bedienung. Ich trank mein Glas leer und zog dann Christoph Ransmayrs *Der fliegende Berg* aus meiner Jackentasche.
Es war eine Taschenbuchausgabe, die in meinem Rucksack
derart gelitten hat, dass sie neben dem feinen weißen Hohl-
Büchlein aussah wie ein zerrupfter Straßenköter neben einem
Zuchtafghanen.

»Das passt gut zum Thema«, sagte er. »Wann ist das erschienen?«

»2006«, sagte ich und wiederholte dann meine Frage, die
ich so ähnlich schon am Nachmittag gestellt hatte: »Meinen
Sie, dass man von Whymper über Hohl eine Linie bis zu Ransmayr ziehen kann?«

»Ja, das kann man. Aber dann muss man die Geschichte der
Messnerbrüder am Nanga Parbat mitdenken. Ransmayr ist ein
Freund von Reinhold Messner, dessen Bruder Günther 1970
am Nanga Parbat verschollen ist – auf gewisse Weise ist das ja
auch eine Variierung des Whymper-Stoffes.«

223

»Ransmayr hat in den 90er Jahren gemeinsam mit Messner eine ausgedehnte Tour durch Osttibet gemacht«, fügte ich hinzu.

»In *Die rote Rakete am Nanga Parbat* beschreibt Reinhold Messner, wie er die Geschehnisse am Nanga Parbat erlebt hat. Das Buch war zu einseitig, wurde nach der Tragödie verboten und kam erst vor kurzem wieder auf den Markt. Zuvor hatten andere Expeditionsteilnehmer in Büchern Messner beschuldigt, seinen Bruder im Stich gelassen zu haben. Im Alpinismus geht es ja immer auch um die Unterscheidung von Wahrheit und Lüge, Wahn und Wirklichkeit, Fiktion und Fakten.«

»Vielleicht spielt ja auch Hohl auf das Messner-Drama an«, sagte ich.

»Zeitlich würde es zumindest passen.«

Tatsächlich ist *Der fliegende Berg* sehr nahe an der Messner-Geschichte. Im Flattersatz geht es um zwei irische Brüder, die in Osttibet nach dem vermeintlich letzten weißen Fleck der Weltkarte suchen. Liam und Pad erinnern an Reinhold und Günther, aber auch an Ull und Johann: Der eine ist die treibende, selbstsichere Kraft, der andere verschüchterter Teilnehmer der Tour. Und am Ende stirbt einer der Brüder beim Aufstieg auf den über 7000 Meter hohen Phur-Ri, den fliegenden, fiktiven Berg.

Nun begann ich eine Passage vorzulesen, die mich besonders stark an das Unglück der Messner-Brüder erinnerte, weil der Erzähler halluzinierend und schneeblind den in einer Lawine verschütteten Bruder sucht:

»Ich weiß nicht mehr, wie viele Stunden ich im Schutt
des Lawinenkegels nach ihm gegraben habe.
Ich hatte keine Fingernägel mehr,
als mich ein Hirte aus Nyemas Clan
auf der Suche nach verlorenen Yaks

in der Nähe eines verlassenen Lagers fand.
Meine Hände waren schwarz,
meine Zehen schwarz vor Erfrierungen,
aber ich war am Leben.«

»Das kann nur jemand schreiben, der selber im Gebirge unterwegs gewesen ist und weiß, welche Gefahren dort lauern und was diese mit den Menschen machen«, sagte der Professor.

»Ja. So ähnlich hat auch Reinhold Messner die letzten Momente mit seinem Bruder beschrieben, die ihn ja selbst beinahe das Leben gekostet hätten. Ihm wurden sieben Zehen amputiert. Wie in der Realität ist der schwächere Bruder dem stärkeren hinterhergeklettert. Wie in der Realität haben sie gemeinsam den Gipfel erreicht, der eine in Hochform, der andere zu Tode erschöpft.« Ich blickte noch einmal ins Buch und sagte: »Schließlich stehen sie oben und blicken in *finsteres Blau, in dem die Sterne blinkten*« und schlug das Buch zu.

»Wie in der Realität verlieren sie sich beim Abstieg im Schneesturm. Doch im Gegensatz zur Realität stirbt bei Ransmayr überraschenderweise Liam, der stärkere Bergsteiger.«

»Und der schwache Pad überlebt«, sagte der Professor, »wiederum im Gegensatz zu Johann, von dem man in *Bergfahrt* bis zum Schluss glaubt, er würde heil im Tal ankommen.«

»Das Drama ereignet sich immer im Abstieg«, sagte ich.

»Und immer in der Südwand«, sagte er.

Wir saßen noch lange zusammen, ich stellte noch viele Fragen, und er sagte noch zwei- oder dreimal: »Ach. Man müsste einen Essay über die Bedeutung des Bergdramas schreiben.« Wir waren die letzten Gäste, und das Personal deckte die Tische fürs Frühstück ein. Nur eine Frage habe ich dem Professor an diesem Abend nicht gestellt: Warum Hegel der Überzeugung war, dass die Geschichte der Philosophie auschließlich aus dem Zillertal kommt.

Eine Expedition ohnegleichen

Der nächste Tag war einer jener Übergangstage von schlechtem zu gutem Wetter, die den Anblick eines Gebirges erst interessant machen. Ich saß vormittags auf dem Zeltplatz und spürte, dass ich zu viel Wein getrunken hatte. Über mir zeigte sich ein Stück blauer Himmel, und nun konnte man zusehen, wie die Sonne die Wolken auflöste und das Nebelgrau einem Samtblau wich. Auf der gegenüberliegenden Talseite erschienen langsam die riesigen Viertausender. Und da beschloss ich: Ich werde den Riffelberg besteigen.

Die beste Methode, um mit der Tragik der Bergwelt klarzukommen, ist die Komik. Karl Marx schrieb einmal: *Hegel bemerkte irgendwo, dass alle großen weltgeschichtlichen Tatsachen und Personen sich sozusagen zweimal ereignen. Er hat vergessen, hinzuzufügen: das eine Mal als Tragödie, das andere Mal als Farce.* Das ergab mehr Sinn als die Philosophie aus dem Zillertal. *Das Grausame ist unerträglich,* sagte der Schriftsteller Wolf Haas einmal, *das Komische ist die Möglichkeit, es erträglich zu machen. Es bedarf einer gewissen Explizitheit des Grausamen, um eine Anlaufgeschwindigkeit für das Komische zu finden.* So ähnlich ist es auch in der Literatur über die Berge.

Mark Twain kam, wie fast alle Touristen dieser Zeit, von Interlaken über den Gemmipass nach Zermatt. Das war 1878, also 13 Jahre nach dem Matterhorn-Unglück. Auf der Passhöhe fasste er den Entschluss, einen der umliegenden Berge zu besteigen, wollte dann aber die Eigentümlichkeiten der Alpinistik noch ein bisschen genauer untersuchen – nachzulesen ist das alles im *Bummel durch Europa.* Er sagt zu seinem Agenten Harris, *er könne sich darauf gefasst machen, daß wir, bevor wir eine Woche älter seien, eine Heldentat vollbringen würden, die zaghaften Leuten vor Entsetzen die Haare zu Berge stehen lassen würde.*

226

Und weist die Bergführer an, samt Ausrüstung nach Zermatt mitzukommen. Als sie dort ankommen, sagt Twain zu Harris:

»Mein Entschluß ist gefaßt.«

Etwas in meiner Stimme ließ ihn aufhorchen; und als er mir ins Auge geblickt und gelesen hatte, was darin geschrieben stand, erbleichte er sichtlich. Er zögerte einen Augenblick und sagte dann: »Sprich.«

Ich antwortete vollkommen ruhig: »Ich werde den Riffelberg besteigen.«

Wenn ich meinen armen Freund erschossen hätte, wäre er nicht schneller vom Stuhl gekippt.

Was nun passiert, ist beispiellos – in der Literatur und in der Geschichte Zermatts. *Was Teilnehmerzahl und pompösen Aufwand betrifft, war es die imposanteste Expedition, die jemals von Zermatt aufgebrochen war.* Sie bestand aus 198 Personen einschließlich Maultieren beziehungsweise 205 einschließlich der Kühe.

Führungsstab	*Untergeordnete Dienste*
Ich	*1 Tierarzt*
Mr. Harris	*1 Haushofmeister*
17 Bergführer	*12 Kellner*
4 Wundärzte	*1 Lakai*
1 Geologe	*1 Barbier*
1 Botaniker	*1 Küchenmeister*
3 Feldprediger	*9 Gehilfen*
2 Kartenzeichner	*4 Konditoren*
15 Büfettiers	*1 Zuckerbäcker*
1 Latinist	

Transportwesen etc.	
27 Träger	*3 Wäscher und Plätter für Grobwäsche*
44 Maultiere	*1 dto. für Feinwäsche*
44 Maultiertreiber	*7 Kühe*
2 Melker	

Insgesamt 154 Menschen, 51 Tiere, Summa 205.

Proviant etc.	*Ausrüstung*
16 Kisten Schinken	*25 Sprungfedermatratzen*
2 Fässer Mehl	*2 Roßhaar dto.*
22 Fässer Whiskey	*Bettwäsche für dieselben*
1 Faß Zucker	*2 Moskitonetze*
1 Fäßchen Zitronen	*29 Zelte*
2000 Zigarren	*Wissenschaftliche*
1 Faß Pasteten	*Instrumente*
1 Tonne Pemmikan	*97 Eispickel*
143 Paar Krücken	*5 Kisten Dynamit*
2 Fässer Arnika	*7 Büchsen Nitroglyzerin*
1 Ballen Verbandzeug	*22 Leitern je 40 Fuß*
27 Fäßchen Opiumtinktur	*2 Meilen Seil*
154 Regenschirme	

Wem das nun einen Tick zu übertrieben vorkommt, der sollte einen Blick auf die Liste der britischen Kangchendzönga-Expedition von 1905 werfen: Da tauchen unter anderem 25 000 Zigaretten, 284 Streichholzschachteln, 120 Batterien, 100 Glühbirnen, 16 Pfund Tabak und eine Haarschneide-maschine auf.

Frühmorgens setzt sich der Zug in Bewegung, *er war 3122 Fuß lang – über eine halbe Meile; jeder Mann außer Harris und mir war zu Fuß und hatte seinen grünen Schleier um, seine blaue Schutz-brille auf, den weißen Fetzen um den Hut, die Rolle Seil über der einen und unter der anderen Schulter und seinen Eispickel im Gürtel, und jeder trug seinen Alpenstock in der linken Hand, den (zugeklappten) Schirm in der rechten und seine Krücken über den Rücken gehängt. Edelweiß und Alpenrose schmückten die Lasten der Tragtiere und die Hörner der Kühe. Ich und mein Agent waren die einzigen Berit-tenen.* In diesem Ich-und-mein-Agent-Stil beschreibt Twain nun eine Tour, bei der so viel schiefgeht, dass man die Besteiger des Rum Doodle guten Gewissens als erfahrene Profis bezeichnen kann. Sie verlaufen sich, und 17 Bergführer beraten eine Stunde lang, wohin sie gehen sollten. *Seit einiger Zeit, sagen sie, seien sie keinen Touristen mehr begegnet, und das betrachteten sie als gefährliches Zeichen.* Sie gehen weiter durch den Wald, verbringen eine furchtbare Nacht und versuchen am dritten Tag der Expedition – sie sind immer noch in der Nähe von Zermatt – über einen Felsen weiter nach oben zu klettern. *Das war eine ernstliche Schwierigkeit; tatsächlich war es eine Unmöglichkeit. Sofort begann der Mut der Leute zu wanken; wieder drohte uns eine Panik. Im Augenblick der höchsten Gefahr wurden wir auf geheimnisvolle Weise gerettet. Ein Maultier, das von Anfang an durch seinen Hang zu Experimenten aufgefallen war, versuchte eine Fünfpfundbüchse Nitroglyzerin zu fressen. Das geschah direkt neben dem Felsen. Die Explosion schleuderte uns alle zu Boden und bedeckte uns mit Schmutz und Schutt; sie erschreckte uns auch gewaltig, denn der Krach war betäubend, und die Erde erbebte von dem heftigen Stoß. Aber wir waren doch froh, denn der Felsen war weg.*

Ich ließ die Häuser Zermatts hinter mir und stieg durch den Arvenwald Richtung Riffelberg. Der Weg war zwar steil, aber gut ausgebaut, und immer wenn der Wald die Sicht für einige Sekunden freigab, sah ich auf das alles dominierende Matterhorn. Es stand heute da wie eine Erklärung für ganz Zermatt, mehr noch, für die ganze Geschichte dieses Ortes und jeden seiner berühmten Gäste, die dieser Berg magisch angezogen hatte. Ich kam an einem großen Felsen vorbei, an den sich ein paar knorrige Arven klammerten, und fragte mich, ob das der Felsen war, der sich Twain in den Weg gestellt hatte. Bald erreichte ich die Riffelalp, wo heute ein Fünfsternehotel steht, und ging von nun an auf dem Mark-Twain-Weg weiter bergauf Richtung Riffelberg, immer in der Erwartung, bald auf einem

Berg, auf einem Gipfel anzukommen. Aber als ich das Hotel Riffelberg mit seinem schwarzen Dach und seinen roten Fensterläden auf dem Riffelberg dann sah, wurde mir klar, dass das alles ein großer Betrug war. Es gibt nämlich gar keinen Berg. Der Riffelberg ist nur ein Zwischenplateau auf dem Weg zum Gornergrat, der den Namen Berg erhalten hat, um sich von der Alpe abzugrenzen. Aber von einem Gipfel kann hier keine Rede sein.

Schon am nächsten Morgen verirren sich Twain und seine Gefolgschaft wieder. Er kommt auf die Idee, einen Bergführer an ein sehr langes Seil zu binden und ihn loszuschicken. Sie sehen ihn nicht mehr, aber er zieht dreimal am Seil, das Zeichen, dass er einen Ausweg gefunden hat, und die Karawane folgt ihm und schreit »*Gerettet! Gerettet!*«. Doch nun laufen sie stundenlang dem sich davonbewegenden Seil hinterher, finden aber den Bergführer nicht mehr. Als sie endlich auf die Idee kommen, das Seil festzuhalten, müssen sie feststellen, dass der Bergführer selbst nach Zermatt abgestiegen ist und das Seil an seiner statt einem Ziegenbock umgebunden hat, dem sie einen ganzen Tag lang im Kreis gefolgt sind. Um sich zu orientieren, ermittelt Twain mit einem Barometer die Höhe und kommt auf *die außerordentliche Höhe von zweihunderttausend Fuß* – das sind 60 960 Meter. Sie befinden sich noch immer am Fuße des Riffelberges, ihnen kommen leichtsinnige Touristen entgegen, *die nie, in keinem einzigen Falle angeseilt waren.* Twain beschließt unterdessen, für wissenschaftliche Zwecke *einen Bergführer abzukochen.* Weiter oben misst er eine niedrigere Höhe und notiert: *Dadurch war die Tatsache klar bewiesen, daß oberhalb einer gewissen Höhe ein Ort um so tiefer liegt, je höher er zu liegen scheint.*

Schließlich stehen sie auf dem Gipfel des Riffelberges! *Unsere große Heldentat war vollbracht – wir hatten das Unmögliche*

möglich gemacht, schreibt Twain und geht in den großen Speisesaal des Hotels.

Jeder halbwegs gesunde Wanderer kann den Riffelberg von
Zermatt aus in etwa drei Stunden erreichen. Ich brauchte
an diesem Tag vielleicht etwas länger, doch die Aussicht auf
einen echten Berg gab mir die Energie, um bis zum Gornergrat weiterzugehen. Auf über 3000 Meter befinden sich die
Bahnstation, ein Hotel, ein Restaurant und ein Summit-Shop-
pingcenter. Asiatische Touristen mit Mundschutz fütterten die
Bergdohlen, und Araber bewarfen sich lachend mit Schnee,
den sie vermutlich zum ersten Mal sahen. Der Gornergrat ist
zwar kein Gipfel, aber trotzdem eine Attraktion für internationale Touristen, was bei dieser Aussicht durchaus nachvollziehbar ist. Ich versuchte die Viertausender zu benennen,
musste mich aber an der Panoramatafel orientieren – es waren
einfach zu viele: Der Monte Rosa mit der Dufourspitze, dem
höchsten Punkt der Schweiz, erhob sich ganz links, und dann
reihten sich Liskamm, Castor, Pollux, Breithorn (das man hier
»den Angeberberg« nennt, weil es der leichteste Viertausender
überhaupt ist und Menschen, die damit prahlen wollen, von
der Kleinmatterhorn-Bahn aus hinüberlaufen können), Matterhorn, Dent Blanche, Gabelhorn, Zinalrothorn und Weisshorn aneinander. Und zu ihren Füßen flossen die Gletscher
Richtung Tal. Nach einer Weile setzte ich mich in die Bahn
und fuhr wieder hinab. Es roch nach dem Öl der Zahnradbahn,
und die Fahrt dauerte 34 Minuten.

Twain dagegen setzt sich, um wieder vom Berg herunter-
zukommen, mitten auf den Gornergletscher. Er hat im Baede-
ker gelesen, dass Gletscher wandern, kann aber im Buch den
Fahrplan nicht finden. Er wartet und wartet – nichts passiert.
Bald fand ich einen Satz, der helles Licht auf die Angelegenheit warf.
Er lautete: »Der Gornergletscher wandert mit einer Durchschnitts-

geschwindigkeit von etwas weniger als einem Zoll am Tage.« Und errechnet präzise, dass er in dieser Geschwindigkeit im Jahre 2378 in Zermatt ankommen würde.

Ich verließ den Ort am darauffolgenden Tag so, wie ich gekommen war: mit dem Glacier Express. Der Zug war zur Abfahrt bereit, und der Schaffner blies in seine Pfeife. Ich schulterte den Rucksack, schaute noch einmal auf die weiß glitzernden Gletscherberge und stieg ein.

Kapitel sechs: ZAUBERBERGE

Danke für diese wundervolle Nacht

Es waren mittlerweile fünf Jahre vergangen, den Alois hatte ich nicht wiedergesehen, doch die Bücher trieben mich immer noch durch die Alpen. Mein Auto war kaputtgegangen, und so fuhr ich nicht mehr in einem braunen Kombi, sondern einem grauen Kastenwagen durch die Berge. Der Winter zog sich ins Frühjahr hinein, und zu einem Zeitpunkt, als die Welt seiner überdrüssig war, reiste ich gemeinsam mit drei Freunden in die Schweiz, nach Davos, um eine Skitour zu unternehmen.

Der *Zauberberg* also. Ich hatte Thomas Manns Roman gelesen, als ich Anfang zwanzig gewesen war. Damals hatte ich nur eine vage Ahnung davon, was alles in diesem Buch steckt. Und ich hatte definitiv keine Ahnung davon, dass man diesen Roman auch unter alpinistischen Aspekten lesen kann. »Der *Zauberberg* ist der bedeutendste deutschsprachige Roman, der den *Berg* bereits im Titel trägt«, hatte der Professor in Zermatt gesagt und das Schneekapitel als Bergsteigergeschichte interpretiert. Thomas Mann selbst empfahl, den *Zauberberg* zweimal zu lesen, da sich das Vergnügen des Lesens beim zweiten Mal erhöhe – wie bei einer Musik, die man schon kennt. Ich packte also meine deutlich benutzte dunkelblaue Taschenbuchausgabe mit in den Rucksack, als wir uns für unsere Skitour vorbereiteten. Wir wollten auf die Schatzalp und von dort weiter zum Strelapass, irgendwo dort oben im Zelt übernachten und am nächsten Tag weiter nach Arosa fahren. Dafür benötigten wir, und das hätte auch Mark Twain bestätigt, folgende Ausrüstung:

Transportwesen etc.

4 Paar Tiefschneeski	4 30-Liter-Rucksäcke
4 Paar Steigfelle	8 Spannriemen

Proviant etc.	*Ausrüstung*
2 Packungen Spaghetti	2 Zweimann-Zelte
2 Dosen Tomatensoße	4 Isomatten
1 Laib Brot	4 Schlafsäcke
1 Packung Zucker	3 Rettungsdecken
1 Packung Salz	1 Thermometer
8 selbst gemachte Müsliriegel	2 Höhenmesser
2 Tafeln Schokolade	2 Feuerzeuge
8 Dosen Bier	18 Heringe (Sand)
7 Teebeutel	1 Benzinkocher
1 Flasche Rum	1 Gaskocher
	2 Töpfe
	4 Bestecke
	2 Aluminiumtassen
	2 Schweizer Taschenmesser
	4 Stirnlampen
	2 Bücher

14:30 Uhr, 8 Grad plus: Am frühen Nachmittag setzte sich der Zug in Davos in Bewegung, er war neun Meter lang. Wir starteten mit Tourenski unter den Füßen am Parkplatz hinter der Bergbahn und stiegen in langsamen Schritten auf. Die Steigfelle, die wir auf die Ski gespannt hatten, glitten leisen zischend über den Schnee. Wir gingen Stück für Stück in die Einsamkeit der Natur und ließen die Welt unter uns: Pelzmäntel, süddeutsche Luxuskarossen und Lokale wie die »Ex-

Bar«, vor der sich zu fast jeder Tages- und Nachtzeit vor allem betrunkene Engländer ästhetischen Mindestansprüchen widersetzen. Von Zeit zu Zeit lichtete sich der Wald, und dann sahen wir auf einen welligen Hang, über dessen Rücken sich ein einzelner Skilift zog: das Skigebiet Schatzalp-Strela. Wir fühlten uns ein wenig wie in *Der Zauberlehrling* von Erich Kästner, eine Geschichte aus dem Kästner-Band, auf den ich vor zwei Jahren auf der Rigi gestoßen war: *Hoch über dem Gebirgstal und der Stadt, die sich langsam in Dämmerung hüllten, funkelten sonnige Eisgipfel. Es war wie im Märchen.*

Bald kamen wir auf einen leicht abschüssigen Ziehweg und folgten dem schlichten Schild »Skigebiet« durch den Wald bis zum Passlift. An dem kleinen Häuschen an der Mittelstation lief Volksmusik, offenbar in einer Endlosschleife. Von hier aus konnte man per Schlepplift geruhsam bergauf bis zum Pass auf 2350 Meter fahren. *Der Skilift,* schrieb Erich Kästner, *war eine fröhliche Erfindung: Er war nichts weiter als ein über mehrere Masten laufendes Band mit in Abständen angebrachten schaukelähnlichen Sitzgelegenheiten. Wenn einer der Sitze die Fußstation des Lifts passierte, griff der Skifahrer zu, setzte sich rasch, behielt die Skier auf der Erde und fuhr nun, ohne weitere Mühewaltung, steil bergan. Die Bergwelt war wirklich mit jeglichem Komfort ausgestattet!* So hatte Kästner den Lift im Skigebiet am Strelapass in den 1930er Jahren beschrieben – es war einer der ersten in der Schweiz. Und seitdem hat sich nicht vieles dort oben verändert. Denn das Skigebiet Schatzalp-Strela ist kein gewöhnliches Skigebiet, sondern ein »SlowMountain«, ein langsamer Berg. Das bedeutet so viel wie: historisch, komfortlos, schleppend. In jedem anderen Skigebiet würde man Alter und Schlichtheit dieses Lifts als Zumutung verurteilen und sich darüber aufregen, dass er ganze sieben Minuten für das kurze Stück zur Mittelstation benötigt. In Zeiten hochgeschwinder Liftsysteme ist das eine kleine Ewigkeit. Hier ist es *Zauberberg*-Symbolik: sieben Minuten, die einfach so verschwinden.

Wir stiegen weiter, und als wir nach einer Stunde oben waren, sahen wir unter uns die Piste, die auf der Sonnenseite, gemütlich, ruhig, bewegungsarm, über sanft abfallende Hänge nach unten führt. Kästner ging das alles schon 1937 viel zu langsam, und er machte aus seinem Protagonisten, dem Zauberer Baron Lamotte, einen präpotenten Pistenrowdy: *»Da fährt ja einer wie der Teufel!«, sagte der Wirt und blickte fachmännisch den Berg hinan. »Wer kann denn das sein?« Er meinte einen Skiläufer, der schnurgerade den Steilhang herunterschoss, pfeilschnell näher kam, als wolle er mitten in das friedliche Wirtshaus hineinfahren. Erst im vorletzten Moment schwang er sich herum und stand.*

»Den kenn ich nicht«, sagte der Wirt. »Wie kann ein Mensch, der die Strecke noch nie gefahren ist, so leichtsinnig sein!« Der Wirt fragt: *»Sie sind doch die Strecke zum ersten Mal gefahren?«*, und der Baron sagt: *»Ich fahre schnell, weil es mir Spaß macht.«* Woraufhin der Wirt entgegnet: *»So einen unmodernen Menschen habe ich lange nicht gesehen.«*

16:30 Uhr, 5 Grad plus: Wir erreichten die Passhöhe, und diesen Moment, würden wir später resümieren, haben wir vielleicht nicht genug genossen. Auf der Piste ging der Lift und in der Hütte das Licht aus. Wie von einem Magneten angezogen, rutschten die Menschen zurück ins Tal. Wir hatten die vier großen Rucksäcke mit unserer Ausrüstung und Verpflegung auf ein kleines Plateau unterhalb eines Grats geschleppt. Wir waren stolz auf unseren Plan und auf unseren Platz; er lag oberhalb der Piste, war geschützt vor Lawinen, versteckt und doch gut zu erreichen. Eine kleine Hütte verbarg sich hier in einer Mulde. Ein Weidezaun ragte davor gerade so aus dem glitzernden Schnee, daneben standen drei Fichten. Wir schnallten die Skier ab, setzten uns auf die dunklen Holzbalken, öffneten mit einem Zischen das Dosenbier und prosteten uns mit sonnenblinzelnden Augen zu. Keiner sagte ein Wort – ein sicheres Zeichen dafür, dass einfach alles stimmte. Wir würden hier oben die Nacht verbringen. Würden Zelte aufbauen und Kocher anheizen, Schnee schmelzen und ein Feuer entfachen. Würden den Naturgewalten trotzen und ums Überleben bangen. Würden fühlen und kämpfen wie Expeditionsbergsteiger, oder zumindest so wie kleine Jungs bei einem Abenteuer. Und am nächsten Morgen würden wir weiter nach Arosa fahren. Ich holte den *Zauberberg* aus dem Rucksack und begann zu lesen.

Thomas Mann war 1912 nach Davos gekommen, um seine Frau Katia in der Lungenklinik Waldsanatorium zu besuchen. Er blieb nur drei Wochen, aber das sollte reichen, um ihn für den *Zauberberg* zu inspirieren. Katia Mann blieb ein halbes Jahr – wegen des Verdachts auf Tuberkulose im Anfangsstadium – und schrieb ihrem Mann regelmäßig, was sich dort oben in der Klinik an Kuriositäten zutrug. All das floss in den Roman ein, der 1924 erschien. Darin lässt Thomas Mann den jungen Hans Castorp, einen Kaufmannssohn aus Hamburg und die Hauptfigur des *Zauberbergs*, mit dem Zug in Landquart ankommen: ... *jetzt aber geht es auf wilder, drangvoller Felsenstraße allen Ernstes ins Hochgebirge. Es eröffnen sich großartige Fernblicke in die heilig-phantasmagorisch sich türmende Gipfelwelt des Hochgebirges.* Er besucht im Sanatorium Berghof seinen Vetter Joachim Ziemßen *für drei Wochen*, wie Castorp sich vorgenommen hat. Es ist das Jahr 1907. Ziemßen klärt ihn gleich bei seiner Ankunft über die Berge auf: »*Du siehst die Baumgrenze fast überall, sie markiert sich ja auffallend scharf, die Fichten hören auf, und damit hört alles auf, aus ist es, Felsen, wie du bemerkst. Da drüben, rechts von dem Schwarzhorn, dieser Zinke dort, hast du sogar einen Gletscher, siehst du das Blaue noch? Er ist nicht groß, aber es ist ein Gletscher, wie es sich gehört, der Scaletta-Gletscher. Piz Michel und Tinzenhorn in der Lücke, du kannst sie von hier aus nicht sehen, liegen auch immer im Schnee, das ganze Jahr.«* All diese Berge sind real, und wenn sich nicht ein dunstiger Schleier über das Tal gelegt hätte, dann hätte ich sie von unserem Zeltplatz aus sehen können. *Aber wir selbst sind scheußlich hoch, mußt du bedenken. Sechzehnhundert Meter über dem Meer,* erklärt der Flachländer Ziemßen. *Und Hans Castorp nahm neugierig einen tiefen, probenden Atemzug von der fremden Luft. Sie war frisch – und nichts weiter. Sie entbehrte des Duftes, des Inhaltes, der Feuchtigkeit, sie ging leicht ein und sagte der Seele nichts.*

Ich zog den Reißverschluss meiner Jacke zu, schlug den Kragen hoch und las weiter: *Der Morgen war kühl und wolkig. Gestreckte Nebelbänke lagen unbeweglich vor den seitlichen Höhen, während massiges Gewölk, weißes und graues, auf das fernere Gebirge niederhing. Flecken und Streifen von Himmelsblau waren hie und da sichtbar, und wenn ein Sonnenblick einfiel, schimmerte die Ortschaft im Talgrunde weiß gegen die dunklen Fichtenwälder der Hänge.* Auf einer abgeschiedenen Ruhebank gewöhnt sich Hans Castorp an die Berglandschaft, sitzt da, bewundert die Blumen, hört dem Wildbach zu, träumt von seiner Liebe Clawdia und erinnert sich an seinen Schulfreund Pribislav … *seine Augen, blaugrau oder graublau von Farbe – es war eine etwas unbestimmte und mehrdeutige Farbe, die Farbe etwa eines fernen Gebirges …* dann bekommt er heftiges Nasenbluten. Und so langsam wird dem Leser klar, dass Hans Castorp länger bleiben wird als nur drei Wochen. Schleichend wird er zu einem Teil der kranken Welt dort »oben«. Man muss *oben gelebt haben, um zu wissen, wie es sein muß. Hier unten fehlen die Grundbegriffe,* heißt es im Roman.

Ich blickte auf. Tausend Meter tiefer war die Luxuswelt und der Après-Ski-Wahnsinn von Davos. Wir hörten nichts davon, schauten in die Stille und beobachteten, wie die Sonne die Bergspitzen berührte und das Licht ein letztes Mal flackerte. Ein zauberhafter Moment. Das war um fünf Uhr. Dann kam die Kälte. Sie kroch langsam in die Finger, Arme, Ober-

körper und machte uns bewusst, dass wir uns für die bevor-
stehende Nacht vorbereiten mussten: Zelte aufbauen, Feuer-
holz sammeln, Kocher aufstellen. Ich klappte das Buch zu und
stand auf. Doch schon nach wenigen Handgriffen erkannte
ich, dass Zelten im Winter mit Zelten im Sommer ungefähr
so viel gemein hat wie ein tiefgefrorenes Dosenbier mit einer
Tasse heißem Glühwein. »Wir sollten mit den Ski die Grund-
fläche platt drücken«, schlug einer vor, und dann entwickelte
sich ein von Halbwissen geprägtes Fachgespräch, das man so
ähnlich auch auf jedem Spielplatz belauschen könnte, wenn
ein paar Väter eine Sandburg bauen. »Wir brauchen Wasser«,
sagte jemand, als uns die Heringe durch den Schnee rutschten
wie Zahnstocher durch Sand. »Dann vereist das alles, sobald
es richtig kalt wird.« Die Idee erschien plausibel, und so sta-
bilisierten wir die Heringe mit Wasser, das wir in Feldflaschen
von einem kleinen Bachlauf neben der Hütte holten. Um die
Zelte vor dem Abrutschen zu sichern, bauten wir auch die
Ski mit in die Konstruktion ein, und das funktionierte ganz
ausgezeichnet. Aber dann fiel uns auf, dass wir morgen früh,
wenn alles schön dick vereist wäre, die Ski nicht wieder davon
würden lösen können. Wir kamen uns sehr schlau und voraus-
schauend vor.

18:10 Uhr, 2 Grad minus: Nach einer Stunde standen die beiden Zelte und waren ordentlich abgespannt; darin waren die
Isomatten und Schlafsäcke ausgerollt, mitten im Schnee auf
2500 Meter Höhe am Rande eines Skigebietes. Minusgrade,
dessen waren wir uns sicher, konnten uns jetzt nichts mehr
anhaben. Wir fotografierten alles und sahen uns, vermutlich
um uns der abenteuerlichen Wirklichkeit zu vergewissern, die
Bilder auf den Displays an. Es war dunkel geworden, Schnee-
wolken drängten ins Tal, und in den Lichtkegeln der Stirnlam-
pen zogen unsere Atemwölkchen durch die Luft.

Dann stellten wir fest: Alles, was man jemals über Camping-kochen gehört oder gelesen hat, kann man vergessen. Denn im Winter in den Bergen ist alles anders. Zunächst begann der Gaskocher durch seine eigene Wärme langsam im Schnee zu versinken. Seine Flamme war kläglich, und es dauerte etwa eine halbe Stunde, bis das Wasser lauwarm geworden war. Am Benzinkocher, eigentlich für widrige Umstände gemacht, war, wie auch immer, das Ventil kaputtgegangen. Und so verging eine eisige Ewigkeit, bis das Wasser auch nur ansatzweise kochte. Zu diesem Zeitpunkt hatten wir bereits das Brot, das Bier, sogar die selbst gemachten Müsliriegel konsumiert. Einer fragte: »Wer hat die Nudelsoße?« Schweigen. Keiner hatte die Nudelsoße. »Wer hat das Salz?« Schweigen. »Ich habe den Zucker«, sagte jemand. Salz und Soße lagen im Auto, 1000 Meter unter uns, unerreichbar weit weg. »Zuckernudeln!«, schrien sie, und ich hätte nie gedacht, dass ich mich einmal nach den Dosenravioli sehnen würde, die ich vor vielen Jahren am Gardasee auf Esbitkochern warm gemacht hatte. Erst viel später, als wir wieder willens waren, über alles zu reden, würden wir uns eingestehen, dass diese Spaghetti, im nicht kochenden Wasser zu einer breiigen Masse verklumpt, ohne Salz und ohne Soße, mit weitem Abstand das schlechteste Essen gewesen waren, das wir jemals zu uns genommen hatten. Und zu allem Überfluss war der Rum alle.

19:33 Uhr, 8 Grad minus: Wenn man sich nicht bewegt, ist Kälte etwas Tückisches. Sie kriecht langsam in die Glieder, und was sie einmal durchdrungen hat, fühlt sich an, als würde es nie mehr warm werden können. Wir mussten uns bewegen und ein Feuer machen. Wir gruben ein Loch in den Schnee und stapelten dort das Holz, das wir gesammelt hatten. Mit dem Benzin des Kochers, der nicht funktionierte, war es schnell entfacht. Aber der stattliche Holzstapel brannte innerhalb von

Minuten vor unseren Augen nieder. Da fiel uns das Brennholz vor der kleinen Hütte ein. Wir hatten es schon heute Nachmittag bemerkt und uns vielleicht deshalb unterbewusst für diesen Platz entschieden. Wir hatten kein gutes Gefühl, und wir wussten, dass sich irgendwann irgendwer ordentlich darüber ärgern würde. Hätte man uns in einem warmen Raum im Tal gefragt, dann hätten wir alle gesagt, dass wir so etwas niemals machen würden. Aber nun war uns einfach saukalt, und so wurden wir zu Holzdieben. Wir legten einige Scheite in unser kümmerliches Feuer, und schon nach wenigen Sekunden flammte es auf und strahlte so etwas wie Wärme ab. Wir setzten uns davor, hielten die Skistiefel ans Feuer, und die Zehen wurden erst wieder warm, als es nach geschmortem Plastik roch. Die Hitze hatte unsere Sohlen angesengt und grotesk deformiert. Wir schüttelten stumm die Köpfe; es begann zu schneien.

Wir saßen am Lagerfeuer im Schnee – und der Moment und die Umgebung fühlten sich gerade wegen des Verzichts und der Pannen viel besser an als jeder Fünfsterneluxus. Wir starrten in den Funkenflug. Die Schneeflocken, die Kälte, die Einsamkeit, die Ausgesetztheit verdichteten sich zu einem Gefühl der Lebensfreude und vermittelten uns für ein paar kristallklare Minuten den Eindruck, das Wesentliche dieser Welt verstanden zu haben.

21:49 Uhr, 13 Grad minus:

Auf die Oberschenkel klopfen.
Hände aneinanderreiben.
Auf der Stelle hüpfen.
Um das Feuer joggen.
Zehn Scheite nachlegen.

Der Schnee knirschte unter den Skistiefeln wie aneinanderreibende Zellophantüten. Die Wand mit dem Brennholz hatte ein großes Loch und schürte unser schlechtes Gewissen. Um uns davon abzulenken, diskutierten wir verschiedene Fragen: Würden wir mit oder ohne Socken schlafen, die Klamotten mit in den Schlafsack nehmen, die Skistiefel im Zelt oder davor stehen lassen? All das beschäftigte uns sehr. Einer von uns hatte ein Zelt dabei, das er sich extra für unser Abenteuer gekauft hatte, und schon beim Aufbauen kamen uns einige Details merkwürdig vor. Doch erst jetzt erkannten wir, dass wir das Außenzelt falsch befestigt hatten und sich nun der Eingang des Innenzelts auf der falschen Seite befand: Wir kamen nicht hinein. Und das größte Problem war: Die Heringe waren perfekt vereist. Die Kälte hatte das Gebilde so fest miteinander verbunden, dass wir es nur unter Anwendung von Gewalt zerstören konnten – und in dem Bewusstsein, dass wir es nicht mehr so aufbauen konnten, wie es war. Am Ende neigte sich das Zelt windschief Richtung Tal. Es war uns gleichgültig. Es schneite stärker. Wir hatten uns vorsichtig ins Zelt gesetzt, die Skistiefel ausgezogen, sie zwischen Innen- und Außenzelt gestellt. Dann legten wir ganz schnell auch die Skianzüge ab, stopften sie in den Schlafsack, damit sie am nächsten Morgen nicht zu Eisklumpen erstarrt sein würden. Erschöpft sank ich in die Daunen. Die Flocken rutschten über die Zeltplane, und immer wenn wir uns drehten, knirschte der Schnee.

3:13 Uhr, minus 26 Grad: Ich wachte auf und drehte mich wieder einmal um, weil die Kälte vom Boden durch die Zeltplane, die Rettungsdecke und die Isomatte gekrochen war. Ich schaltete die Stirnlampe an und sah durch meinen kondensierenden Atem hindurch aus nächster Nähe in die Kapuze des Schlafsacks und auf den Temperaturbalken, der dort eingenäht war. Er ging von Rot zu Gelb zu Blau und zeigte darüber die jeweilige Temperatur an: von plus zehn Grad bis minus 20 Grad. Da stand »comfort«, dann »extreme«, und dahinter, also in dem Temperaturbereich, in dem ich mich nun befand, stand »risk«.

An Schlaf war nicht mehr zu denken. Ich versuchte zu lesen. Aber auch das war nicht so einfach. Ich hatte den *Zauberberg* mit in den Schlafsack genommen und legte ihn nun auf die Isomatte in den Kegel der Stirnlampe. Aber ich musste das Buch mit beiden Händen halten, sonst klappte es immer wieder zu. Ich zog also meine Handschuhe an, sonst wären innerhalb weniger Minuten die Finger abgefroren. Mit diesen dicken Handschuhen konnte ich allerdings nicht umblättern, und sie nach jeder gelesenen Doppelseite wieder auszuziehen erschien mir absurd. Ich blätterte also mit dem Mund um, indem ich mich nach vorn auf den *Zauberberg* lehnte, die Lippen auf die Seite legte, sie ansaugte und dann mit dem Kopf nach links zog, so weit, bis sie ganz kurz in der Luft stand und ich sie schnell mit der linken Wange nach unten drücken konnte. Ich war stolz auf diese neue Kulturtechnik, die es erlaubte, bei minus 26 Grad Thomas Mann zu lesen, ohne sich später die Finger amputieren lassen zu müssen.

Das Kapitel war mit dem Wort *Schnee* überschrieben: *Statt der Sonne jedoch gab es Schnee, Schnee in Massen, so kolossal viel Schnee, wie Hans Castorp in seinem Leben noch nicht gesehen.* Es wurde Winter in Davos: *Draußen war das trübe Nichts, die Welt in grauweiße Watte, die gegen die Scheiben drängte, in Schneequalm und Nebeldunst dicht verpackt. Unsichtbar das Gebirge; vom nächsten Nadelholz allenfalls mit der Zeit ein wenig zu sehen: beladen stand es, verlor sich rasch im Gebräu, und dann und wann entlud eine Fichte sich ihrer Überlast, schüttelte stäubendes Weiß ins Grau. … Gipfelkonturen verschwammen, vernebelten, verrauchten. … – das war kein Schneefall mehr, es war ein Chaos von weißer Finsternis, ein Unwesen, die phänomenale Ausschreitung einer über das Gemäßigte hinausgehenden Region.*

Ich saugte wieder eine Seite an und blätterte um. Hans Castorp entscheidet sich gegen den Rat seiner Ärzte, eine Skitour zu unternehmen. Mit einem Paar hellbraun lackierter Eschenholz-Ski, das er sich in einem Spezialgeschäft in der Hauptstraße ausleiht, wagt er erst heimliche Versuche. Ich dachte an die Geschichte von Pfarrer Müller in Warth. Hans Castorp lernt schnell, und nach ein paar Tagen bricht er auf, in seiner langärmeligen Kamelhaarweste, seinen Wickelgamaschen und mit seinen Luxusski fährt er auf den Berg, auf dem ich mich gerade befand: *Er ließ sich auch mit seinen Hölzern von der Drahtseilbahn zur Schatzalp steil aufheben und trieb sich gemächlich dort oben, zweitausend Meter hoch entführt, auf schimmernden Schrägflächen von Puderschnee herum, die bei sichtigem Wetter einen hehren Weitblick über die Landschaft seiner Abenteuer boten. ... Er schob sich weiter, höher hinauf, gegen den Himmel. Manchmal stieß er das obere Ende seines Skistockes in den Schnee und sah zu, wie blaues Licht aus der Tiefe des Loches dem Stabe nachstürzte, wenn er ihn herauszog. ... Rechts seitwärts in einiger Entfernung nebelte Wald. Er wandte sich dorthin, um ein irdisches Ziel vor Augen zu haben, statt weißlicher Transzendenz, und fuhr plötzlich ab, ohne daß er im geringsten eine Geländesenkung hatte kommen sehen. ...* Die Schneeflocken wirbelten um ihn herum, und dann formuliert Thomas Mann eine Liebeserklärung an den Schnee, vielleicht die schönste, die sich in der deutschen Literatur findet: *Hans Castorp trat vor, um ein paar davon auf seinen Ärmel fallen zu lassen und sie mit den Kenneraugen des Liebhaberforschers zu betrachten. Sie schienen formlose Fetzchen, aber er hatte mehr als einmal ihresgleichen unter seiner guten Linse gehabt und wußte wohl, aus was für zierlichst genauen kleinen Kostbarkeiten sie sich zusammensetzten, Kleinodien, Ordenssternen, Brillantagraffen, wie der getreueste Juwelier sie nicht reicher und minuziöser hätte herstellen können ... – und unter den Myriaden von Zaubersternchen in ihrer untersichtigen, dem Menschenauge nicht zugedachten, heimlichen Kleinpracht war nicht eines dem anderen gleich.*

Das Umblättern hatte ich mittlerweile perfektioniert, aber dennoch quälte mich die Kälte und zog durch millimeterschmale Öffnungen in meinen Schlafsack, durch meine Kleidung, an meinen Körper: *Die furchtbare Kälte, die tatsächlich herrschte, gegen zwanzig Grad unter Null,* empfindet auch Hans Castorp; *es war ihm, als solle er hier zum Schneemann erstarren, seinen Stock steif in der Hand ... Die Flocken flogen ihm massenweise ins Gesicht und schmolzen dort, so daß es erstarrte. Sie flogen ihm in den Mund, wo sie mit schwach wässrigem Geschmack zergingen, flogen gegen seine Lider, die sich krampfhaft schlossen, überschwemmten die Augen und verhinderten jede Ausschau ... Es war das Nichts, das weiße, wirbelnde Nichts, worein er blickte, wenn er sich zwang, zu sehen. Und nur zuweilen tauchten gespenstische Schatten der Erscheinungswelt darin auf: ein Latschenbusch, eine Fichtengruppe, die schwache Silhouette des Schobers auch, an dem er kürzlich vorübergekommen. ...* Er wurde zugedeckt von *blödsinnig regelmäßiger Kristallometrie.*

Die realitätsnahe Schilderung erinnerte mich an Hohls *Bergfahrt.* Castorp verliert schließlich die Orientierung, läuft wie Twain am Riffelberg im Kreis herum, *beschreibt dabei irgendeinen weiten, albernen Bogen, der in sich selber zurückführte wie der vexatorische Jahreslauf.* An der Hütte, die er schon vor einer guten Stunde passiert hat, lässt er sich nieder und beginnt in der schneestürmischen Kälte zu halluzinieren: Er wandelt durch einen üppigen Garten, sieht das Meer und einen schönen Knaben. Es scheint, als simuliere sein Körper Wärme. Man hat schon viele erfrorene Bergsteiger ohne Kleidung im Schnee gefunden, weil sie in ihren letzten Momenten offenbar Hitze empfunden haben. Castorp halluziniert weiter, sieht nun aber schreckliche Bilder, Hexen, die ein kleines blondes Kind zerreißen und verschlingen. Ist das das Ende? Der Todeskampf? Er kommt wieder zu sich, sieht sich vor dem Schuppen im Schnee liegen und bemerkt, dass keine Viertelstunde vergangen ist. Und dann erkennt er geistesblitzartig den Sinn des Lebens und die ganze Zeitverschwendung auf dem Zauberberg. Nur: Er vergisst es wieder und bleibt noch fünf Jahre in Davos.

Der Schnee rieselte wieder über die Zeltplane; es schien stärker zu schneien. Im Roman klart es dagegen auf, und Hans Castorp findet seinen Weg zurück.

6:07 Uhr, 19 Grad minus: Am Morgen fiel mein erster Blick auf den Raureif, der sich von innen an der Zeltwand gebildet hatte. Eine Menge Schnee musste auf dem Zelt liegen, denn die Plane bog sich stark nach unten. Ich sah das Buch neben mir liegen und erinnerte mich an die Lektüre der Nacht. Oder hatte ich das alles geträumt?

Es war nicht kalt, aber wir wussten, dass sich das, sobald wir uns auch nur einen Zentimeter aus den Schlafsäcken bewegten, ändern würde. Wir standen auf, und der schlimmste Moment unseres Abenteuers stand bevor: in die steinharten, eisgekühlten Skistiefel zu schlüpfen. Das waren echte Schmerzen, die erst nachließen, als wir eine Weile wie aufgeschreckte Schneehühner auf und ab gesprungen waren.

Aber selbst das war gar nicht so einfach zu bewerkstelligen, denn es hatte die ganze Nacht durch geschneit, und nun lagen etwa 30 Zentimeter Neuschnee, in die wir knietief einsanken. Es schneite noch immer in einer Intensität, die faszinierend und beängstigend zugleich war. Wir konnten zusehen, wie die weißen Mützen auf den Bäumen höher wurden, und mussten uns eingestehen, dass wir unter diesen Umständen nicht weiter nach Arosa konnten – die Lawinengefahr war viel zu groß. Wenn der Berg nicht will, dann lässt er einen nicht gehen.

»Wie hoch wird die Warnstufe heute wohl sein?«, fragte ich. Wir schauten eine Weile in die Flocken. »Ein Vierer ist das bestimmt«, sagte einer. Und das war's. Denn natürlich war es ein Vierer, mindestens. Vier von fünf, und deswegen riskiert man bei einem Vierer nichts, wenn man halbwegs bei Verstand ist. Es war schon gefährlich genug, zurück nach Davos zu fahren. Tatsächlich hatten wir keine Ahnung, wie ernst die Situation war. Wir hatten zwar die ganze Sicherheitsausrüstung dabei, aber wenn jemand von einer Lawine verschüttet wird, dann haben die anderen nur 15 Minuten, um ihn lebend zu bergen. Das ist nicht viel Zeit, und auch wenn wir den Umgang mit Piepser, Sonde und Schaufel schon viele Mal geübt haben, wusste keiner von uns, wie wir im Ernstfall reagieren würden – mit dem Wissen, dass die Freunde in Lebensgefahr schweben und jede Sekunde zählt.

Als wir alles zusammengepackt hatten, wies nichts außer einer großen Lücke im Brennholz darauf hin, dass wir hier gewesen waren. Wir überlegten, ob wir 20 Franken hinterlegen und »'tschuldigung« draufschreiben sollten – aber das wäre ja auch ein Schuldeingeständnis gewesen. Wir klickten unsere angeschmorten Stiefel in die Bindungen und kämpften uns langsam und vorsichtig den Hang hinunter. Es fühlte sich an, als hätten wir eine große Nordwand durchstiegen. Der Wind trieb die Wolken über den Grat, und sie verschluckten alle optischen Bezüge in der Landschaft. Es war schwierig, den Kontakt zum Vordermann zu halten. Einmal dachte ich, ich fahre, doch dann schaute ich nach unten auf meine Ski und erkannte: Ich stand. Es hatte etwas Unheimliches. Die Schneeflocken peitschten mir senkrecht ins Gesicht und gefroren an meinen Wangen. Ich fragte mich: Hatte ich heute Nacht wirklich über fast die gleiche Situation gelesen?

Endlich erkannte ich die Silhouette meines Vordermanns wieder, und zarte Schemen traten aus dem Weiß hervor: Bäume, eine Hütte, die Pistenbegrenzung. Blass zeigte sich ein Gebäude. Es war das Hotel Schatzalp. Ich sah den überdachten Weg, der zum Jugendstilhotel führt, das im Jahr 1900 als Lungensanatorium gebaut und in den 50er Jahren in ein Hotel umgewandelt worden war. Erleichtert schnallten wir die Ski ab und legten die Rucksäcke neben eine Bronzetafel, auf der *Zauberberg*-Textstellen Schönheit und Tod beschworen. Wir gingen durch eine weiße Schwingtür hinein, und die Dame an der Rezeption, hinter der riesige Zimmerschlüssel an der Wand hingen, sah uns an, als würden wir gerade vom Mount Everest zurückkommen: »Kommen Sie, schnell, ich mache das Kaminfeuer für Sie an«, sagte sie besorgt und versicherte uns, dass Zimmer frei wären.

Nach dieser Schnee-Kapitel-Nacht war ich mir nicht sicher, ob das, was ich sah, tatsächlich dem Roman ähnelte oder ob ich mir das nur einbildete. Das ganze Hotel wirkte wie aus dem frühen 20. Jahrhundert; eine Frau, die an mir vorüberging, schien zu pfeifen, als hätte sie einen Pneumothorax, und auf der überdachten Terrasse lagen zwei in Wolldecken eingehüllte Männer. Waren das Tuberkulosekranke auf Liegekur? Die Schatzalp ist natürlich nicht der Zauberberg. Schließlich kommt sie im Roman vor und kann also nicht das *Internationale Sanatorium Berghof* sein. Berghof übrigens nannte Adolf Hitler später sein Domizil auf dem Obersalzberg. Eine irritierende und dann doch wieder typisch deutsche Verbindung aus Kultur und Katastrophe.

Wir zogen die Skistiefel aus und wärmten uns am Feuer auf. Unsere Füße waren noch immer eiskalt. In den Skisocken gingen wir langsam auf dem Teppich vor dem Kamin auf und ab; so lange, bis das Gefühl endlich zurückkehrte. Und dann bestellten wir so ziemlich alles, was auf der Speisekarte stand.

Am Nachmittag fuhren die anderen mit der Schrägseilbahn hinunter zum Auto, um alles zu holen, was wir für die nicht geplante Hotelübernachtung brauchten. Ich ging, immer noch im Skianzug, durch den großen Speisesaal in die »Röntgen-Bar« und in einen Nebenraum, in dessen Glasvitrinen Hunderte rot eingebundene Bücher standen: Klassiker der deutschen, britischen, amerikanischen und französischen Literatur. Auf dem schwarzen Ledersessel in der Ecke lag ein Buch, auf dessen Umschlag eine Almwiese unter einem wolkenverhangenen Himmel zu sehen war. Es war Marlen Haushofers *Die Wand*, der Roman, der mir schon in Interlaken aufgefallen war. Ich hatte das Buch damals in der Lobby des Grandhotels entdeckt, es für eine Bergsteigergeschichte gehalten und, als ich erkannt hatte, dass es keine ist, wieder zurück ins Regal gestellt. Es schien so, als wollte sich dieses Buch nun ein weiteres Mal bemerkbar machen, als wollte es mir sagen: Lies mich! Es lohnt sich! Ich setzte mich in den Sessel und begann zu lesen – so lange, bis mir ein Hotelangestellter auf die Schulter klopfte und mit gedämpfter Stimme verkündete, dass das Abendessen serviert sei.

Davos schneit

Am nächsten Morgen fuhren wir mit der Schrägseilbahn zurück nach Davos. Münzengroße Schneeflocken schwebten auf den Ort herab und häuften sich auf den Straßen, Zäunen, Laternen, Bäumen, Hotels und Chalets. Es sah aus, als hätten Lebkuchenhäuser zu viel Zuckerguss abbekommen. Kurzum: Davos sah aus wie von Thomas Mann beschrieben: *Die Ruhebänke waren verschwunden, versunken; ein Stück Lehne etwa ragte noch aus ihrem weißen Begräbnis hervor. Drunten im Ort war das Straßenniveau so seltsam verlegt, daß die Läden im Erdgeschoß der Häuser zu Kellern geworden waren, in die man auf Schneestufen von der Höhe des Bürgersteiges hinabstieg.*

Tatsächlich begann an diesem Tag in Davos der Ausnahmezustand. Es hörte nicht auf zu schneien, und wegen der Lawinengefahr konnte das Skigebiet nicht öffnen, und die

Zufahrtsstraßen mussten geschlossen werden. Der Zauberberg hielt uns fest, so wie er Hans Castorp festgehalten hat, der für drei Wochen kam und sieben Jahre blieb. Und zum zweiten Mal innerhalb von 24 Stunden quartierten wir uns ungeplant in ein Hotel ein. An der Rezeption wirkten die ferieninhaftierten Gäste unruhig und telefonierten aufgeregt bis wichtigtuerisch mit der Heimat, um zu erzählen, dass sie von der Außenwelt abgeschnitten waren. Am Abend teilte der Lawinenwarndienst mit: »Wenn die Straße nicht geöffnet werden darf, werden wir eine Luftbrücke aufbauen.« Das klang nach Krisengebiet.

Ab 1865 kamen die tuberkulosekranken Winterkurgäste und prägten den Lungenkurort auf ihre eigene Weise. Während die einen in den Schweizer Bergen dahinsiechten, verloren sich die anderen in Aktionismus. Im gleichen Jahr reisten die ersten britischen Wintertouristen nach St. Moritz, und am Matterhorn stürzten ihre bergsteigenden Landsleute ab. Die einen reisten also kerngesund nach Zermatt – und starben. Die anderen reisten todkrank nach Davos – und überlebten. Sie spuckten zwar Blut, husteten sich die Lunge aus dem Leib und verloren ihre fauligen Zähne – Symptome der Tuberkulose im Spätstadium. Aber dank der Luft- und Liegekur in der erregerarmen Höhe ging es ihnen oben besser als unten. »Davos, das neue Mekka der Schwindsüchtigen«, lautete 1874 der Slogan, der Tuberkulosekranke nach Graubünden locken sollte. Über die Jahrhundertwende zählte man 600 000 Übernachtungen pro Jahr.

Um 1950 wurde Penicillin gegen Tuberkulose eingesetzt. Damit war TB heilbar und in Davos der kranke Zauber so schnell vorbei, wie er begonnen hatte. Die meisten Sanatorien wurden abgerissen, und dort, wo sie standen, sind heute gesichtslose Wintersporthotels. Nur oben auf der Schatzalp spürt man noch etwas von den alten Zeiten.

Auch am nächsten Tag schneite es weiter. Es schneite und schneite und schneite. 83 Zentimeter Neuschnee wurden vermeldet. Die dreisprachigen Schilder, die vor »Gleitgefahr« warnten, waren kaum mehr zu sehen. Der Lawinendienst teilte mit: »Mit einer Entspannung der Gefahrensituation ist nicht vor morgen Abend zu rechnen. Die Straße ins Tal und das Skigebiet bleiben bis auf Weiteres gesperrt.« Die mittlerweile gelangweilten Kinder bauten eine Rodelbahn auf dem Hügel neben dem Tourismusbüro, und ihre Eltern saßen in den Cafés oder kauften die Bekleidungsläden leer.

Ich ging ins Stadtarchiv, das sich in einem Gründerzeitgebäude im Zentrum befindet, weil ich mehr über die Geschichte Davos' und seiner Gäste erfahren wollte. Eine Frau mit eisgrauen Haaren und einer goldenen Kette an der Lesebrille öffnete mir die Tür. Sie sah aus wie eine der Begleiterinnen des Professors in Zermatt und sagte freundlich »Grüezi«, und nachdem ich ihr gesagt hatte, was ich wollte, empfahl sie mir die *Davoser Blätter*. Ich fragte sie, ob wir uns in Zermatt schon mal gesehen hätten, aber sie verneinte. Die *Davoser Blätter* hatten jahrzehntelang die gelangweilten Kranken unterhalten und auch regelmäßig Gästelisten veröffentlicht. Es ist ganz erstaunlich, wie viele Künstler tuberkulosekrank waren, wer in den 80 »Kur-Jahren« Davos besucht hatte und welche literarischen Linien sich in den Bündner Bergen kreuzen. Thomas Mann wohnte in der Villa am Stein, wo vor ihm schon Robert Louis Stevenson und Arthur Conan Doyle genächtigt hatten. Der eine, Stevenson, schrieb im Winter 1881 seinen ersten Roman: *Die Schatzinsel*. In den Schweizer Bergen! Der andere, Sherlock-Holmes-Erfinder Doyle, verfasste vier Jahre später einen Essay über das Skifahren, in dem er beschreibt, wie er am 23. März 1894 mit zwei Einheimischen eine Tour von Davos unternahm. So wie auch wir es vorhatten, nur mit dem Unterschied, dass seine Skier aus

Ulmenholz und 2, 43 Meter lang waren. Der Schweizer Schriftsteller Hans Morgenthaler schrieb in einem Entwurf für den vom *Zauberberg* beeinflussten Sanatoriumsroman *Eymanns Kur* von *Liegestühligen, Kurligen, Ausspuckigen, Halbtotenbetrieb, Halbkrepiertenmilieu*. Der ebenfalls tuberkulosekranke Thomas Bernhard, der nie in Davos gewesen ist, hatte seine Freude gehabt. Wie ein roter Faden zieht sich Davos auch durch das Werk des deutschen Dichters Klabund, der 1928 dort starb. Der französische Surrealist René Crevel schrieb 1929 den Davos-Roman *Seid ihr verrückt?*, was Klaus Mann dazu veranlasste, den geliebten René auf dem Zauberberg zu besuchen, für den der verhasste Vater so viel Ruhm geerntet hatte. Beide trafen sie Erich Maria Remarque, der in Davos gewesen war, kurz bevor Erich Kästner den *Zauberlehrling* schrieb. Etwa zur selben Zeit erschoss der jüdische Student David Frankfurter den NSDAP-Landesgruppenleiter der Schweiz, Wilhelm Gustloff, in Davos, was wiederum Günter Grass 66 Jahre später dazu brachte, die Novelle *Im Krebsgang* zu schreiben. Und schließlich ließ auch noch Max Frisch in *Stiller* seine Julika als Tuberkulosepatientin nach Davos reisen.

Das Stadtarchiv versammelt noch viele andere Publikationen über den Ort – Chroniken, Festschriften, Literaturessays – in die ich mich vertiefte. In einem Beitrag über Thomas Mann entdeckte ich den Hinweis, dass das Schneekapitel von Nansens Nordpolar-Expeditionsbericht und Adalbert Stifters *Bergkristall* beeinflusst worden sei. Auch im *Bergkristall* tobt ein Schneesturm und überwältigt die Menschen. Und man müsse davon ausgehen, las ich, dass Thomas Mann auch Saussures Montblanc-, Goethes Furka- und Whympers Matterhorn-Geschichte gelesen habe.

Erst am fünften Tag in Davos hörte es auf zu schneien, und die Sonne kam zeitweise hervor. Ein Helikopter flog über die Berg-

flanken, und in regelmäßigen Abständen krachte das Detona-
tionsecho der Lawinensprengungen durch den Ort. So stellte
ich mir ein Kriegsgebiet vor. Und weil optisch nichts auf die
Gefahren hindeutete, verwiesen die Winterdienstarbeiter am
Ortsrand umso deutlicher auf die Situation: »Nein! Nicht weitergehen! Das ist viel zu gefährlich!«, riefen sie, als begänne
dort ein Minengebiet. *In eisige Reinheit schien die Welt gebannt,
ihre natürliche Unsauberkeit zugedeckt und erstarrt im Traum eines
phantastischen Todeszaubers,* heißt es im *Zauberberg.* Gerade als
wir uns an die Isolation und den Gedanken gewöhnt hatten,
nun für immer mit Davos und dem Zauberberg verhaftet zu
sein, gab der Lawinendienst Entwarnung: »Die Straße nach
Landquart wird heute Nachmittag wieder geöffnet.«

Gegen die Wand

Zwischen meterhohen Schneewänden fuhren wir von Davos
aus ein paar Kurven den Berg hinunter, um dann meinen
grauen Kastenwagen auf einen Zug verladen zu lassen und
durch den Vereinatunnel ins Untere Engadin zu kommen.
Wir kurvten an furchteinflößenden Felsabstürzen vorbei bis
nach Landeck und dann auf der Autobahn nach Innsbruck.
Am Bahnhof setzte ich meine drei Begleiter ab, die per Zug
zurück nach Deutschland fuhren. Ich sah wieder das Plakat,
das mit der Aufschrift *Berge, eine unverständliche Leidenschaft*
für eine Ausstellung warb. Meine unverständliche Leidenschaft führte mich nun weiter nach Osten, nach Oberösterreich – nachdem ich an dem Nachmittag auf der Schatzalp
fast den ganzen Roman *Die Wand* gelesen hatte, wollte ich
mir das Tal ansehen, in dem diese spezielle Geschichte ange-
siedelt ist.

Der Winter hatte sich mit all seiner Kraft ein letztes Mal

aufgebäumt, aber nun schien es, als kündigte sich sein Ende an. Die Schneemassen hatten vor allem in Graubünden und Vorarlberg für Chaos gesorgt, und je weiter ich nach Osten fuhr, desto weniger weiß waren die Berge. Am Wilden Kaiser und auf der Hohen Salve schien es kaum geschneit zu haben, und auf einem grünen Berg zogen sich die dünnen weißen Linien der Skipisten ins Tal. Der Hochkönig wirkte fast schon frühlingshaft, und als ich den Dachstein auf seiner Südseite passierte, dachte ich über den Beginn der Wandersaison nach. An der Spitzmauer, einem Berg, der gerne als das »Matterhorn Österreichs« bezeichnet wird, zogen sich nur noch wenige Schneelinien durch die imposante Ostwand.

Man könnte annehmen, der Roman *Die Wand* hat etwas mit einer solchen Felswand zu tun. Hat er aber nicht. Und gerade deswegen ist es ein erstaunliches Buch über die Berge. Nachdem ich die Spitzmauer hinter mir gelassen hatte, fragte ich mich im Minutentakt, ob ich noch auf dem richtigen Weg war. Ich sah auf das Buch auf dem Beifahrersitz, als könnte das etwas helfen. Die vielen Abzweigungen, die Serpentinen, die Brücke über die Steyr, die langen Kehren durch den Wald, das Almgelände und der Ort Frauenstein. Doch dann stand da an einer weiteren unscheinbaren Weggabelung das Schild »Effertsbachtal«, und ich wusste, dass irgendwo dort hinten die Wand sein musste.

Die Österreicherin Marlen Haushofer ist in den 1920er und 30er Jahren im Effertsbachtal aufgewachsen, und mein Ziel im Talschluss war jene Jagdhütte, um die herum die Geschichte ihres 1963 erschienenen Buchs spielt. Der Roman beschreibt das Leben einer Frau, die dort allein mit einem Hund, einer Kuh und einer Katze lebt, weil sie durch eine unsichtbare Wand von der Welt abgeschnitten ist. Die Wand ist über Nacht aus unerklärlichen Gründen entstanden. Obwohl die in *Die*

Wand erzählte Geschichte düster und trist ist, liegt eine Ruhe und Schönheit in ihr, die zur Realität dieses Tages im Effertsbachtal passte: *Ich lag auf der Bank, und wenn ich die Augen schloß, sah ich Schneegebirge am Horizont, weiße Flocken, die sich auf mein Gesicht senkten in einer großen hellen Stille. Es gab keine Gedanken, keine Erinnerungen, nur das große stille Schneelicht.* Das *Schneelicht* erinnerte mich an den *Zauberberg*, und ich war mir sicher, dass Haushofer Thomas Mann gelesen hatte.

Der Weg zur Jagdhütte lag im Schatten und war an der zweiten Brücke so steil, dass ich nur noch zu Fuß weiter bergauf kam, weiter hinein in die Berge. Es war kühl. Die Stiefel knirschten, die Zehen begannen zu frieren, aber seit der Nacht in Davos hatten sich meine Vorstellungen von Kälte grundlegend geändert. Dort, wo der Forstweg aus der Schlucht herausführt, muss die Wand stehen. Auch wenn das kleine Häuschen mit der Aufschrift »Quellsammelschacht«, das heute hier steht, wenig poetisch wirkt, konnte ich mir die Existenz dieser Wand erstaunlich gut vorstellen. Die Geschichte beginnt damit, dass die Erzählerin gemeinsam mit ihrem Hund zurück ins Tal gehen will: *Ich konnte nicht sehen, was ihn so ängstigte. Die Straße trat an dieser Stelle aus der Schlucht heraus, und so weit ich sie überblicken konnte, lag sie menschenleer und friedlich in der Morgensonne. Unwillig schob ich den Hund zur Seite und ging allein weiter. Zum Glück war ich, durch ihn behindert, langsamer geworden, denn nach wenigen Schritten stieß ich mit der Stirn heftig an und taumelte zurück. … Ich stand noch dreimal auf und überzeugte mich davon, daß hier, drei Meter vor mir, wirklich etwas Unsichtbares, Glattes, Kühles war, das mich am Weitergehen hinderte.*

Ich wanderte weiter Richtung Jagdhütte, und von nun an konnte ich mich nicht mehr von dem Gedanken befreien, eine Wand im Rücken zu haben, die den Weg zurück in die Welt nach »draußen«, wie Menschen, die in den Bergen leben, oft sagen, für immer versperrte. Es war still im Tal, nur aus dem Wald kamen gelegentlich Geräusche. Links rann der Bach, rechts zogen sich Felsen wie Fischschuppen einen steilen Hang hinauf. Und oben, wo man eigentlich Himmel und Wolken vermutet hätte, türmten sich die Berghänge und Gipfel des Nationalparks Kalkalpen. Es fiel kein Licht auf den Talboden. Die Welt war weit weg.

Die Jagdhütte stand am Ende einer langen Wegbiegung im Schatten, und von ihren dunklen, fast schwarzen Holzwänden ging nichts Einladendes aus. Lediglich die türkisfarbenen Fensterläden und ein Hirschgeweih unter dem Balkon verliehen dem Bild ein wenig Leben. Der Jagdpächter trat aus der Tür heraus und schaute mich schief an. Der bärtige Mann wirkte wie ein Bär mit dunkler Brille. Ich stellte mich vor und sagte, dass ich an Marlen Haushofers Geschichte interessiert sei. Da erzählte er mir, dass er gemeinsam mit seinen Brüdern vor einiger Zeit dafür gesorgt hatte, dass die heruntergekommene Hütte wieder hergerichtet wurde. Aus reinem Pragmatismus, denn gelesen habe er Haushofers Roman nicht. Er bat mich herein, und mir wurde klar, dass der Jagdpächter seine eigenen Geschichten hat und die Dinge gerne beim Namen nennt. Er ist einer, der in bester Thomas-Bernhard-Tradition über sein Land schimpft. Allen voran: die Bundesforste und deren Angestellte. »Die haben alle nix in der Birn' und sind präpotent im Quadrat!« Und schon allein, wie er das sagte, das war so ein Genuss, dass ich ihm recht geben und ihm stundenlang weiter zuhören mochte.

Er erzählte auch von der Alm, die im Roman eine wichtige Rolle spielt. »Die ist zwei Gehstunden von hier entfernt«, sagte der Jagdpächter und deutete kurz über seine Schulter. Im Buch verbringt die Frau zwei Sommer auf der Alm. *Der Himmel war blaßgrau und färbte sich im Osten rosig, und die Wiese starrte vor Tau. ... Den Sommerduft, die Gewitterregen und die ster-*

nefunkelnden Abende werde ich nie vergessen. ... Die Alm lag außer-
halb der Zeit. Wenn ich später, während der Heuernte, aus der Unter-
welt der feuchten Schlucht zurückkehrte, schien mir dies die Rückkehr
in ein Land, das auf geheimnisvolle Weise mich von mir selbst erlöste.
Alle Befürchtungen und Erinnerungen blieben zurück unter den dunk-
len Fichten, um mich bei jedem Abstieg erneut zu überfallen. Es war,
als strömte die große Wiese ein sanftes Betäubungsmittel aus, das Ver-
gessen hieß. ... Es war, als zöge die Almwiese auf den Wolken dahin,
ein grünes, feuchtglänzendes Schiff auf den weißen Gischtwellen eines
brodelnden Ozeans. Und nur ganz langsam verlief sich das Meer, und
die Fichtenwipfel tauchten naß und frisch aus ihm auf.

In der Stube der Jagdhütte saßen wir an einem einfachen
Holztisch. Die in der Zugluft flackernden Kerzen waren die
einzige Lichtquelle, und die Hirschgeweihe warfen tanzende
Schatten an die Wand. Hier hatte auch Marlen Haushofer
gesessen, weil ihr Vater Revierförster gewesen war, und ließ
sich zu ihrem Roman inspirieren. Der Jagdpächter begann
ausschweifend zu erzählen; von seiner kuriosen Familiengeschichte, davon, dass sogar Thronfolger Franz Ferdinand
zweimal hier auf der Jagd gewesen sei und 200 bis 300 Gämsen geschossen habe, und schließlich von den unfassbaren
Schneemassen im Winter, von Lawinen und lebensgefähr-
lichen Schneeräumeinsätzen.

»Diesen Winter hat es ja mehr der Westen abbekommen«,
sagte er.

»Ja, ich war vergangene Woche in Davos eingeschlossen«,
erzählte ich, und er nickte still.

Ich stand auf und ging im Zwielicht in die Küche, um mir
ein Glas Wasser zu holen. Über der Spüle war ein kleines Regal
an die Wand montiert. Darin standen einige vom Küchen-
dunst sichtbar gezeichnete Bücher: *Italienische Küche* war auf
einem zu lesen, irgendetwas mit *Knödel* auf einem anderen.
Auf einem aber stand *König Ludwig II. speist*, und der Autor

hieß Theodor Hierneis. Ich fragte den Jagdpächter, woher das Buch käme, aber er konnte es mir nicht sagen. Ich ging zurück zum Tisch und schlug das Buch im Kerzenschein auf. Hierneis war der sogenannte Mundkoch von König Ludwig II. gewesen, dem bayerischen Märchenkönig und Erbauer von Neuschwanstein. Er erzählte in diesem Buch von seinem Berufsleben im Schatten seiner Majestät. Mich beschlich das Gefühl, ein besonderes Buch gefunden zu haben, hatte aber nicht die geringste Ahnung, wohin es mich führen würde.

Es war spät geworden auf der Hütte, der Jagdpächter rieb sich die Augen, schwieg eine Weile und sagte: »Es ist alles kein Spaß hier oben, aber es ist trotzdem schön.« Es gab keine bessere Zusammenfassung dessen, was Marlen Haushofer etwas länger und poetischer folgendermaßen ausdrückte: *Es war sonderbar: sobald ich im Tal war, dachte ich an die Alm fast mit Furcht oder Widerwillen, auf der Alm aber konnte ich mir nicht vorstellen, wie man im Tal leben konnte. Es war, als bestünde ich aus zwei ganz verschiedenen Menschen, von denen der eine nur im Tal leben konnte und der andere anfing, auf der Alm aufzublühen.*

Die Wand ist als atomare Endzeitgeschichte im Kalten Krieg gelesen worden, als Robinsonade einer emanzipierten Frau, als Rückwendung zur Natur. Und das ist auch alles schlüssig und nachvollziehbar. Doch hier, inmitten der Gegenwart der oberösterreichischen Bergwelt, inmitten der Erzählungen des Jagdpächters, sind diese Deutungsversuche so weit weg wie die Welt außerhalb der Wand. Hier im Tal kann man Haushofers Buch nur als Liebeserklärung an die Alpen lesen, die zu lesen sich schon allein wegen der Beschreibung des Berggewitters lohnt: *Unter den Fichten und Buchen hing die Hitze wie unter einer großen grünen Glocke gefangen. Die Wolkenwand näherte sich bedrohlich, und die Sonne lag hinter Schleiern. … Der Himmel hatte sich ganz verfinstert, und sein Grauschwarz zeigte jetzt einen häßlichen Hauch von Schwefelgelb. Das konnte Hagel oder Sturm bedeuten und sah beängstigend aus. Obgleich die Sonne nur noch als diffuses Licht über dem Wald lag, hing die schreckliche Hitzeglocke noch immer über der Lichtung. Das Atmen fiel mir schwer. Nicht der leiseste Windhauch war zu spüren.* In schlichten, klaren Sätzen und präzise formulierten Gedanken schreibt Haushofer weiter: *Das Verstummen der vielerlei vertrauten Geräusche machte mir angst. Sogar das Plätschern des Brunnens klang verhalten und gedämpft, als bewegte sich auch das Wasser nur träge und unwillig. ... Ich schloß das Fenster und die Läden, und die Schwüle wurde erstickend. Dann erhob sich in den Wolken ein tobendes Gebrüll. Durch die Spalten der Fensterläden sah ich es gleißendgelb niederzucken. ... Das langgezogene tiefe Gebrüll über uns dauerte vielleicht zehn Minuten, aber mir erschien es endlos. ...*

Dann war es plötzlich eine Minute lang ganz still, und diese Stille war beklemmender als der Lärm. Es war, als stünde über uns mit gespreizten Beinen ein Riese und schwänge seinen feurigen Hammer, um ihn auf unser Spielzeughaus niedersausen zu lassen. ... Dann gab es einen Laut, als hätte jemand ein riesiges Stück Stoff zerrissen, und das Wasser stürzte vom Himmel.

Ich verließ das Effertsbachtal in der Dunkelheit, und je mehr ich mich wieder dem »Quellsammelschacht« näherte, desto stärker beschäftigte mich die Wand: Für immer eingeschlossen in diesen Bergen, auf dieser Hütte, gemeinsam mit dem Jagdpächter, der tagaus, tagein über die präpotenten Bundesforste schimpft.

Der Roman endet so rätselhaft, wie er beginnt. Nach zweieinhalb Jahren erscheint ein Mann, auf der Alm und erschlägt ohne ersichtlichen Grund den jungen Stier, den die Kuh geboren hat, und den Hund. Die Erzählerin erschießt den Mann, und ihr eigenes Schicksal bleibt offen: *Heute, am fünfundzwanzigsten Februar, beende ich meinen Bericht,* schreibt sie. *Es ist kein Blatt Papier übriggeblieben. Es ist jetzt gegen fünf Uhr abends und*

*schon so hell, daß ich ohne Lampe schreiben kann. Die Krähen haben
sich erhoben und kreisen schreiend über dem Wald. Wenn sie nicht mehr
zu sehen sind, werde ich auf die Lichtung gehen und die weiße Krähe
füttern. Sie wartet schon auf mich.*

Bergkristall und Totengräber

Bald war der lange, schneereiche Winter nur noch eine dahin-
schmelzende Erinnerung. Die Alpenrosen begannen zu blü-
hen, die Kuhglocken zu läuten, und die Bergseen erwärmten
sich. An einem sonnigen Frühsommertag fuhr ich Richtung
Hallstatt in Oberösterreich.

Ich nahm das Schiff von der Nordseite des Hallstätter Sees
und blickte zunächst vom Wasser aus auf das Dachsteinmassiv,
dessen vergletscherte Gipfelregion bis über den See strahlte.
Dann sah ich rechts am Ufer den Ort Hallstatt. Er klammert
sich auf einer kleinen Landzunge an den Hang, als wollte
er so verhindern, ins Wasser zu rutschen. Die Häuser sind
so verschachtelt übereinander- und ineinandergebaut, dass
man nicht mehr zwischen Weg und Dach, Balken und Win-
keln, Kaminen und Toren unterscheiden kann – ein wildes
bauliches Durcheinander aus Biedermeier und Gotik, Alpen-
barock, aus Sechziger-Jahre-Kitsch und Achtziger-Jahre-Bau-
sünden. Es ist nicht ganz klar, ob es ein Kompliment oder eine
Beleidigung ist, dass das Dorf in der subtropischen chinesischen Provinz Guangdong komplett nachgebaut wurde. Das
Double verfügt über eine Kirche, die kleinen verschachtelten
Häuschen, einen See und 800 wohlhabende Chinesen, die dort
leben. Im Original-Hallstatt sah ich zwischen der evangeli-
schen und der katholischen Kirche ein Hotel und direkt neben
der Bootsanlegestelle einen Kebab-Stand. Ich fragte mich, ob
die Chinesen auch diesen Kebap-Stand nachgebaut hatten.

Links neben dem Ort schneidet das Echerntal ein großes V in die Berge. Durch dieses Tal gehen die beiden Kinder in Adalbert Stifters *Bergkristall*, jener Erzählung, die mich nach Hallstatt geführt hatte. Sie müssen auf den Pass, der das Echerntal abschließt, verlaufen sich dort im Schneegestöber und sind gezwungen die Nacht auf dem Dachsteingletscher in einer Eishöhle zu verbringen. Sie überleben, natürlich, weil in der Literatur des Biedermeier immer alle überleben. Und so wurde der Dachstein zu Stifters Zauberberg.

Adalbert Stifter ging in Kremsmünster, nicht weit von hier und nicht weit von Haushofers Wand entfernt, aufs Gymnasium. Er lernte den Alpenforscher Friedrich Simony kennen, und die beiden freundeten sich an. Simony hatte das Dachsteinmassiv erforscht und bestiegen. Nach der Erstbesteigung des Hohen Dachsteins 1834 gelang Simony 1847 die erste Winterbegehung. Als Stifter Simony im Sommer 1845 besuchte, wanderten sie gemeinsam durchs Echerntal und trafen zwei Kinder. Sie erzählten Stifter, dass sie vom »Ähndl« (dem Großvater) kämen und auf dem Rückweg unter den »Palfen« (ein überhängender Felsen) gekrochen seien, um sich vor einem Unwetter zu schützen. Das war der erste Impuls für den *Bergkristall*. Stifter notierte: *Ich habe mir jetzt das Kinderpaar von gestern in diesen blauen Eisdom versetzt gedacht; welch ein Gegensatz wäre dies liebliche, aufknospende, frisch pulsierende Menschenleben zu der grauenhaft prächtigen, starren, todeskalten Umarmung.* Acht Jahre später tauchten diese Kinder als die Geschwister Sanna und Konrad in der Erzählung wieder auf.

Am Heiligen Abend wandern die beiden Kinder von *Gschaid* nach *Millsdorf*, wie die Orte Gosau und Hallstatt in der Erzählung heißen, um bei den Großeltern die Geschenke abzuholen. Sie müssen unterhalb des Berges *Gars*, damit ist der Dachstein gemeint, über den *Hals*, den Sattel zwischen den Ortschaften. Der Berg bestimmt das Tal – in der Realität und in der Literatur: *Der Schneeberg, der mit seinen glänzenden Hörnern fast oberhalb der Hausdächer zu sein scheint, ... sieht das ganze Jahr, Sommer und Winter, mit seinen vorstehenden Felsen und mit seinen weißen Flächen in das Tal herab. Als das Auffallendste, was sie in ihrer Umgebung haben, ist der Berg der Gegenstand der Betrachtung der Bewohner, und er ist der Mittelpunkt vieler Geschichten geworden. ... Dieser Berg ist auch der Stolz des Dorfes, als hätten sie ihn selber gemacht, und es ist nicht so ganz entschieden, wenn man auch die Biederkeit und Wahrheitsliebe der Talbewohner hoch anschlägt, ob sie nicht zuweilen zur Ehre und zum Ruhme des Berges lügen.* Das heißt, dass die Bewohner des Dorfes als Bergführer Gebirgsreisende hinauf zum Gipfel bringen, damit viel Geld verdienen und ganz gerne ein bisschen übertreiben, um noch etwas mehr Geld zu verdienen.

Überhaupt, der Berg: Er ist der Rahmen dieser Biedermeier-Erzählung, und bevor Stifter in die anrührende Geschichte eintaucht, beschreibt er den Dachstein liebevoll und genau: *... die steilrechten Wände, die die Bewohner Mauern heißen, sind mit einem angeflogenen weißen Reife bedeckt und mit zartem Eise wie mit einem Firnisse belegt, so daß die ganze Masse wie ein Zauberpalast aus dem bereiften Grau der Wälderlast emporragt.* Im Sommer dagegen ist der Berg *zart fernblau,* und *das unbestimmte Schillern von Bläulich und Grünlich* sieht *von ferne wie ein Saum von Edelsteinsplittern* aus. Die Kinder kennen den Weg gut, aber als es auf dem Rückweg so heftig zu schneien beginnt wie am Zauberberg, verlieren sie die Orientierung. *Sie blieben nun stehen, aber sie hörten nichts. Sie blieben noch ein wenig länger stehen, aber es meldete sich nichts, es war nicht ein einziger Laut, auch nicht der leiseste, außer ihrem Atem zu vernehmen, ja in der Stille, die herrschte, war es, als sollten sie den Schnee hören, der auf ihre Wimpern fiel.* Auch Hans Castorp flog der Schnee an die Lider, und was ich im Stadtarchiv in Davos gelesen hatte, erschien mir nun sehr plausibel: Thomas Mann hatte den *Bergkristall* genau gekannt.

Das Geschwisterpaar gerät immer höher auf den Berg und in den Gosaugletscher, einer der acht Gletscher am Dachstein. *Die Kinder gingen nun in das Eis hinein, wo es zugänglich war. Sie waren winzig kleine wandelnde Punkte in diesen ungeheuren Stücken.* Sie gehen in eine Gletscherhöhle, in der es *blau, so blau wie gar nichts in der Welt ist, viel tiefer und viel schöner blau als das Firmament, gleichsam wie himmelblau gefärbtes Glas.* Sie irren eine Weile umher, und allmählich wird es Nacht. Sie erkennen, dass sie nicht mehr absteigen können, und suchen Schutz unter gegeneinanderlehnenden Steinblöcken. *Von da an saßen die Kinder und schauten. So weit sie in der Dämmerung zu sehen vermochten, lag überall der flimmernde Schnee hinab, dessen einzelne winzige Täfelchen hie und da in der Finsternis seltsam zu funkeln begannen, als hätte er bei Tag das Licht eingesogen und gäbe es jetzt von sich.* Dann wird es unheimlich, und wer schon mal eine Gletscherbewegung gehört hat, der kann das noch besser nachvollziehen: *In der ungeheueren Stille, die herrschte, in der Stille, in der sich kein Schneespitzchen zu rühren schien, hörten die Kinder dreimal das Krachen des Eises. Was das Starrste scheint und doch das Regsamste und Lebendigste ist, der Gletscher, hatte die Töne hervorgebracht. Dreimal hörten sie hinter sich den Schall, der entsetzlich war, als ob die Erde entzweigesprungen wäre, der sich nach allen Richtungen im Eise verbreitete und gleichsam durch alle Äderchen des Eises lief. Die Kinder blieben mit offenen Augen sitzen und schauten in die Sterne hinaus.*

Weihnachten, die Kinder, der Schneesturm, die Nacht, der Gletscher – Stifter trägt dick auf, und – typisch für die Epoche des Biedermeier – im schlimmsten Moment wendet sich doch alles zum Guten. Sie überstehen die Nacht, die Kälte, die Furcht; es wird endlich wieder Tag, und nachdem sie eine Weile über den Gletscher gestolpert sind, sehen sie die rote Fahne des Suchtrupps, der losgeschickt wurde, um die Kinder zu finden. Sie werden gerettet, und als sie wieder im Dorf sind und die Beinahekatastrophe überstanden haben, endet die Geschichte mit dem alles bestimmenden Berg: *Die Kinder aber werden den Berg nicht vergessen und werden ihn jetzt noch ernster betrachten, wenn sie in dem Garten sind, wenn wie in der Vergangenheit die Sonne sehr schön scheint, der Lindenbaum duftet, die Bienen summen und er so schön und so blau wie das sanfte Firmament auf sie herniederschaut.*

Ich blickte eine Weile in die Berge und auf die im Wasser schaukelnden Tretboote und hing dieser Geschichte nach. Ich überlegte mir, ob ich Gerrit anrufen sollte, um mit ihm zusammen in den Gletscher oder auf den Gipfel des Dachsteins zu steigen. Ich hatte das Telefon in der Hand und wollte seine Nummer wählen. Dann läuteten die Kirchenglocken, und aus irgendeinem Grund ließ ich es sein.

Stattdessen ging ich über einige winklige Treppen und durch viel zu niedrige Bögen hinauf zur Kirche und zum Friedhof mit seinem Beinhaus. Es war spät geworden, und die Touristen schienen alle abgereist oder beim Abendessen zu sein. Nur ein Mann stand an der Friedhofsmauer, und weil er so eine beruhigende Gemütlichkeit ausstrahlte, sprach ich ihn an.

»Zur Wintersonnenwende zeigt sich die Sonne hier für genau fünf Sekunden«, sagte er als Erwiderung auf meinen Gruß und deutete auf den Bergkamm auf der anderen Seite des Sees.

»Wirklich?«, fragte ich mit echtem Erstaunen.

»Im Echerntal scheint die Sonne sogar zwei Monate lang überhaupt nicht«, sagte er daraufhin. »Das muss man erst mal aushalten.«

Ich nickte.

Es stellte sich heraus, dass dieser Mann bis vor einigen Jahren der letzte Totengräber gewesen war, den es in Hallstatt gab, Friedrich Valentin Idam. Er hatte hier, auf diesem Friedhof, die Toten ein- und ausgegraben, ihre Schädel bemalt und im Beinhaus aufgestellt – wie es der Brauch will in diesem eigenwilligen, hübschen und morbiden Ort. Wir gingen gemeinsam an der Friedhofsmauer entlang, vorbei an den gerade mal anderthalb Meter langen Gräbern, vorbei an den Bronzetafeln, auf denen bis zu sechs Namen stehen. Dann standen wir vor dem »Karner«, dem Beinhaus, und Idam öffnete die Türe: Unvermittelt blickten uns 1200 Totenschädel an, alle zugleich. »Einige Österreich-Reiseführer haben genau diesen Anblick als Titelbild, repräsentativ für das ganze Land«, sagte der Totengräber, und dann erzählte er seine Geschichte: »Ich war damals wegen der Holzbildhauer-Schule nach Hallstatt gekommen und wollte nach meinem Abschluss unbedingt hierbleiben.« Er wusste, dass die Gemeinde einen neuen Totengräber suchte und dass, wer dieses Amt ausübt, in dem kleinen Haus oben am Friedhof wohnen durfte. Ich schaute ungläubig. »Nein, ich konnte mir wirklich vorstellen, als Totengräber zu arbeiten«, sagte er. »Totengräber hat als Beruf Qualitäten, die man sonst kaum findet: Man hat dabei körperlich und seelisch ein gutes Gefühl. Man ist draußen, strengt sich körperlich an, und es ist vollkommen klar, dass die Arbeit sinnvoll ist.« Und so arbeitete er sieben Jahre lang mit Schaufel und Spitzhacke auf dem Friedhof als Totengräber von Hallstatt, der letzte, den der Ort sich leistete.

Mag der Beruf des Totengräbers schon speziell genug anmuten, in Hallstatt war er noch ein bisschen spezieller. In einem Ort, der so zwischen Berg und See klemmt, ist nicht nur der Platz für die Lebenden, sondern auch der für die Toten zu knapp. Die Aufgabe des Totengräbers war es also, die Gebeine nach einigen Jahren wieder auszugraben, ihre Schädel zu bleichen und dann mit Rosen, Lorbeer, Eichenlaub oder Efeu symbolisch zu bemalen und im Beinhaus auszustellen. Heute braucht Hallstatt keinen Totengräber mehr. Viele Menschen sind abgewandert und sterben nicht mehr im

Ort. Aber einige wenige lassen noch testamentarisch verfügen, dass sie ins Beinhaus wollen. Dann werden sie, wie früher, oben am Friedhof bestattet und nach Jahren wieder ausgegraben. Auch der Totengräber wird irgendwann einer von ihnen sein. »Na«, sagte er, »das wäre ja sonst, wie wenn ein Metzger Vegetarier ist.«

Es war fast dunkel, als wir wieder nach unten in den Ort gingen. Ich erzählte Idam, dass ich wegen des *Bergkristalls* nach Hallstatt gekommen war. Und da sagte er:

»Christoph Ransmayr hat eine Kurzgeschichte über mich geschrieben.«

»Über Sie?«, fragte ich erstaunt. »*Der* Christoph Ransmayr, der Autor des *Fliegenden Berges*?«

»Ja. Der Titel lautet: *Die ersten Jahre der Ewigkeit.*«

Es war eine erstaunliche Verknüpfung: Wegen eines Professors in Zermatt, mit dem ich über Ransmayr gesprochen hatte, war ich in Davos auf Stifter gestoßen, seinetwegen nach Hallstatt gekommen und stieß nun wieder auf Ransmayr.

»Haben Sie das Buch?«, fragte ich.

»Ja. Kommen Sie mit.«

Ransmayr hatte den Totengräber schon vor vielen Jahren getroffen und war ebenfalls mit ihm ins Beinhaus gegangen. »Er war über die Fernsehsendung *Was bin ich?* auf mich aufmerksam geworden. Die Gemeinde hat mich damals bei Robert Lembke angemeldet. Der zu erratende Beruf war ›Totenkopfbemaler‹ und die typische Handbewegung das kreisende Anreiben der Farbe – natürlich hat diesen Beruf niemand erraten«, erzählte Idam, als er die Türe seines Hauses aufschloss. Ich folgte ihm ins Wohnzimmer, wo er aus dem Regal das Buch mit Ransmayrs Erzählungen zog. Im Regal standen außerdem Stifters *Bergkristall* und Daniel Kehlmanns *Die Vermessung der Welt.* Er gab mir das Ransmayr-Buch und sagte: »Kommen Sie mit, wir setzen uns auf den Balkon.«

Leicht vornübergebeugt, schweigend und stetig – so geht man ins Gebirge. So steht es am Anfang dieser schönen Geschichte, deren Hauptfigur mir gerade ein Glas Weißwein anbot. »Ich habe Ransmayr damals erzählt, dass die Kranken und Alten im Winter noch einmal alle Kräfte aufbieten und dann, in der Erleichterung des Südwinds, sterben. Und er hat es prompt in seine Erzählung eingebaut und später im Roman *Die letzte Welt* wieder verwendet.« Er blätterte im Buch und las: »*Im Südwind, hatte der Totengräber gesagt, werde viel gestorben. In der Kälte würden die Kranken und Alten noch einmal alle Kräfte aufbieten und auf eine mildere Zeit hoffen. Aber gerade dann, in der Erleichterung des Südwinds, im Aufatmen und Nachlassen der Aufmerksamkeit, käme der Tod.*«

Wir unterhielten uns noch eine ganze Weile über die Literatur der Berge, über Ransmayr, seinen Landsmann Kehlmann, und ich wollte wissen, was er von Stifters *Bergkristall* hielt. Idam nahm das Buch, blätterte zu einer bestimmten Seite und las vor: »*Keiner habe die Pracht dieses Tales, ja dieses ganzen Gebirges so beschrieben wie Adalbert Stifter, sagt der Totengräber.*« Er konnte sich das Lächeln nicht verkneifen.

Ein königlicher Zauberberg

Der Sommer zog sich in den September hinein, und es fühlte sich an, als wollte er damit seine Verspätung im Frühjahr ausgleichen. Es war schon Anfang Oktober und noch immer so goldig und schön in den Bergen, dass ich beschloss, mich auf die Spuren von Theodor Hierneis, dem Autor des Buches *König Ludwig II. speist*, und König Ludwig II. von Bayern zu machen. Nur um in den bayerischen Alpen einen weiteren geheimnisvollen Zauberberg und eines der eigentümlichsten Bauwerke der Alpen zu entdecken. Ich fuhr also wieder nach

Garmisch, und die Kühe, die vor anderthalb Jahren, als ich zur Zugspitze wollte, auf der Straße entlanggetrottet waren, kamen mir nun von der Alm entgegen – und versperrten mir wieder den Weg. Um den königlichen Ort zu erreichen, musste ich durch Garmisch hindurch-, dann ein Stück am Fuße des Wettersteinmassivs entlangfahren und rechts zum Schloss Elmau abbiegen. Hier beginnt der Weg zum Schachenschloss, das Ludwig II. bauen ließ, jener bayerische Märchenkönig, der sich im Oktober 1882 ins Gästebuch des Rigi-Kulm, hoch über dem Vierwaldstätter See, hatte eintragen lassen.

Der Kini, wie die Bayern sagen, liebte die Berge und zog sich ab 1870 für seine Geburtstagsfeiern gerne auf den Schachen zurück. Um hinaufzukommen, ließ der König sich eine Spezialkutsche konstruieren, die allerdings so klein und schmal war, dass nur ein Pony sie ziehen konnte. Das Lieblingspferd des Königs, der Rappe Ralph, lief hinter dem Wagen her und bekam auf dem Weg vom König Zuckerstückchen gereicht. Ich dagegen war dreieinhalb Stunden unterwegs, ehe sich vor den Felsflanken des Schachens auf einem Wiesenvorsprung das Schloss abzeichnete. Von außen sah es eher aus wie eine herausgeputzte Berghütte, und lediglich die kunstgesägten Balkongeländer ließen auf etwas Besonderes schließen. Gegen Ludwigs Schlösser Neuschwanstein, Linderhof und Herrenchiemsee, die unten im Tal die Touristenscharen anziehen, nimmt sich das Königshaus am Schachen sehr bescheiden aus. Auch was die Besucherzahlen betrifft. Schloss Neuschwanstein hat 100-mal mehr Gäste – rund anderthalb Millionen Menschen sind es pro Jahr dort unten. Rund 15 000 sind es dort oben. Das liegt vor allem daran, dass es keinen Bus, keinen Zug und keine Seilbahn gibt, die die Touristen auf den Schachen fährt.

Und doch, das muss man diesem hölzernen Bau auf 1866 Meter Höhe zugestehen, ist er die überraschendste und exzentrischste architektonische Schöpfung des bayerischen Königs. Ich ging in das zirbelholzvertäfelte Erdgeschoss, und noch wirkte alles relativ normal. Ein Schlafzimmer gibt es, ein Esszimmer, eine Toilette und ein Arbeitszimmer. Und alles sieht aus, wie man es auf fast 2000 Metern erwartet: viel Holz, Schweizer Chaletstil, dazwischen die bayerischen Landesfarben und in jedem Zimmer ein eigener Kachelofen. Alles schön königlich verziert und dekoriert mit Bildern von germanischen Sagen. Mal blickt ein Lohengrin, mal ein Parsival grimmig von der Wand, aber am Ende überwiegt eben doch Berghüttenflair.

Doch die alpine Realität rückte weit weg, als ich über eine enge Wendeltreppe in den ersten Stock des Hauses stieg. Hier befindet sich das »Türkische Zimmer«. Und es beginnt die Traumwelt. Riesige Straußen- und Pfauenfedern entfalten sich unter einem noch viel riesigeren Kronleuchter, ein Lüster, der eine Tonne schwer ist und als ein Meisterwerk der Statik gilt, weil sein Gewicht auf alle vier Außenwände des Gebäudes wirkt und es in Stürmen und Haushofer-Gewittern, wie sie in den Bergen oft genug toben, zusammenhält. Der König verbrachte seine schlaflosen Nächte in diesem orientalischen Prunksaal – zwischen edlen Teppichen, vergoldeten Schnitzereien, seidenbezogenen Diwanen, emaillierten Vasen, bunten Glasfenstern und einem kreisrunden Marmorbassin mit Springbrunnen. Ludwig lag auf dem Diwan, und einige verkleidete Bedienstete mussten die ganze Nacht wach bleiben. Er sprach aber niemals mit diesen Bediensteten, sondern wollte sie nur wie ein lebendes Gemälde betrachten.

Der Text des königlichen Mundkochs Theodor Hierneis, das hatte ich mittlerweile herausgefunden, ist der einzige, der das Geschehen von damals authentisch dokumentiert und die absurden Szenarien beschreibt. Ich nahm das Buch aus meiner Tasche und las:

Wenn ein König Ausflüge macht, dann ist das etwas anderes, als wenn unsereiner mit dem Rucksack in die Berge zieht. So beginnt Hierneis seine Schilderung und schreibt dann: *Am meisten liebte der König die Bergpartie auf den Schachen. Auf dem Vorgipfel des Wettersteingebirges liegt sein Schloß, ein stattliches Berghaus mit dem Blick zur Meilerhütte, von wo ein steiler, steiniger Pfad weitergeht, bis zu den Dreitorspitzen. Gegenüber dem Haus geht der Blick zu den gewaltigen Wänden der Schachenplatten, die einen Ruf oder Jodler viele Male zurücksenden, ein idealer Echoplatz!*

Und dann erzählt er einige Anekdoten, deren Irrsinn beeindruckend ist, etwa wie der Kini seinen Geburtstag feierte:

Zur Feier ist das ganze Haus ringsum mit kleinen farbigen Gläsern eingefasst, die auf ihrem Boden Wachslichter enthalten und bei Herannahen des Königs angezündet werden. Da vom Sichtbarwerden des Spitzenreiters mit seiner hellleuchtenden Laterne noch viele Serpentinen bis zum Schloss zu überwinden sind, reicht die Zeit gerade noch hiezu. Auch ein großes Feuerwerk muss den König bei seiner Anfahrt begrüßen. Einmal ist es schon früh 5 Uhr geworden, so dass die Raketen, statt durch die Nacht zu zischen, lustig in den sonnenhellen Tag fliegen. Befehl ist eben Befehl!

Dabei war im Jahr 1867 alles ganz rationalen Überlegungen gefolgt. Eine Quelle, die unweit des Schachenschlosses entspringt, war entscheidend dafür, dass das Königshaus nicht am Wank, auf der anderen Seite von Garmisch, sondern am Schachen nach den Plänen des Architekten Georg Dollmann gebaut wurde. Zusammen mit dem Schloss wurden etwas unterhalb auch Wirtschaftsgebäude und Stallungen gebaut. Dort befindet sich heute das Schachenhaus, samt Matratzenlager und Berggasthof, wo Wanderer Leberknödelsuppe, Brotzeitteller und Spinatspätzle serviert bekommen. Welche absurden Menüs in den 1870er Jahren hier oben für den König zubereitet wurden, hat Hierneis für die Nachwelt konserviert: *So gab es auch unter den außergewöhnlichsten Umständen nach der*

Suppe eine Vorspeise, etwa Pastetchen, gratinierte Muscheln oder ähnliches, dann gekochtes Ochsenfleisch mit frischem Gemüse, ein Gang übrigens, den der König alltäglich wünschte. Als Zwischenspeise, so ist weiter zu lesen, gab es *Lammkotelettes mit Kastanienpüree, Hühnerfrikassee, hernach Braten von Wild oder Geflügel nach der Jahreszeit, darauf etwa Dukatennudeln mit Krebsbutter als warme Süß-Speise, Rahmstrudel oder Savarin mit Früchten, dann Eis, Obst, Dessert und Mokka. Dazu wurde vor dem Braten das Getränk gereicht, Sorbet oder Waldmeisterbowle, Römischer Eispunsch oder was sonst gerade zum Menü passte.*

Aber meistens hatte der König keinen Appetit. Es kam vor, dass der Kammerlakai Meyer klagend in die Küche schlich und seinen König bedauerte: »*Des is was, heut hat er wieder amal gar keine Zeit zum Essen, vor lauter Lesen und Studieren.*« Vielleicht kosteten ihn seine nächtlichen Ausflüge in orientalische Zauber, in exzentrische Fantasiewelten und latenten Wahnsinn aber auch zu viel Kraft, um die Tage hier oben zu bestehen. Dennoch hat Hierneis den Eindruck: *Man hat das Gefühl, dem König ist es wohl hier oben, vielleicht wohler als inmitten der schwergoldenen Vorhänge und Spiegel seiner Schlösser.*

Über einen schmalen Pfad ging ich hinüber zum Aussichtspunkt, den sich der König neben sein Schloss hatte bauen lassen: Er sei viele Male über *einige hundert Meter*, wie Hierneis schrieb, zu dem Felsvorsprung gegangen, wo sich noch heute *ein kleines Paraplü zum Sitzen* befindet und *ein schöner Blick … in gewaltige Tiefen, das sogenannte Teufelsgsaß,* fällt. Das Wettersteinmassiv dominiert das Bild, und tief unten *rauschen eilige Sturzquellen in die »Blaue Gumpe«,* ein Sammelbassin der *ewig fließenden Schneewasser.* Über der Zugspitze türmten sich Kumuluswolken auf. Auch den Jubiläumsgrat sah ich deutlich und dachte kurz an die Situation im vergangenen Sommer. Dann setzte ich mich unter den *Paraplü,* und mitten in dieser Scheinwelt, die sich nicht zwischen Fiktion und Realität entscheiden kann, bemerkte ich eine Broschüre. Sie lag auf der Bank, und ich hätte ihr keine Beachtung geschenkt, wenn darauf nicht ein Bild von Reinhold Messner abgedruckt gewesen wäre. Es war eine Werbung für den Ort Sulden in den Südtiroler Bergen, und vermutlich hatte jemand, der gerade von dort gekommen war, sie hier liegen lassen. Neben Messner waren der Ortler, die Stilfser-Joch-Straße und ein kleines Museum namens »Kuriosa« darauf zu sehen. Es hieß so, weil es sich mit alpinen Kuriositäten befasste, die zwischen Wahn und Wirklichkeit pendeln. Das passte ganz gut zu diesem kuriosen Schloss.

Kapitel sieben: WAHN UND IRRSINN

Kuriosa

Es war ein halbes Jahr vergangen, der Winter war milde gewesen, und den Alois hatte ich nicht wiedergesehen. Ich fuhr zurück in die Alpen und hatte vor, ihn nun endlich zu treffen. Ich wollte nach Südtirol, aber bevor ich in Reutte auf den Fernpass fuhr, unbedingt ins Lechtal abbiegen und hinauf nach Hinterhornbach fahren. Doch unter Alois' Telefonnummer war schon lange kein Anschluss mehr, und die Maria erzählte mir am Telefon, dass er mal wieder »weckch« sei. Und das konnte fast alles bedeuten.

Ich fuhr also in Reutte weiter Richtung Fernpass, reihte mich dort in eine Lastwagenkolonne ein und war erst zwei Stunden später auf dem Reschenpass, wo ein Kirchturm wie eine Sinnestäuschung aus dem See ragt, und drei Stunden später im Vinschgau angekommen. Ich lenkte meinen grauen Kastenwagen weiter Richtung Stilfser Joch, und die Gletscher leuchteten so hell, dass es in den Augen schmerzte. Kurz bevor ich nach Sulden abbog, überblickte ich den weiteren Verlauf der Passstraße – sie führte in einem irregulären Zickzack nach oben; es sah aus, als hätte ein betrunkener Schneider eine graue Naht in den Bergrücken eingenäht.

In Sulden füllte der Ortler meine ganze Windschutzscheibe aus. Ich stellte mein Auto auf dem Parkplatz eines der vielen Hotels ab, stieg aus und blickte lange auf die mächtige Ostwand, die grauen Felsen und die weißen Schneegrate auf seinem Rücken. Dieser Berg, der mitten in den Alpen liegt, an der Grenze von Ost- und Westalpen, Italien und der Schweiz und nahe am Alpenhauptkamm, der Nord- und Südseite trennt, dominiert den Ort und stellt ihn jeden Nachmittag in seinen Schatten. Die Ostwand hatte Johann Grill 1880 erstmals durchstiegen und gesagt: »Hauptsach', man weiß, wo der Berg steht!« Für dieses Wissen hatte 20 Jahre zuvor der Wissenschaftler Julius von Payer gesorgt. Gemeinsam mit dem Suldener Bergführer Johann Pinggera erforschte er jeden Winkel im Ortlergebiet. Noch heute erinnert die Payerhütte an ihn – und ein Roman von Christoph Ransmayr. In *Die Schrecken des Eises und der Finsternis* befasst er sich mit Payers Nordpolar-Expedition. Auf der wäre auch Pinggera dabei gewesen, hätte ihn nicht schon in Bozen das Heimweh so geplagt, dass er wieder umkehrte.

Ich drehte dem Massiv den Rücken zu und ging durch den Ort Richtung Osten. In den Cafés saßen Touristen auf den Terrassen und ließen sich vom Bergpanorama verzaubern. Ich jedoch war auf der Suche nach der Kuriosität »Kuriosa«. Ich fragte in einer Bar und in einem Hotel, vergebens, irrte durch die Gassen und ging schließlich eine schmale Straße den Hang hinauf. Der Namen des Museums schien Programm zu sein. Dann, nach langer Suche, entdeckte ich es hinter dem Hotel Post in einer Wegbiegung: ein kleines Haus, das aussah wie eine Kapelle; fünf Steinstufen führten zu einer Holztüre.

Das war also das sogenannte Flohhäusl, in dem einstmals Bergsteiger umsonst übernachten durften und in dem heute alpine Kuriositäten und alpinistische Widersprüche ausgestellt werden. Ich öffnete die Türe und betrat einen nur wenige Quadratmeter großen Raum.

Hier wird eine andere Geschichte des Alpinismus erzählt: Sie folgt dem Riss, der zwischen Idee und Tat der besten Bergsteiger klafft, steht an der Wand geschrieben. In den Vitrinen sah ich einen

Stein vom Gipfel des Mount Kailash – der als unbestiegen gilt. Daneben lag Humboldts Bericht *Ueber einen Versuch den Gipfel des Chimborazo zu ersteigen* – und ein Hinweis, dass sein »Höhenweltrekord« schon zuvor von Inkas erreicht worden war. Der Kletterhammer von Paul Preuß war ausgestellt – den es nicht geben dürfte, weil Preuß Kletterhaken kategorisch abgelehnt hatte. Daneben eine Seilfaser des gerissenen Hanfseils der Matterhorn-Erstbesteigung – das gar nicht als Sicherungsseil, sondern nur als Fixseil zum Einsatz hätte kommen dürfen und vier Menschen das Leben kostete. Daneben der »Gipshax« von Reinhold Messner – den er nicht etwa trug, weil er am Mount Everest gestürzt, sondern von der Mauer seiner Burg Juval gesprungen war.

Auch wenn man es dem unscheinbaren Haus nicht anmerkt, ist das Museum in den 1990er Jahren der Auftakt für das größte Museumsprojekt der Alpen gewesen. Damals erwarb Reinhold Messner das Flohhäusl, und in einer Broschüre erklärt er den Besuchern heute: *Das ganze Museumsprojekt hat vor langer Zeit mit dem Kletterhammer von Paul Preuß begonnen, den mir eine Jugendfreundin gegeben hat. Mit diesem Hammer habe ich auch die Verpflichtung übernommen, ihn öffentlich auszustellen.* Ich blickte auf den Hammer, der vor mir in der Glasvitrine lag, und las weiter: *So entstand die Idee für das Museumsprojekt, für das ich genauso lange gebraucht habe wie für die Besteigung aller Achttausender: 15 Jahre.* Messner stellt auf Juval aus, erwarb Sigmundskron, wo sich das Museum Firmiam befindet und eine Fläche auf dem Gipfel des Monte Rite, wo er das Dolomites ansiedelte, Ortles, das sich ebenfalls in Sulden befindet, und dann kam noch Ripa in Bruneck dazu.

Im Laufe meiner Reise durch die Alpen war ich immer wieder auf Reinhold Messner gestoßen: auf seine alpinistischen Leistungen, seine Familiengeschichte, seine Äußerungen, seine Texte, seine Philosophie. Ich lernte Bergführer kennen, die ihn bewunderten und sich zugleich von ihm distanzierten, weil ihnen dieser Überalpinist Angst machte. Es beeindruckte mich, wie dieser wilde Kletterer zu einem gewissenhaften Alpinisten und dann zu einer reflektierten Persönlichkeit geworden war. Und ich hörte viele Geschichten und Witze, die über ihn erzählt werden: Zum Beispiel den von den beiden Yetis, die sich am Fuße des Mount Everest treffen. Der eine sagt: »Gestern habe ich Reinhold Messner gesehen.« Darauf der andere: »Was? Den gibt's wirklich?« Ich hatte mir eine CD mit dem Titel *The Unauthorized Biography Of Reinhold Messner* gekauft. Die amerikanische Band Ben Folds Five veröffentlichte sie 1999, und im Beiheft steht: *Als wir »Die nicht autorisierte Biografie von Reinhold Messner« als Titel für dieses Album auswählten, waren wir uns nicht über die Existenz eines lebenden, atmenden und berühmten Reinhold Messner bewusst.* Die Musiker hatten »Reinhold Messner« in ihre gefälschten Studentenausweise geschrieben, weil sie Messner für eine sagenumwobene Heldengestalt hielten und nicht im Traum daran dachten, dieser Mensch könne real sein. Und ich hatte einen Fotografen kennengelernt, der mir von einer Begebenheit im Himalaya erzählte. Er hätte in einer Gruppe einen hohen Gipfel besteigen wollen, doch das Wetter war ihm nicht geheuer. Im Gegensatz zu den anderen Teilnehmern kehrte er um, und tatsächlich brach bald ein furchtbarer Sturm los. Da suchte er Zuflucht in einer Eishöhle, kletterte hinein – und wer saß drin? Reinhold Messner. Ob Wahrheit oder Fiktion, die Geschichte erklärt gut, warum Reinhold Messner seine Abenteuer immer überlebt hat.

Wahrheit und Methode

In dem kuriosen Museumsraum in Sulden wurde mir aber auch klar: Je weiter die Alpinhistorie fortschreitet, desto mehr weichen die Trennlinien zwischen Realität und Fiktion auf. Wenn es nichts mehr zu erforschen und zu erobern gibt, dann verschwimmen Geschichte und Geschichten. Und irgendwann ist das Erlebnis nicht mehr von der Erzählung zu trennen, und die Wahrheit ist so zerfurcht, tückisch und beweglich wie ein schmelzender Gletscher. Diese sogenannte Wahrheit kennen nur jene, die wirklich hochgestiegen sind auf die Berge und dann, nachdem sie wieder unten angekommen sind, darüber erzählten. *Man muss dorthin gehen, wo sie einem nicht folgen können*, schrieb der Schriftsteller Raymond Chandler. Man muss also an Orte, über die man später erzählen kann, was man will, weil einem niemand das Gegenteil beweisen kann. Das ist heute jedoch nicht mehr so einfach.

Dennoch bleibt manchmal nur die Erzählung, und die kann von der Realität abweichen, weil die Erinnerung getrübt, das Denkvermögen eingeschränkt oder die Luft dünn war. *Ich muß gestehen, daß ich mir eine gewisse dichterische Freiheit erlaubte,* schrieb Leslie Stephen einmal, weil er später merkte, dass die von ihm beschriebene Aussicht vom Eigerjoch aus gar nicht möglich ist. Es sei nicht immer ganz einfach, sich ans »*bloße So-war-es*« zu halten und auf die *Wunder des »Könntegewesenseins«* zu verzichten. *Körperliche Ermüdung und künstlerische Aufnahmefähigkeit vertragen sich eben nicht.*

Manchmal treibt aber auch Geltungssucht, Marketingdruck oder ein von Ehrgeiz und Missgunst zerfressener Charakter Bergsteiger dazu, bewusst Lügen in die Welt zu setzten. Fest steht, dass alpinistische Geschichten immer in Frage gestellt wurden – und das, seit es Alpinismus gibt. Als Balmat und Paccard den Gipfel des Montblanc erreichten, kam jeder von ihnen mit seiner eigenen Wahrheit wieder ins Tal. Friedrich Dürrenmatt ließ knapp 200 Jahre später in seinem Theaterstück *Herkules und der Stall des Augias* Herkules den Olymp besteigen, um den Erymanthischen Eber zu erlegen. Doch dann fällt das Tier in eine Gletscherspalte. *Kein Mensch*, sagt er später zu seiner Frau Deianeira, *glaubt mir die Geschichte mit der Gletscherspalte.* Und sie erwidert: *Alpinistische Geschichten sind immer unglaubwürdig.*

Manchmal sind es auch die Leser, die eine wahre Geschichte nicht wahrhaben wollen oder können. Albrecht von Haller fürchtete, dass man ihm nicht glaube, was er in *Die Alpen* geschrieben hatte, und sah sich genötigt, die Echtheit seines Textes zu betonen. Es ging ja um die Wirklichkeit der Schweiz und nicht um ein ausgedachtes Fantasieland. Kurzum: Es gibt viele gute Gründe, im 21. Jahrhundert echte Bergsteigergeschichten ins Fiktionale zu wenden – ohne dabei Literatur im Sinn zu haben. Was wiederum die Frage aufwirft, ob es sich um Literatur handelt oder bloß um Lügen.

Dabei sind es diese Unschärfen, die Bergsteigergeschichten so spannend machen. Die besten Erzählungen im Alpinismus sind neben den großen Tragödien immer die mit fließenden Übergängen zwischen Fiktion und Wirklichkeit, mit Leerstellen und Restmysterien. Die Geschichten, die uns fesseln, haben diese Nichtüberprüfbarkeit in sich, die immer wieder die Frage aufwirft: Was ist passiert? Es gibt bei diesen Geschichten Konstanten. Die Bühne sind zumeist entlegene Bergregionen, ihre Akteure widersprechen sich, und der Konflikt gebiert ein großes Rätsel, das zu einem Mythos wird. Das war 1802 bei Alexander von Humboldts Chimborazo-Expedition so, das war 1907 bei der Erstbesteigung des Mount McKinley so, das war bei Cesare Maestri, Cesarino Fava und Toni Egger so, als 1959 nur zwei von ihnen vom Cerro Torre in Patagonien zurückkehrten, und das war bei Günther Messner so, als er 1970 am Nanga Parbat verschwand. Es ließen sich noch viele andere Beispiele anführen.

Auf dem Kopf gehen

Bei unglaubwürdigen alpinistischen Geschichten geht es also immer auch um die Frage des Motivs. Und die Antwort auf die Frage, warum getäuscht wurde, entscheidet am Ende darüber, ob es sich um einen versehentlichen Fehler oder eine absichtliche Lüge handelt. Wenn Eiseskälte, Sauerstoffmangel, schneesturmgetrübte Sicht, Schwindel und Schlafsucht die Erinnerung beeinträchtigen oder die Sinne täuschen, wenn der Berg einen in den Wahnsinn treibt, dann kann von Absicht keine Rede mehr sein. Der erste halluzinierende Bergwanderer in der Literatur hieß Lenz. Georg Büchner hatte diesen erstaunlichen Text, über den ich mich mit dem Professor in Zermatt unterhalten hatte, 1831 geschrieben. Über seine wahnsinnig gewordene Hauptfigur, den psychisch erkrankten Dichter Jakob Michael Reinhold Lenz, schrieb er:

Den 20. ging Lenz durch's Gebirg. Die Gipfel und hohen Bergflächen im Schnee, die Täler hinunter graues Gestein, grüne Flächen, Felsen und Tannen. Es war naßkalt, das Wasser rieselte die Felsen hinunter und sprang über den Weg. Die Äste der Tannen hingen schwer herab in die feuchte Luft. Am Himmel zogen graue Wolken, aber Alles so dicht, und dann dampfte der Nebel herauf und strich schwer und feucht durch das Gesträuch, so träg, so plump. Er ging gleichgültig weiter, es lag ihm nichts am Weg, bald auf-, bald abwärts. Müdigkeit spürte er keine, nur war es ihm manchmal unangenehm, daß er nicht auf dem Kopf gehn konnte. Das Gestein springt weg, der Bach über den Weg, und der Wald schüttelt sich. Dann steht er da, *keuchend, den Leib vorwärts gebogen, Augen und Mund weit offen, er meinte, er müsse den Sturm in sich ziehen. ... Aber es waren nur*

Augenblicke, und dann erhob er sich nüchtern, fest, ruhig, als wäre
ein Schattenspiel vor ihm vorübergezogen, er wusste von nichts mehr.
Natürlich geht es hier um die Vogesen und einen irren
Dichter. Aber tatsächlich ist diese fortgeschrittene Form des
Halluzinierens ein unter Bergsteigern nicht ungewöhnliches
Phänomen, und Büchner hat sie recht gut getroffen. Fünfzig
Jahre nach *Lenz* ließ der italienische Höhenforscher Angelo
Mosso eine Forschungsstation im Monte-Rosa-Massiv errichten und bezeichnete das Hochgebirge als *sonderbare Welt, wo*
man das Gedächtnis verliert und die Sinne unzuverlässig werden.
Wer schon einmal in großer Höhe war, der weiß, dass der Sauerstoffmangel Bewegungen und Denkvorgänge erschreckend
verlangsamt und Halluzinationen die absurdesten Bilder pro-
duzieren. Es gibt Bergsteiger, die brennende Köpfe, die den
Hang hinunterrollten, und Kollegen mit Flügeln an den Dau-
nenanzügen gesehen haben. Der Bergsteiger Christian Stangl,
der sich mehrmals am K2 versuchte, sagte einmal, er könne
sich bei Besteigungen von besonders hohen Bergen oft an vieles nicht erinnern. Da könne man oft stundenlang nicht rekonstruieren, was gewesen sei. »Ich weiß noch«, sagte er einmal in
einem Interview, »dass ich einen Fuchs oder einen Wolf gesehen habe. Ich glaube aber nicht, dass das eine Halluzination
war. Ich bin in einer Rinne abgestiegen und irgendwo eingeschlafen. In der Nacht wache ich auf und schau mit der Stirnlampe in die Dunkelheit. Plötzlich schaut mich so ein Viech
an. Das war auf 5500 oder 5800 Meter. Und ich denke mir: Was
tut dieses Viech da? Vielleicht war es auch ein Schneeleopard.
Der hat mich die ganze Zeit angeschaut, aber wie lange der
wirklich da war, weiß ich nicht. Eine Minute oder eine halbe
Stunde?«

Selbstdarstellung und Superlative

»Alpinismus ist ein Wettstreit im Geschichtenerzählen«, hat ein amerikanischer Bergsteiger einmal gesagt. Modernen Alpinisten geht es mehr um die Geschichte als um die Besteigung, sie brauchen Superlative, um Sponsoren, Medien und Publikum zu begeistern. Sie sind heute also auch Marketingmenschen, Trommler und manchmal auch Aufschneider. Es genügt nicht mehr, »nur« einen hohen Berg zu besteigen oder eine steile Wand zu durchklettern. Mit dem Matterhorn war 1865 der letzte Viertausender in den Alpen bestiegen worden, und der Begriff »unmöglich« hatte sich relativiert. Das Attribut ging schnell vom Berg zur Steilwand über: Nicht durchsteigbar wirkende Wände rückten ins Interesse der Bergsteiger – 1872 die Monte-Rosa-Ostwand, 1881 die Watzmann-Ostwand – und die Geschichte wiederholte sich so lange, bis wieder nun ein paar besonders schwere Aufgaben übrig geblieben waren. Als »die letzten Probleme der Alpen« waren in den 1930er Jahren die Nordwände des Eigers, des Matterhorns und der Grandes Jorasses im Montblanc-Massiv bekannt. 1931 gelang zwei Brüdern aus München, Toni und Franz Schmid, die Matterhorn-Nordwand. Vier Jahre später folgte die Jorasses-Nordwand durch Martin Meier und Rudolf Peters. Die letzte Herausforderung war 1936 wieder mit einem großen Drama verbunden, bei dem die Deutschen Toni Kurz und Anderl Hinterstoißer am Eiger ums Leben kamen. Die Eiger-Nordwand wurde zur Eiger-Mordwand, und erst 1938 von Heinrich Harrer, Anderl Heckmair, Fritz Kasparek und Ludwig Vörg durchstiegen.

Und wieder kam die Frage auf: Was nun? In den Alpen boten sich nur noch spezielle, schwierige Routen, absurde Geschwindigkeitsbesteigungen und ungesichertes Klettern als Steigerungsformen an. Wer heute auf die aberwitzige Idee kommen sollte, ohne Seil und Haken durch die Marmolada-

Südwand zu steigen oder alle vier Grate des Matterhorns in 72 Stunden zu erklettern, wird feststellen, dass auch das schon gemacht worden ist. Oder man macht etwas ganz anderes, wie beispielsweise die französische Liedermacherin Zaz. Sie ließ sich von einem Filmteam begleiten, als sie mit ihrer Band und allen Instrumenten (darunter war auch ein Kontrabass) auf den Montblanc kletterte, um auf dem Gipfel den Song *Je veux* zu spielen.

Alpinisten mussten sich also schon Berge außerhalb Europas suchen, um von sich reden zu machen. Und deswegen nahmen die europäischen Nationen nach dem Zweiten Weltkrieg den Sturm auf die Achttausender im Himalaya wieder auf, und nun konnte die Öffentlichkeit verfolgen, wie zwischen 1953 und 1964 Aufgabe für Aufgabe erledigt wurde. Später wiederholte sich das Ganze noch mal ohne die Hilfe von Sauerstoffgeräten. Aber heute ist es auch dort wie in den Alpen: Wer im 21. Jahrhundert öffentlichkeitswirksam auf den Mount Everest steigen will, der muss nicht nur auf künstlichen Sauerstoff verzichten. Man muss entweder extrem gehandicapt (ein Blinder und ein Einbeiniger waren oben), extrem schnell (ein Sherpa stieg in nur acht Stunden auf), extrem jung (13) oder alt (80) sein.

Auch mit Besteigungsserien ist es mittlerweile schwer, Interesse zu wecken. Die sieben höchsten Gipfel der Kontinente, die »Seven Summits«, hatte der Amerikaner Dick Bass bereits 1985 bestiegen, und ein Jahr später hatte Reinhold Messner alle 14 Achttausender erklommen. 26 Jahre später wiederholte die erste Frau, die Österreicherin Gerline Kaltenbrunner, diese Leistung. Und so entstand nach und nach die absurd anmutende Idee, die jeweils zweithöchsten Gipfel der Kontinente, die schwieriger sind als die sieben höchsten, zu besteigen. An diesen Bergen bissen sich Bergsteiger über Jahre hinweg die Zähne aus. Bis sich im Winter 2012 der Südtiroler Hans Kam-

merlander als Gewinner dieses letzten großen alpinen Wett-
streits feiern ließ. Aber es sollte sich herausstellen, dass auch
das nur eine weitere Geschichte war, die sich in der Unschärfe
zwischen Fiktion und Wirklichkeit abspielte.

Messners Everest-Experiment

Ich verbrachte die Nacht in einer Pension in Sulden, um am
nächsten Tag die Apfelplantagen des Vinschgaus und das
Messner-Land zu durchqueren. Ich fuhr durch die Orte Laas
und Schlanders – Messner lächelte mir von Werbeplakaten
entgegen. Ich fuhr durch Naturns – hoch über dem Ort erhob
sich Messners Burg Juval. Ich fuhr weiter nach Meran und sah
kurz vor Bozen die alten Gemäuer von Schloss Sigmundskron.
Hier befindet sich Messners Museum Firmian, das, wie es
heißt, Herzstück des Projektes. Der Weg durch das Museum
ist eine kleine Bergtour, für die ich immerhin zweieinhalb
Stunden benötigte. Ich stieg auf alle Türme und Mauern und
legte 400 Höhenmeter zurück. Von der Entstehung der Berge
bis zu ihrer Ausbeutung stellt Messner dort alles aus, was mit
der Auseinandersetzung zwischen Mensch und Berg zu tun
hat: Religiöses, Mythologisches, Touristisches, Alpinistisches –
und immer wieder bedeutungsschwere Zitate von ihm selbst.
Als ich wieder aus den kalten Mauern in den großen Innen-
hof kam und mich dort in die Sonne setzte, blickte ich auf
den Holzrundgang, der an der Innenmauer der Burg zwei
Türen verbindet. Dieser Bereich gehört nicht zum Museum,
und gerade als ich mich fragte, was sich hinter diesen Türen
verbirgt, öffnete sich eine davon. Eine Frau kam heraus, und
hinter ihr erschien: Reinhold Messner. Ich war mir zunächst
nicht sicher, ob ich mich täuschte, aber er war es unverkennbar:
das dunkelblaue Hemd, die braune Mähne, und als er kurz zu

mir herunterblickte, sah ich sogar das tibetische Amulett, das um seinen Hals hing. Er wirkte überraschend klein, und dann waren die beiden auch schon an der anderen Holztür angekommen, öffneten sie und verschwanden wieder. Ich drehte mich um und wollte irgendjemandem sagen: »Dort oben! Da war gerade Reinhold Messner!« Aber zum Glück war niemand da.

Ich ging in den kleinen Laden neben dem Kassenhäuschen, die ganze Zeit auf der Hut, ob Messner nicht noch einmal *erscheinen* würde. Ich war erstaunt, wie viele Bücher dieser Mann geschrieben hatte: *Mein Leben am Limit; Der nackte Berg; Die Freiheit, aufzubrechen, wohin ich will; Berge versetzen; 13 Spiegel meiner Seele; Die rote Rakete am Nanga Parbat; Antarktis: Himmel und Hölle zugleich.* Ich kaufte das Buch *Everest. Expedition zum Endpunkt* und fuhr weiter nach Bozen, eine Stadt, die sich in einer Ebene auf nur 300 Meter Höhe zwischen den Bergen ausbreitet und, zumindest wenn man sich ihr nähert, ausschließlich aus Industrie- und Lagerhallen zu bestehen scheint. Aber damit tut man der schönen Altstadt großes Unrecht an. Die hat eine lange Geschichte, und als ich am Abend die Taflerbrücke überquerte, sah ich in der Ferne den Schlern und den Rosengarten wie eine Erscheinung am Himmel rot aufleuchten – ich war so begeistert, dass ich sofort jedes Dokument unterschrieben hätte, auf dem steht, dass es in Bozen überhaupt keine Lagerhallen gibt.

Das Glimmen hielt sich noch eine Weile in der Luft und verschwand in der Nacht. Ich ging weiter zum Waltherplatz, setzte mich in eine Bar, bestellte einen Espresso und begann in Messners Buch zu lesen. Den »blinden Fleck der Bergtour« nennt der Forscher Philipp Felsch den entscheidenden Moment, an den sich ein Bergsteiger nach der Rückkehr nicht erinnern kann, eine Leerstelle, die man sich vielleicht ein bisschen so vorstellen kann wie den Moment, in dem man einschläft, und am nächsten Morgen beim besten Willen nicht rekonstruieren kann, wie genau das abgelaufen ist. Als am 8. Mai 1978 Reinhold Messner und Peter Habeler als erste Menschen ohne Sauerstoffgerät den Mount Everest bestiegen, ließ Messner nonstop ein Tonband mitlaufen, um die Gespräche zu dokumentieren. Er wollte den blinden Fleck sichtbar oder zumindest hörbar machen. Im Vorwort des Everest-Buches, in dem er sein Experiment bis ins kleinste Detail dokumentiert hat, las ich: *Diese Form der Reportage gibt dem Buch seinen Charakter, macht durch die absolute Authentizität auch im Dialog Nebensächliches zum Wesentlichen. … Gespräche, so banal sie manchmal klingen mögen, wurden am Mount Everest in 8000 und 8500 Meter Meereshöhe genauso geführt, wie sie hier stehen.*

Als sie am 7. Mai nachts im Zelt liegen, sagt Messner: *»Du, wenn das hier eine Hausfrau sehen könnte, die Geräte und das Essen zwischen Schnee und Eis, alles vereist – die würde verrückt.«* Habeler antwortet: *»Nicht nur die Hausfrauen. Auch andere Leute sagen schon, daß wir beide spinnen«,* woraufhin Messner ihn fragt, ob er die Berge singen gehört hat. *»Nein, da singe ich lieber selber.«*

»Ich singe wenig und höre gern«, sagt Messner.

»Im Lager I habe ich schön gesungen, oder?«

»Sehr schön.«

»Höher oben hat's nachgelassen, sehr schnell. Ich singe jetzt nicht mehr, bis wir wieder im Basislager sind«, sagt Habeler.

»Du mußt nur aufpassen. Es gibt Stellen, wo der Berg Töne von sich gibt, ohne Rhythmus und eigentlich auch ohne Melodie, einen gleichbleibenden Summton.«

Und weil sie in der dünnen Luft und der Kälte einfach nicht schlafen können, geht es weiter:

»Du, ich bringe den Schlafsack nicht zu, er ist vereist«, sagt Habeler.

»Du schläfst ja mit der Mütze«, entgegnet Messner.

»Ja«, sagt Peter, *»immer.«*

»*Ich nie.*«

»*Du hast ja auch einen dichteren Haarschopf.*«

»*Das ist der Grund für meine langen Haare. … Scheinbar habe ich eine gute Kopfdurchblutung. Am Kopf ist mir selten zu kalt.*«

»*Und ich muß auf mein Luxusköpferl aufpassen*«, sagt Habeler. Und schließlich:

»*Wenn wir noch lange reden, brauchen wir die wenige Luft im Zelt auf.*«

»*Gute Nacht!*«

Die Grenze zwischen Bergsteigerliteratur und Bergsteigerrealität verschwimmt nun endgültig, wenn es sie denn überhaupt jemals gegeben hat.

Schummeln gilt nicht

Die Vermessung der Welt, den Roman des Österreichers Daniel Kehlmann, hatte ich im Regal des Totengräbers in Hallstatt gesehen, und im Flohhäusl in Sulden war ich durch Humboldts Chimborazo-Besteigung wieder daran erinnert worden, denn ich wusste, dass es in diesem historischen Roman auch um diese Besteigung ging. Nun wollte ich das Buch endlich lesen. Ich erwarb es am nächsten Vormittag in einer Bozener Buchhandlung und blieb an dem Drehständer mit den aktuellen Zeitungen hängen. Eine Meldung über Hans Kammerlander zog meine Aufmerksamkeit auf sich. Die Überschrift lautete: *Das ist der Gipfel, oder ist er es nicht?* Ich kaufte auch die Zeitung, ging zu meinem Auto und fuhr hinauf in die Berge, von denen Messner sagt, es seien die schönsten der Welt. Schon nach wenigen Kilometern bekam ich einen Eindruck davon, was er meint. Kurz nach dem Ortsschild von Bozen war ich im Eggental, das zum Karerpass führt, und die Straße schraubte sich zwischen überhängenden Felswänden hinauf. Mein Ziel war der sagenumwobene Rosengarten, ein Bergmassiv, dessen rot leuchtendes Alpenglühen ich gestern Abend von der Taflerbrücke aus gesehen hatte.

Der Weg dorthin galt bis 1860 als mehr oder weniger unzugänglich. Dann kam Theodor Christomannos auf die tollkühne Idee, eine Straße bauen zu lassen – und seither fahren die Touristen ganz einfach hinauf zum schönen Karersee und dem Grandhotel, das Christomannos in logischer Konsequenz bauen ließ und das 1896 eröffnet worden war. Christomannos, ein Wiener mit einem kühn wie eine Skischanze geschwungenen Schnauzbart, hatte das Studium 1873 nach Innsbruck geführt. Es studierte Rechtswissenschaften, und die Berge gefielen ihm so gut, dass er sich schließlich in Meran, damals noch Teil des kaiserlichen Österreich, als Rechtsanwalt niederließ. Doch sein Beruf wurde bald zur Nebensache, denn er engagierte sich vor allem für den touristischen Ausbau der Region. Dabei ging es ihm um zwei Dinge: Hotels und Straßen. Südtirol verdankt deshalb einem Wiener die Fahrstraße nach Sulden, die Große Dolomitenstraße und das Hotel am Karersee. Das Hotel, ein Bau mit drei wuchtigen Hauptschiffen, steht zwischen riesigen Tannen, auf 1700 Meter Höhe und direkt unterhalb des Rosengartens. Ich parkte das Auto und meldete mich in der Lobby an. Das Interieur mit seiner plüschigen bis geschmacklosen Anmutung passte leider gar nicht zum Stil der Fassade.

Allerdings wollte ich auch nicht wegen des schönen Hotels auf den Karerpass, sondern weil es ein Ort mit einer ausgeprägten Literaturgeschichte ist. Agatha Christie hat hier gewohnt und den Kriminalroman *Die Großen Vier* geschrieben. Das Buch endet dramatisch in einem Bergstollen in den Dolomiten. Auch Karl May hat sich für seine Abenteuerromane hier inspirieren lassen. Und Karl Felix Wolff rekonstruierte hier oben einige *Dolomitensagen*, die er 1911 herausgab – eine volkstümliche Fassung der Südtiroler Sagen, die auch jene vom Zwergenkönig Laurin und seinem Rosengarten enthält.

Ich setzte mich auf die Terrasse. Über den Almen erhoben sich die Felszinnen, als wären sie riesige Riffe oder gestrandete Schiffe. Thomas Burnets absurde Sintflut-Theorie konnte ich hier zumindest ein wenig nachvollziehen. In der Bibliothek in London hatte ich in seinem 1684 erschienenen Werk *Theory of the Earth* gelesen, dass die Berge *Ruinen einer zerbrochenen Welt* seien, die stehen geblieben seien, als sich die Flut zurückzog.

Irgendwo dort oben war der Rosengarten, das »Gartl« genannt, der Platz, wo besonders gut reflektierende Felsen abends das Alpenglühen erzeugen. Der kühle Wind streifte durch die Tannen, und in der Luft lag ein Geruch, der mich an einen Saunaaufguss erinnerte. Es war still, bis auf den Singsang der Vögel, der aus dem Wald drang. Auf der Wiese vor der Terrasse blühten Silbermantel und Rittersporn.

Ich schlug die Zeitung auf, um diese merkwürdige Kammerlander-Geschichte, die Südtirol in diesen Tagen beschäftigte, zu lesen. Es war alles sehr verworren: Kammerlander hatte sich schon im Januar als der erste Mensch, der die sieben zweithöchsten Gipfel der Kontinente bestiegen habe, feiern lassen. Er war gemeinsam mit dem Österreicher Christian Stangl auf den Mount Tyree in der Antarktis geklettert und hatte offiziell verkündet, er habe die Serie als Erster beendet. Doch dann warf Christian Stangl Kammerlander vor, dass er zwei Jahre zuvor am Mount Logan, dem zweithöchsten Gipfel Nordamerikas, nicht auf dem richtigen Gipfel gewesen sei. Stangl zweifelte, weil bei Kammerlanders Gipfelfoto die Eisaxt, die den Gipfel markiert, nicht zu sehen war. Diese wurde von vielen Bergsteigern vor und nach Kammerlanders Gipfelgang fotografiert. Einer davon war Stangl selbst. Kammerlanders Besteigung war also zumindest fragwürdig und das Rennen um die »Seven Second Summits« wieder offen, denn auch Stangl fehlte nur noch ein Berg: der K2, zweithöchster Berg der Welt, der schwerste der Serie und der Berg, an dem Stangl 2010 seine eigene Geschichte schrieb. Er war bei schlechten Verhältnissen allein vom Basislager aus aufgebrochen, und als er zurückkam, behauptete er: Ich war oben! Und präsentierte ein Gipfelfoto, das nicht am Gipfel entstanden war. Als die Medien ihn zerpflückten, gab Stangl zu, er habe sich den Gipfel »nur eingebildet«.

Die Geschichte wurde immer grotesker, und ihr Finale folgte einem noch absurderen Drehbuch: Wenige Wochen vor meiner Reise nach Südtirol war Stangl zum K2 gefahren und Kammerlander ein zweites Mal zum Mount Logan, weil er eingestanden hatte, sich beim ersten Mal getäuscht zu haben. Beide kehrten also zurück zu ihren Lügenbergen, um das »Seven Second Summits«-Rennen für sich zu entscheiden. Am 23. Mai stand Hans Kammerlander auf dem richtigen Gipfel des Mount Logan, packte den Eispickel ins Gepäck und brachte ihn mit nach Südtirol. Dort ließ er sich im Fernsehen als »erster Mensch der Welt, der die Seven Second Summits zum zweiten Mal bestiegen hat« feiern. Das Rennen schien wieder entschieden. Auch wenn Christian Stangl am 31. Juli auf dem K2 stand und diesmal am Gipfel ein Video drehte, das zweifelsfrei beweist, dass er oben gewesen ist.

Doch die Geschichte geht noch weiter. Denn nun kamen auch Zweifel an einem Berg in Ozeanien hinzu, weil sich herausstellte, dass dort nicht die Puncak Trikora, die Kammerlander bestiegen hatte, sondern die Mandala, die Stangl bestiegen hatte, als zweithöchster Gipfel gewertet wird. Die beiden beschimpften und verurteilten sich gegenseitig, und am Ende nahm jeder für sich in Anspruch, der erste Mensch auf den »Seven Second Summits« zu sein.

Kopfschüttelnd schlug ich die Zeitung zu. Die Geschichte

erinnerte mich an den Roman *Spielplatz der Helden*, in dem Michael Köhlmeier von drei Südtirolern erzählt, die 1983 als erste Menschen Grönland ohne Schlittenhunde durchqueren. Unterwegs verschwimmt die Wahrheit, und als sie zurückkommen, erzählt jeder eine andere Geschichte. Doch die Realität, das wurde mir nach der Zeitungslektüre einmal mehr klar, schreibt einfach die besten Geschichten.

Zumal die Geschichte von Hans Kammerlander und Christian Stangl eine erstaunliche historische Parallele hat, die sich vor genau 100 Jahren am Mount McKinley (auch Denali genannt) in Nordamerika zutrug. Ich war vor fünf Jahren in London auf sie gestoßen, als ich in der Alpine-Club-Bibliothek ein Buch des britischen Bergsteigers und ehemaligen Präsidenten des Alpine Club Stephen Venables durchgeblättert hatte. Es ging um den Amerikaner Frederick Albert Cook, der sich zwischen 1903 und 1906 am Mount McKinley versuchte. Erst näherte er sich von Norden – und scheiterte. Drei Jahre später versuchte er es von Süden – und berichtete, er habe eine überraschend leichte Route auf den mit 6194 Metern höchsten Berg Nordamerikas gefunden. Der Berg war damals noch unbestiegen. Nach der Expedition war er in New York umschwärmt, hielt Vorträge, und im *Harper's Magazine* erschien eine Geschichte samt einem Foto von seinem Begleiter Ed Barrill. Es zeigte Barrill mit amerikanischer Flagge am Gipfel. Man könnte meinen, Hans Kammerlander imitiere Barrill.

Belmore Brown, der ebenfalls mit auf der Expedition gewesen war, war überzeugt, dass das Foto nicht am Gipfel entstanden sein konnte. Und als ein Jahr später Cooks Buch *To the Top of the Continent* erschien, verstärkten sich die Verdachtsmomente. Es fehlten topografische Details, und diesmal waren auf einem anderen »Gipfelbild« Berge im Hintergrund zu erkennen, die im *Harper's Magazine* gefehlt hatten. Vieles deutete darauf hin, dass das Bild auf dem 32 Kilometer entfernten und viel tieferen Ruth-Gletscher entstanden war. Später unterzeichnete Barrill sogar eine eidesstattliche Erklärung, dass das Erreichen des Gipfels nichts als ein großer Schwindel gewesen sei. Man könnte meinen, Christian Stangl imitiere Brown.

Immerhin stachelte die Lüge andere Bergsteiger an, den Mount McKinley tatsächlich zu besteigen. 1910 erreichte eine Expedition den Nordgipfel und stellte dort eine Flagge auf, und der Leiter, Thomas Lloyd, behauptete, man habe auch den höheren Südgipfel erreicht. Nach Cooks Märchen glaubte ihm die Welt nicht mehr, selbst als die Geschichte in der *New York Times* stand. Erst am 7. April 1913 schaffte es dann ein Mann namens Hudson Stuck mit drei Gefährten. Sie entdeckten am Nordgipfel tatsächlich den Flaggenmast und stiegen zum Südgipfel, dem höchsten Punkt Nordamerikas. Damit bewiesen sie endgültig, dass Cook ein Lügner war – der allerdings hat seine Behauptung nie zurückgezogen, und so ging alles als »Der Fall Mount McKinley« in die Alpinhistorie ein. Später versuchte Cook, den Nordpol zu erreichen, behauptete, es geschafft zu haben, und verstrickte sich wieder in widersprüchliche Angaben. Beweise hatte er auch hier keine. Stephen Venables urteilte: *Frederick Cook war ein Betrüger und Lügenbaron. Man muss den Arzt aus Brooklyn aber wegen der Frechheit und der Tatsache bewundern, dass die Dreistigkeit seines Anspruches auf zwei der bedeutendsten Preise der Geografie auf einem Leben als Entdecker und Abenteurer beruhte.*

Es scheint, als würde sich die Geschichte auch im Alpinismus einfach nur ständig wiederholen.

Hochgefühle

Ich blickte wieder hinauf zum Gartl. Die Dämmerung würde bald einsetzen und die Rosen erblühen lassen, die der sagenhafte Laurin verflucht hat: »Weder der helle Tag noch die finstere Nacht sollen den Rosengarten je wieder sehen!«, schrie er im Zorn, vergaß aber, die Dämmerung mit in seinen Fluch einzubeziehen, und machte den Rosengarten, wie heute das ganze Massiv heißt, zum verlorenen Paradies und zu einem der fiktionalsten Orte der Alpen.

Neben der Zeitung lag Kehlmanns *Die Vermessung der Welt* auf dem Tisch. Ich nahm es, blätterte und las das Kapitel mit dem schlichten Titel *Der Berg*. Es geht darin um Alexander von Humboldts Chimborazo-Besteigung, ein Berg in Südamerika, dessen Gipfel damals, im Jahr 1802, als der höchste der Welt galt, heute aber nicht mal zu den »Seven Second Summits« zählt (ist Südamerika ist das der Ojos del Salado). Damals war die Bergtour ein wissenschaftliches, aber zugleich auch tollkühnes alpines Unternehmen, bei dem Humboldt und sein Assistent Aimé Bonpland fast den Gipfel erreichten und, angeblich, einen neuen Höhenrekord aufstellten. Eine Sensation. Zumal sie ohne Daunenjacken, Handschuhe, Seile und Steigeisen über den Gletscher stiegen und keine Ahnung hatten, wie sich die Höhe auf sie auswirken würde.

Der Schriftsteller Kehlmann nutzt die Halluzinationsunschärfe, diesen blinden Fleck, der in der Realität des Jahres 1802 tatsächlich vorhanden war, um seine Geschichte zu gestalten. Er sagte einmal, er habe sich im Berg-Kapitel eine »Ungenauigkeit der Phantasie« erlaubt. Die erste zarte Andeutung, dass sich die Wahrnehmungen seiner Protagonisten langsam verzerren, liest sich bei Kehlmann so: *Wo sie jetzt gingen, gab es keine Pflanzen mehr, nur braungelbe Flechten auf den aus dem Schnee ragenden Steinen. Bonpland hörte sehr laut seinen eige-*

nen Herzschlag und das Zischen des über die Schneedecke streichenden Windes. *Als ein kleiner Schmetterling vor ihm aufflog, erschrak er.* Wenig später, sie mögen auf etwa 4500 Metern sein, ist die Luft so dünn, dass die Höhenkrankheit erste Halluzinationen hervorruft: *Er wolle kein Spielverderber sein, sagte Bonpland, aber etwas stimme nicht. Dort rechts von ihnen, nein, etwas weiter, nein, links, richtig, dort. Das Ding, das wie ein Stern aus Watte aussehe. Oder wie ein Haus. Er gehe wohl recht in der Annahme, daß das nur für ihn da sei?*

Humboldt nickte.

Die Kombination aus Ungenauigkeit und Fantasie kommt der alpinen Realität auf 5000 Metern sehr nahe. Kehlmann jedenfalls weiß, wie hochalpines Terrain aussieht und wie es sich anfühlt: *Vorgebeugt stapften sie an zu Säulen gespaltenen Felsmauern entlang. Hoch droben, für Momente erkennbar, dann wieder verschwunden, führte ein verschneiter Grat zum Gipfel. Instinktiv neigten sie sich beim Gehen nach links, wo der Abhang schräg und frostverglast abfiel. Zu ihrer Rechten öffnete sich senkrecht die Schlucht. … Jetzt reichte ihnen Schnee bis zu den Hüften. Humboldt stieß einen Schrei aus und verschwand in einer Verwehung. Bonpland grub mit den Händen, bekam seinen Gehrock zu fassen und riß ihn heraus. Humboldt klopfte den Schnee von seinen Kleidern und überzeugte sich, daß kein Instrument beschädigt war. Auf einem Steinvorsprung warteten sie, bis der Nebel dünner wurde und sich mit Helligkeit vollsog. Bald würde die Sonne durchbrechen.*

Humboldts Originaltext *Ueber einen Versuch den Gipfel des Chimborazo zu ersteigen* hat Kehlmann vermutlich sehr genau gelesen. *Wir stiegen sehr hoch, höher, als ich gehofft hatte,* schrieb Humboldt. *In uns kam ein Schimmer von Hoffnung auf, den Gipfel erreichen zu können. Aber eine große Spal–…* – und dann unterbricht Humboldt seine Aufzeichnungen andeutungsvoll. Bei Kehlmann geht es unangenehm weiter: *Dieses Zahnfleischbluten, sagte Humboldt vorwurfsvoll zu sich selbst, das sei doch kein Zustand, schämen müsse man sich! Auch Bonplands Nase blutete wieder, und in seinen Händen war trotz der Umwicklung kein Gefühl mehr. Er bat um Entschuldigung, sank auf die Knie und übergab sich.* Der hüft-hohe Schnee, die Orientierungslosigkeit, die Nahtoderfahrung erinnern an das Schnee-Kapitel in Thomas Manns *Zauberberg* und auch an Büchners *Lenz*: Bei Kehlmann heißt es: *Nun änderte es nichts daran, daß dort, wo der Himmel sein sollte, jetzt der Erd-boden hing und sie verkehrt herum, also mit dem Kopf nach unten, abwärts stiegen.* So sicher wie Thomas Mann Adalbert Stifter gelesen hat, hat Daniel Kehlmann Georg Büchner gelesen.

Ich blickte wieder vom Buch auf und sah hinauf zum »Gartl«, das sich nun leicht rötlich zu verfärben begann. Oder bildete ich mir das ein?

Humboldt und Bonpland erreichen fast 5500 Meter Höhe, ehe ihnen eine riesige Gletscherspalte den Weg versperrt:

Sie seien beide nicht mehr bei Sinnen. Wenn sie jetzt nicht abstiegen, kämen sie nie zurück.

Man könnte, sagte Bonpland, auch einfach behaupten, man wäre oben gewesen.

Humboldt sagte, er wolle das nicht gehört haben.

Er habe das auch nicht gesagt. Das sei der andere gewesen!

Überprüfen könne es ja keiner, sagte Humboldt nachdenklich.

Eben, sagte Bonpland.

Er habe das nicht gesagt, rief Humboldt. Was gesagt, fragte Bon-pland.

Sie sahen einander ratlos an.

Ich hab dir nie einen Rosengarten versprochen

Als ich am nächsten Morgen aufwachte, hatte ich ein aus-geprägtes Bedürfnis nach Realität. Nach all den Wahn- und Lügengeschichten, den Experimenten und literarischen Verfremdungen wollte ich eine ganz ehrliche und gewöhnliche Bergtour unternehmen. Ich lieh mir im Ort eine Klettersteig-ausrüstung aus und machte mich auf den Weg zum Rosengar-ten. Auf lehmigen Pfaden stieg ich auf dem Karl-May-Weg von der Karerpasshöhe Richtung Paolinahütte auf. Die Hütte steht an dem für die Dolomiten so typischen Übergang aus liebli-chem Wald- und Wiesengelände und schroffen Felswänden. Direkt dahinter erheben sich die Zinnen des Rosengartenmas-sivs, und in den Flanken kauerten Schneefelder.

Ich stieg weiter auf bis zur Rosengartenhütte, querte ein Geröllfeld zur Südwestseite und erreichte nach einem kur-zen Abstieg das Gartl. Ich hatte es mir anders vorgestellt. Es war ein trostloses Plateau, wo bleiche Felsen und Schneefel-der wie ein großer weißer Fleck zwischen den Vajolet-Tür-men, der Rosengartenspitze und der Laurinswand liegen. Ein gerahmter Reflektor, der bis nach Bozen sichtbar ist. Ein roter Fleck in der Abenddämmerung, der an jedem der ungezählten Aussichtspunkte Südtirols die Blicke magisch anzieht. Und dann auch wieder nur: eine große, hinterhältige Täuschung. Ich atmete tief durch und blickte mich um. Keine einzige Rose.

Epilog: ZURÜCK INS TAL

Es war ein sonniger Dienstag im August, als ich nach sieben Jahren zurück ins Hornbachtal fuhr. Es war alles wie damals, nur viel heller, sonniger und schöner. Der grünblaue Fluss, die zart vom Schnee bedeckten Höhen, die alten Bauernhäuser. Die Schönheit dieses Tals hielt immer noch allem stand, den vielen anderen Tälern und Orten, die ich während meiner Reise gesehen hatte. Mit einem Mal wurde mir klar, dass ich, ohne es gewusst zu haben, so etwas wie Sehnsucht nach diesem Tal verspürt hatte. Es war so, als setze erst jetzt, als ich wieder hierherkam, mit dem Gefühl des Zurückkommens auch die Sehnsucht ein. Es fühlte sich so an wie das, was Max Frisch 1936 über die Berge schrieb: *Aber man muss gepilgert sein, wie gesagt, man muss drei Tage geschwitzt und drei Nächte gefroren haben, weil es ja immer nur die Größe unserer Sehnsucht ist, die den Dingen überhaupt einen Wert gibt. Und man muss gepilgert sein, auch weil die Landschaft nicht wie ein schlechtes Buch ist, wo man die mittleren Seiten einfach überschlagen kann und das Ende dennoch begreift, nein, man muss ihre leisen Übergänge mitmachen.*

Oben im Ort fuhr ich bei der Maria auf den Hof, stieg aus und klopfte an die Türe. Die Katze sprang von der Sitzbank herunter und drückte sich an meine Waden. Ich wartete eine Weile und blickte auf die Wäscheleine, auf der sich weiße Bettlaken wie Segel im Wind aufbliesen.

Dann ging die Türe auf, und Maria lächelte mich an; den großen Schlüssel der Hütte hielt sie bereits in der Hand.

»Du kennst dich ja aus« sagte sie und gab mir den Schlüssel.

»Und der Alois?«, fragte ich.

»Weiß Bescheid. Er kommt morgen früh hoch zu dir.«

Diesmal fühlte sich alles vertraut an. Die Maria, die Begrüßung, die Fahrt nach oben, die Hütte, die Wiese, die Berge und auch das Aufsperren der schweren Holztür. Eine Maus huschte durch den Flur und verschwand in einem Loch unter der Treppe. In der Hütte schien alles unverändert. Die hässliche Wanddekoration hatte Maria wieder über die Couch gehängt, auf der auch die Überwürfe lagen. Alles wirkte, als wäre lange niemand mehr hier gewesen. Dann sah ich das Buch auf der Fensterbank. Es lag noch genauso da wie damals, neben der Kerze auf dem gehäkelten Untersetzer, die Seiten 28 und 29 aufgeschlagen: Petrarcas *Die Besteigung des Mont Ventoux*. Ich dachte an den Alois und stellte mir vor, wie das sein würde, wenn ich ihn wiedersah. Ob ich sagen würde: »Ich wollte dir deine Bücher zurückgeben.« Denn die hatte ich tatsächlich dabei. Oder: »Kannst du dir vorstellen, wohin mich deine Bücher geführt haben?« Oder: »Weißt du eigentlich, was du angerichtet hast?«

Ich setzte mich auf die sonnenerhitzte Bank vor der Hütte. Der Wind trug das Kuhglockengeläut vom Ort herauf. Ich ließ meinen Blick am Grat entlang nach Norden wandern bis oben zum Pass und dann auf meiner Talseite zurück zur Hütte. Hier sitzen, dachte ich mir, und in die Berge sehen, vielleicht reicht das ja schon, um sein Glück zu finden. *Die Stimmung dieses Ortes bestand in dem Gefühl tiefen, alles umfassenden Friedens; dort könnte man sein Leben ruhig verträumen, und man würde es nicht bemerken oder bedauern, wenn es vergangen wäre.* Diese Zeilen hat Mark Twain geschrieben, und ich fragte mich, ob ich sie ohne den Alois jemals entdeckt hätte. Oder auch das, was Twain die *Zauberkraft der Alpen* nannte, *diese seltsame, tiefe, namenlose Wirkung, die man nicht mehr vergessen kann, wenn man sie einmal erfahren hat – die eine ruhelose Sehnsucht zurückläßt, sie wieder zu fühlen, wenn man sie einmal gefühlt hat – eine Sehnsucht, die dem Heimweh gleicht; ein schmerzhaftes, hartnäckiges Sehnen, das bittet, fleht und verfolgt, bis es seinen Willen bekommt.*

Ich saß auf der Bank, bis es kalt und dunkel wurde.

Als ich am nächsten Morgen die hölzerne Hüttentür öffnete, fielen gerade die ersten Sonnenstrahlen auf die Wiese, über der ein Dunstschleier lag. Mit einer Tasse Kaffee setzte ich mich wieder auf die Bank. Ich klappte ein kleines schwarzes Buch auf, und zum ersten Mal begann ich, nicht zu lesen, sondern zu schreiben. An der Bergwand gegenüber kroch das Licht langsam empor, und dann drang aus der Stille des Tals, noch weit weg, aber doch vertraut und unverkennbar, das Geräusch eines Motorrades zu mir herauf. Ich blickte auf, über die Wiese und den Wald zum Forstweg. Der Alois. Endlich. Ich wusste: In drei, vielleicht vier Minuten würde er hier sein. Ich stand auf, und dabei fiel mein Blick noch einmal auf das schwarze Buch und das, was ich soeben aufgeschrieben hatte. Dort stand: *Eigentlich wollte ich nur für drei Wochen bleiben. Doch dann dauerte alles sieben Jahre …*

Die Oben-ist-besser-als-unten-Bibliothek

- William E. Bowman: *Die Besteigung des Rum Doodle*, 1956
- Georg Büchner: *Lenz*, 1839
- Arthur Conan Doyle: *Der letzte Fall*, 1893
- Alphonse Daudet: *Tartarin in den Alpen*, 1886
- Friedrich Dürrenmatt: *Herkules und der Stall des Augias*, 1954
- Wolfgang von Goethe: *Briefe aus der Schweiz*, 1800
- Wolf Haas: *Auferstehung der Toten*, 2000
- Belsazar Hacquet: *Leben und Werke*, 1931
- Albrecht von Haller: *Die Alpen*, 1732
- Theodor Hierneis: *König Ludwig II. speist. Erinnerung seines Hofkochs*, 2010 (unter dem Titel: Aus meiner Lehrzeit in der Hofküche)
- Ludwig Hohl: *Bergfahrt*, 1975
- Steve House: *Jenseits des Berges*, 2010
- Alexander von Humboldt: *Ueber einen Versuch den Gipfel des Chimborazo zu ersteigen*, 1853
- Elfriede Jelinek: *In den Alpen*, 2002
- Reinhard Karl: *Erlebnis Berg: Zeit zum Atmen*, 1990
- Erich Kästner: *Der Zauberlehrling* (in: *Kästner im Schnee*), 2009
- Daniel Kehlmann: *Die Vermessung der Welt*, 2008
- Michael Köhlmeier: *Spielplatz der Helden*, 1988
- Christian Kracht: *Ich werde hier sein im Sonnenschein und im Schatten*, 2010
- Thomas Mann: *Der Zauberberg*, 1924
- Guy de Maupassant: *Das Gasthaus*, 1886
- Reinhold Messner: *Everest. Expedition zum Endpunkt*, 1978

- Jemima Morrell: *Miss Jemima's Swiss Journal: the first conducted tour of Switzerland*, 1863
- Frederick Albert Mummery: *Meine Bergfahrten in den Alpen und im Kaukasus*, 1895
- Francesco Petrarca: *Die Besteigung des Mont Ventoux*, 1933
- Christoph Ransmayr: *Der fliegende Berg*, 2006
- Jean-Jacques Rousseau: *Julie oder Die neue Héloïse*, 1761
- Horace-Bénédict de Saussure: *Kurzer Bericht von einer Reise auf den Gipfel des Mont Blanc, im August 1787*, 1788
- Leslie Stephen: *Der Tummelplatz Europas*, 1871
- Adalbert Stifter: *Der Bergkristall*, 1853
- Mark Twain: *Bummel durch Europa*, 1880
- Mark Twight: *Steig oder stirb*, 2007
- Edward Whymper: *Matterhorn*, 1872

Zum Teil sind die Bücher nur antiquarisch erhältlich.

Dank

Die Namen von Privatpersonen sind in diesem Buch aus Persönlichkeitsgründen geändert, während die der mit vollem Namen genannten Menschen die richtigen sind. Der besseren Lesbarkeit dieses Buches ist es geschuldet, dass auf Fußnoten verzichtet wurde. Daher sind an vielen Stellen gedankliche Anregungen und Einflüsse nicht kenntlich gemacht. Den vielen klugen Köpfen, aber auch den abenteuerlichen Charakteren, die mir beim Schreiben dieses Buches die Augen geöffnet haben, sei an dieser Stelle gedankt:

Georg Bayerle, Lutz Danneberg, Helga Dirlinger, Philipp Felsch, Fergus Fleming, Alva Gehrmann, Florian Grashei, Peter Grupp, Bettina Hausler, Sebastian Herrmann, Christian Imminger, Eberhard Jurgalski, Helmut Koopmann, Mats Korn, Barbara Liepert, Robert Macfarlane, Reinhold Messner, Marcus Moser, Majorie Hope Nicolson, Jon Mathieu, Helga Peskoller, Tobias Rüther, Martin Scharfe, Erhard Schütz, Gabriele Seitz, Helmut Stalder, Anna Stüssi, Ida Thiemann, Stephen Venables, Paul Veyne, Johanna von Rauch, Emil Zopfi und, vor allem: Corinna Radner.

Abdrucknachweis

Der Verlag dankt den Autoren und Autorinnen dieses Bandes bzw. deren Vertretern für die Überlassung der Abdruckrechte. Trotz unserer Bemühungen konnten in einzelnen Fällen die Rechteinhaber nicht ermittelt werden. Sie werden gebeten, sich mit dem Verlag in Verbindung zu setzen.

Fesl, Fredl: »Und ewig dauert der Berg« © Fredl Fesl Pleiskirchen

Haas, Wolf: *Auferstehung der Toten* © Rowohlt Taschenbuch Verlag GmbH, Reinbek bei Hamburg 1996

Haushofer, Marlen: *Die Wand* © Ullstein Buchverlage, Berlin 1985

Hierneis, Theodor: *König Ludwig II. speist. Erinnerungen seines Hofkochs Theodor Hierneis* © Stiebner Verlag, München 2010

Hohl, Ludwig: *Bergfahrt* © Suhrkamp Verlag, Frankfurt am Main 1975

House, Steve: *Jenseits des Berges* © Malik Verlag, München 2010

Kästner, Erich: »Maskenball im Hochgebirge«, aus: *Ein Mann gibt Auskunft* © Atrium Verlag, Zürich 1930 und Thomas Kästner

Kästner. Erich: »Der Zauberlehrling«, aus *Kästner im Schnee* hg. von Sylvia List © Atrium Verlag, Zürich 2009

Kehlmann, Daniel: *Die Vermessung der Welt* © Rowohlt Verlag GmbH, Reinbek bei Hamburg 2005

Mann, Thomas: *Der Zauberberg* © S. Fischer Verlag, Berlin 1924

Messner, Reinhold: *Everest. Expedition zum Endpunkt* © BLV Verlag, München 2013

Ransmayr, Christoph: *Die letzte Welt* © AB – Die Andere Bibliothek GmbH & Co. KG, Berlin 1988, 2011

Twight, Mark: *Steig oder stirb* © Malik Verlag, München 2005

Register

309

313

315

Hardcover PLUS

Buch und E-Book sind jetzt Freunde!

Der Kauf dieses Buches berechtigt Sie zum einmaligen
Download des Textes als E-Book.
Damit Sie lesen können, wie und wo Sie wollen.

Dies ist Ihr Code für den Download des E-Books:

ALOUPS86SRB

Gehen Sie auf www.hardcover-plus.de
und geben Sie den Code dort ein.